西方传统 经典与解释
Classici et commentarii

HERMES

HERMES

在古希腊神话中，赫耳墨斯是宙斯和迈亚的儿子，奥林波斯神们的信使，道路与边界之神，睡眠与梦想之神，亡灵的引导者，演说者、商人、小偷、旅者和牧人的保护神……

西方传统 经典与解释
Classici et commentarii
HERMES
马基雅维利集
刘训练●主编

马基雅维利式民主

Machiavellian Democracy

[美] 麦考米克（John P. McCormick）● 著

康向宇 韩广召 ● 译

刘训练 曹钦 ● 校

华东师范大学出版社

华东师范大学出版社六点分社　策划

古典教育基金·"资龙"资助项目

出版说明

在西方思想文化史上，马基雅维利（Niccolò Machiavelli，1469–1527）居于一种非常奇特的地位：一方面，他被公认为西方现代政治学的奠基人，甚或被称为现代第一人；但另一方面，他在何种意义上是"奠基人"、"第一人"却又聚讼纷纭，见仁见智。

马基雅维利生活的时代是西方现代民族国家建构的关键时期，也是意大利文艺复兴由盛而衰的转捩点，而在这个"需要巨人并且产生了巨人的时代"，作为文艺复兴运动在政治思想领域最杰出的代表，马基雅维利在政治、军事、外交、史学和喜剧等领域都留下了丰富的著述和大量的信件。这些文字表明，他具有强烈的时代意识、浓郁的爱国情怀、深厚的古典学修养、敏锐的政治—心理分析能力和卓越的写作技巧，无愧于"治国术"大师和"最高写作艺术当之无愧的继承人"的称誉。就此而言，他的著作仍然值得我们今天认真对待和不断反思。

在马基雅维利的身前，对于他及其著作的评价就已经产生深刻而严重的分歧，数个世纪以来从未中断。马基雅维利之后几乎所有最重要的社会—政治思想家，都不得不对他的思想及其后果表态，有些甚至还借助对其思想的批判或重构来表达自己的理论观点和政治主张。即使在更为纯粹的学术领域，各种方法流派和诠释进路，也会对马基雅维利的著作做出大相径庭的释读与理解。

　　值其主要著作问世 500 周年之际，西方学界各类传记、诠释著作更是层出不穷、蔚为大观；在此背景之下，我们适时推出"马基雅维利集"。"马基雅维利集"分为两大部分：一是"马基雅维利全集"，以中文版《马基雅维利全集》为基础，参照罗马萨勒诺出版社陆续刊行的意大利"国家版"全集（Edizione Nazionale delle Opere di Niccolò Machiavelli）酌情替换、校订，并适当增加注解、疏义，重新推出《马基雅维利全集》的修订增补版，俾使中文读者有可靠的"原典"研读；二是"解读马基雅维利"，迻译西学中诠释马基雅维利的第一流著作，以便中文读者免除从浩如烟海的二手文献中爬罗剔抉之苦。

古典文明研究工作坊

西方经典编译部丙组

2017 年 5 月

献给安娜贝拉

目　录

前　　言

[vii]政治问责的危机困扰着当代民主政治。越来越多的证据表明，即使是"自由而公正"的选举，也不能保证他们选出的公职人员能够回应选民的政治意愿和政治期待。此外，民主政府似乎逐渐失去了防止最富裕的社会成员对法律和政策的制定施加过大影响的能力。选举式民主似乎并没有促进民众统治（popular rule），反而允许乃至鼓励政治的和经济的精英损害公共利益以充实他们的财富，并侵害普通公民的自由。公民们既无法控制公职人员的行为，也不能抵制富人的权力和特权，这种趋势不但严重地威胁到当今政治代表的品质，而且严重地削弱了我们这个时代共和国中的自由与平等的境况。

马基雅维利对更早期的共和国做出了最敏锐的分析，在他的启发下，本书重新审视了现代民主之前的大众政体（popular governments）监督和控制政治经济精英的宪制措施和制度方式。为了遏制这些精英对自由和平等造成的威胁，传统共和国的普通公民提出了远比竞争性选举更为广泛的问责措施，并且常常将其付诸实践。在马基雅维利对这些措施的认可及其对威尼斯、佛罗伦萨和罗马诸宪制的全面分析的引领下，我发现了一种强有力的、超越选举的精英问责（elite accountability）和大众赋权（popular empowerment）模式的诸要素：禁止最富裕公民参与的公职或会议（offices or assemblies）、抽签与选举相结合的行政长官（magistrate）任命程序，以及由全体公民对指控和上诉做出最终裁决的政治审判。我把由这些制度组成的大众政体类型命名为"马基雅维利式民主"。

纵观历史，共和国的政治和经济精英抵制大众对于这些制度的要求，很多为贵族共和国代言的哲学家和史学家[viii]也都强烈抨击这些措施。曾经主导西方政治思想的亚里士多德、西塞罗、圭恰尔迪尼和麦迪逊等思想家，事实上更偏爱使政治精英和经济精英在关键方面不受大众控制的宪制安排。在19世纪欧洲和北美殖民地大量知识分子开始支持进步的和激进的民主运动之前，马基雅维利大概是唯一拥护如下共和国的重要知识分子：在这种共和国里，人民通过超越选举的手段，积极主动地抗辩并限制政治和经济精英的行为。本着这种马基雅维利式精神，我以一些改革建议为本书作结，这些建议源于古代、中世纪和文艺复兴时代那些重要的共和国里曾经争论或实施过的约束精英（elite-constraining）和赋权公民（citizen-enabling）的措施，其中最重要的就是获得马基雅维利最高赞誉的制度：罗马共和国的平民保民官（tribunes of the plebs）。我尤其建议——作为一个思想实验——用一个"人民保民院"（People's Tribunate）来修正美国宪法。

抛开制度方案不论，本书还强调了马基雅维利政治思想中根本性的平民主义的（populist）——也就是赋权公民（citizen-empowering）——和反精英主义的基础。归根到底，我认为，马基雅维利应当被理解为一个民主主义者，而非"共和主义者"——至少不是思想史研究领域影响巨大的"剑桥学派"所定义的"共和主义"，而且这位杰出的佛罗伦萨国务秘书与"共和主义"的关系也不同于该学派的论述。如前所述，绝大多数共和国都在仿效——它们的支持者也都赞同——贵族宪制模式，而非民主宪制模式。因此,我将论证,共和主义普遍地在理论上和实践中放任社会经济精英对国内政治的支配,这种支配不仅超过了剑桥学派或受其影响的学者——比如波考克、斯金纳和佩蒂特——所承认的程度,而且必然超过了马基雅维利的作品所呈现的程度。上述论者一贯忽视或严重遮蔽了马基雅维利对限定阶级的(class-specific)职位、超越选举的任命、惩罚公职人员的方式、普通公民广泛讨论和直接决定公共政策的会议等制度的认可。

按照我的诠释,马基雅维利激励我们彻底地反思大众政体中政治参与和精英问责所必需的制度与文化条件。不同于西塞罗、圭恰尔迪尼和青年麦迪逊等共和主义者,或者白芝浩、熊彼特等选举民主的支持者,马基雅维利试图缓和——而非简单地利用——普通公民对社会经济精英和政治精英的顺从。的确,在马基雅维利看来,自由依赖于某些制度,这些制度能够回应乃至进一步鼓励那种不信任甚或厌恶富裕的和显赫的公民与政府的大众性情(popular disposition)。

总而言之,《马基雅维利式民主》重新关注了为了大众政体的内政修明而将阶级冲突加以适当制度化的必要性。它重提了马基雅维利被人遗忘的教诲:是富裕公民手中的资源以及公职人员享有的广泛自由裁量权,[ix]而非普通公民所谓的无知、冷漠与反复无常,对这种政体的自由构成了首要威胁。本书重新评价了在马基雅维利和民主共和主义者们看来抵抗针对普通公民及其政治体的自由的严重威胁所必需的制度,并思考了在今天复兴此类制度的可能方式。

马基雅维利作品缩略语 *

D　《论提图斯·李维罗马史前十卷》(简称:《李维史论》)
Discourses on Titus Livy's First Ten Books (c. 1513–1517).

　　Niccolò Machiavelli, *Discorsi sopra la prima deca di Tito Livio*. In *Opere I: I Primi Scritti Politici*. Edited by Corrado Vivanti, Torino:Einaudi-Gallimard, 1997, 193–525.

DF　《论小洛伦佐去世后佛罗伦萨的政务》(简称:《论佛罗伦萨的政务》)
Discursus on Florentine Affairs (1519–1520).

　　Niccolò Machiavelli, *Discursus Florentinarum rerum post mortem iunioris Laurentii Medicis*. In *Opere I*, 733–745.

FH　《佛罗伦萨史》
Florentine Histories (1532).

　　Niccolò Machiavelli, *Istorie Fiorentine*. Edited by Franco Gaeta, Milano:Feltrinelli, 1962, 68–577.

P　《君主论》
The Prince, or On Principalities (1513).

　　Niccolò Machiavelli, *Il Principe*. In *Opere I*, 114–192.

---

* 本书中马基雅维利原著的引文除了《君主论》之外,全部参照中文版《马基雅维利全集》(吉林出版集团,2011–2013 年),并依据原文酌情调整;《君主论》的引文全部引自刘训练中译本(中央编译出版社,2017 年)。——校者注

导论：自由、不平等与大众政体

自由的人民的欲求，很少对自由有害。

马基雅维利，*D* I. 4

少数人总是按少数人的习惯行事。

马基雅维利，*D* I. 7

[1]经济不平等的政治影响，是当代民主国家一个越来越棘手的问题，在美国尤其如此。[1] 政府能够在一个相对平等的基础上对所有公民开放，同时回应他们的需求，这种期待是大众政体持久的标志。然而，如今的民主理论家和政策分析者们似乎无法回答一个在 18 世纪前的共和国历史上至关重要的问题：何种制度能够防止富裕公民支配一个本该服务于全体公民的政府？在现代民主之前，富人的动机及其所占有的资源，被视为大众政体的稳定与自由的主要威胁之一，而且通常被视为最大的

---

[1] Bartels 2008；Frank 2005；Fraser and Gerstle 2005；Jacobs and Skocpol 2007；Krugman 2003；O' Leary 2006；and Phillips 2002.

内部威胁。① 最富裕的公民如果不受正式制约，就往往会为了一己之私，而非公民阶层的普遍利益，利用他们的权力和特权，恣意侵犯弱势群体，操纵政府运作。为了达到这些目的，富裕的个人和家族频繁地破坏共和政府，使其走上更狭隘的寡头乃至独裁之路，有时甚至会把政府拱手让与外国势力。②

相反，现代共和国的制宪者们利用在政治上狭隘片面、在社会中隐而不彰的术语，从观念上构想了对精英阶层的控制：他们几乎完全着眼于可能被政府公职人员——而非富裕公民——所滥用的权力和影响力。这些宪制几乎从未明确预防下列可能性：富人将过多地充斥于被选举的行政长官之列，或者对担任政府公职的普通公民发号施令。③ [2]因此，我们可以正当地拷问，现代共和国的制度安排是否更好地实现了少数人而非多数人的政策偏好？现代共和国——尤其是美国——的制宪者们并未把公职人员们视为拥有潜在威胁性的社会群体，他们通常认为贫穷或无

---

① 我把非君主政体（monarchy）和非独裁政体（autocracy）的政制称为"共和政体"（republic，或译共和国）。"大众政体"（popular government，或译民众政府）是普通公民——而不仅仅是社会经济精英——可以通过下列某种方式参与政府治理的共和政体：大量使用多数决原则，参与具有广泛包容性的会议，担任通过抽签分配的公职（就像以雅典为代表的古代民主）；借助限定阶级的政治机构，比如专门为贫穷公民设置的行政长官或会议（这是很多古代、中世纪和现代意大利早期的共和国——比如罗马和佛罗伦萨——的特征）；以及在成年人普遍获得选举权的情况下，通过在频繁而真正的竞争性选举中为公职的候选人投票（就像在现代代表制政府中那样），实现最低限度的参政。根据这个定义，古代的斯巴达、中世纪的威尼斯和现代早期的日内瓦虽然都是共和政体，但并不是大众政体。

② See Baehr 1998; Butters 1985; Lintott 1982; Martines 1979; Molho, Raaflaub, and Emlen 1991, 251–354; Stephens 1983; and Stone 1989.

③ 例如，即使在法兰西共和国建立初期那相对具备阶级意识的语境中，其早期宪制同样没有不利于富人的正式规定。参见 Fitzsimmons 1994 和 Hunt 1984。相反，累进的财产等级决定了个人享有的公民权利的范围：随着纳税财产的递增，公民也随之获得了投票、担任中级乃至高级官职的权利。参见 Crook 1996, 30–53, especially 35–36。剥夺公民选举权的法案并不针对社会经济精英自身，而是主要针对那些密谋颠覆或逃离共和国的逃亡贵族（émigrés）（Crook 1996, 140–141）。

产的公民——大众(masses)、暴民(mob)、多数人(multitude)——才是政府稳定和同胞公民自由的首要威胁。① 由此观之，共和国所面临的最大危险，是被贪婪或狂热所驱使的大众多数派，决心剥削或迫害势单力薄的少数人。② 虽然美国的制宪者们有时也接受富裕公民会威胁自由的观点，但他们明白无误地设计了美国宪法来"控制政府和被统治者"，也就是行政长官和大多数人民。③

我认为，现代共和主义的社会经济性质，以及随之而来的制度选择，对于当代民主的运作存在不利影响。毕竟，现代大众政体与其历史前身一样，容易被富人腐蚀、颠覆和篡权。④ 此外，越来越多的学者认为，选举——现代民主的制度核心——是一种保持公职人员问责性的不力手段。⑤ 这种境况表明，传统上，特别是最近数十年来，比起对政治和社会经济精英的规范性控制，

---

① Dawood 2007；Elkin 2006；Farrand 1966，I：423，II：203-204；and Nedelsky 1991.

② 关于"剥削人民"的观点缺乏经验证据的支持，参见 Shapiro 2002。

③ Farrand 1966，I：146-147；Madison，Hamilton，and Jay［1788］1998，esp.，nos. 10 and 51；and Meyers 1981，395.关于英国共和主义者反大众和反参与的偏见，参见 Skinner 1998，31-32；关于荷兰共和主义的贵族偏见，参见 van Gelderen 2002，especially，35，207 和 van Gelderen 2005，especially 204，213。

④ See，e.g.，Bartels 2008；Domhoff 1998；Fraser 1997；Jacobs and Skocpol 2007；Mills 1999；and Phillips 2002. 在过去十年中，美国前百分之十的富裕家庭(有至少345000美元的净资产)控制着超过百分之七十的国家资产。参见 Wolff 2001 和 2007。此外，前百分之十的高收入家庭年收入几乎都超过 150000 美元(参见 http://www.census.gov/hhes/www/cpstables/032009/hhinc/new06000.htm)。在此基础上，当我在当代美国的语境中提及"富人"时，我所指的乃是前百分之十的最富裕公民；那些拿着 150000 美元甚至更多收入、或属于有着 350000 美元甚至更多净资产(包括收入、财产和资产)的家庭的人——这两类人有着明显但不完全的重合度。当然，我的后续分析将表明，我认为"富人"和"普通公民"之间的界限应该通过民主决定，也就是说由人民自己决定。更多的细节和更新的统计数据，参见 Domhoff 2010 和 Wolff 2010。

⑤ See Goodin 2008，164-165；Levi et al. 2008；and Przeworski，Stokes，and Manin 1999. 关于"自由和公平的"选举的经验标准和概念标准，参见 Beitz 1989；Dahl 1971 和 Thompson 2002。

民主的问责性需要公民实施更加正式、直接和有力的控制。①
普通公民如何制止富裕公民过分干涉公共利益，并劝诫公职
人员不要顽固地违背选民意志和损害选民利益？当社会经济
和政治精英的——常常是共谋的——行为威胁到了公民的自
由和大众政体的稳定时，普通公民该如何有效地惩罚他们？②
对早期共和国的社会史、思想史和制度史的反思表明，困扰当
代民主政体的问责危机是结构性的，因此需要实质性的宪制
改革。③

在本书中，我发掘了选举以外的制度，在古代、中世纪和文艺
复兴时期的著名共和国中，普通公民试图通过这些制度来制约富
裕公民和公共行政长官。我还设想了如何在当代民主中重建这
些制度。马基雅维利(1469–1527)的政治作品为此开辟了入口，
由此我重新发现了下列被遗忘或抛弃的精英问责措施：

■ 被赋予否决权或立法权并禁止最富裕公民参与的公职或会议
（第3章、第4章）

■ 抽签与选举相结合的行政长官任命程序（第4章）

■ 由全体公民对指控和上诉进行最终裁决的政治审判（第5章）

[3]虽然马基雅维利最著名的作品《君主论》④似乎是在教导

---

① See Behn 2000; Bowles, Gintis, and Gustafsson 2008; Dowdle 2006; Lewin 2007; Maravall and Sanchez-Cuenca 2007; and Ziblatt 2006, 2008.

② 在巴特尔斯(Bartels 2008)看来，在美国，导致公共政策不平等的最重要的决定性因素有两点：首先是民选官员的党派归属，其次是最富裕的社会成员的偏好。

③ 这种改革可能要比当代竞选资金改革设想的支持者和批评者的主张更具实质性；参见 Hohenstein 2007; Kersh 2003; La Raja 2008; Samples 2006; Smith 2006; and Urofsky 2005。

④ Machiavelli, *Il Principe* [1513], in Corrado Vivanti, ed., *Opere I: I Primi Scritti Politici* (Torino: Einaudi-Gallimard, 1997), 114–192. 下文引用时用 *P* 加章节数表示。译文乃作者自译，虽然为了准确、一致而同源地(cognate-based)呈现马基雅维利的术语，我经常参考 Mansfield 1998，同时，为了增强对意大利语词汇结构的敏感性，并熟悉16世纪的惯用表达，我还经常参考 Connell 2005。

统治者如何最好地操控人民，但是我将论证与此截然相反的观点：他最为重要的——可能也是最具原创性的——一条政治建议是关于平民大众如何控制精英的。马基雅维利最伟大的作品《李维史论》①表明，马基雅维利比西方政治传统中的任何重要人物——包括更晚近而且可能更激进的平等主义政治理论家——都更尖锐地提出了精英问责的问题。此外，我还认为，学者们也严重低估了马基雅维利的下述努力：建立广泛、持续而有活力的方式，使平民大众能抵抗富裕公民的支配，并遏制行政长官的腐败。例如，思想史研究领域的"剑桥学派"学者们将马基雅维利理解为一个"共和主义者"（而非一个声名狼藉的僭主谋士）。事实上，他们不但低估了马基雅维利政治思想中保障精英问责的制度设计的重要性，而且还忽略了马基雅维利对下列观点的强调：共和政体应当使普通公民有机会直接讨论和否决立法。他指出，兼收并蓄——而非精英主导——的论坛，将为以"公民的生活方式"（civil way of life）为特征的政体产生更好的政策。简而言之，与共和主义以及如今普遍被概念化和付诸实践的民主政体相比，马基雅维利的政治理论往往更强调大众的参与和赋权。②

---

① Machiavelli, *Discorsi* [c. 1513-1519], in Vivanti, ed., *Opere I*, 193-525. 下文引用时用 *D* 加卷次和章节数表示。译文乃作者自译，尽管出于前注中的理由，我分别参考了 Mansfield and Tarcov 1996 和 Atkinson and Sices 2002。

② 因为我特别强调促进大众参与和保障精英回应的制度方式，所以我讨论马基雅维利的路径不同于更早的、以阿尔都塞（Althusser 2001）和葛兰西（Gramsci [1925] 1959）为典型代表的马克思主义进路。虽然他们也强调马基雅维利作品中支持大众和反精英主义的阶级冲突，但是，或许由于他们沉迷于正统马克思主义那完全战胜精英（以及保留革命知识精英）的幻觉，他们并没有强调马基雅维利所建议的、人民借以控制精英的制度方式。欧陆社会和政治思想的其他传统，比如现象学和后结构主义，探讨了马基雅维利政治思想中的民主维度，但同样令人遗憾地忽视了这位佛罗伦萨人作品中制度和法律的重要性。参见 Lefort 2000 和 Merleau-Ponty 1990。

马基雅维利的阶级政治

马基雅维利对共和国最有特权与权力之成员的动机和行为洞若观火；他将显赫的公民称为"贵族"（nobles/*nobili*）、"权贵"（aristocrats/*ottimat*）以及最普遍的"大人物"（the great/*grandi*），这些词语可以互换使用。① 马基雅维利关于社会精英的观点源于他对地中海地区共和国古今历史的详尽阅读，以及他作为一位 16 世纪早期佛罗伦萨共和国出身相对卑微的公职人员的亲身经历。正如《李维史论》所清晰表明的，李维笔下的社会冲突给马基雅维利留下了深刻的印象，在罗马共和国早期，贵族挑起并持续煽动这些社会冲突。② 更直接的是，马基雅维利在履行国务秘书、外交特使以及国民军负责人的职责时，遭到了佛罗伦萨权贵极为严苛且居高临下的对待。③

由于其父亲的债务及所谓的私生子身份，马基雅维利频频遭受蔑视和嘲笑。④ 尽管马基雅维利家族拥有任职于共和国最高机构的传统，但是他自己的相对贫困和名声不佳使他没有资格担任城邦的主要行政职务。⑤ 事实上，他几乎完全仰仗共和国最高行政长官皮耶罗·索德里尼的庇护而任职于外交、秘书厅和军事部门，而通常情况下社会地位低下的人是很难担任这些官职的。权贵们自认为有资格担任其中多数职位，因此经常抨击马基雅

① 在每一章中，只有在专门的非英语语词汇第一次出现时会用斜体表示，随后再出现时皆用正体表示（中译本并不体现这一点——中译者注）。

② See Livy 1919-1926, I-X.

③ See Black 1990, 97; de Grazia 1989, 95-96; Gilbert 1965, 172-174; Najemy 1990, 103, 108-113, 117; and Ridolfi 1963, 1300132.

④ See Black 1990, 97; de Grazia 1989, 251; Gilbert 1965 172-174; Najemy 1990, 117; and Ridolfi 1963, 2, 112, 130-132, 257 n. 4; 286, n. 18, 20.

⑤ See Guarini 1990, 20-21.

维利，并频繁[4]阻挠他有效地履行职责；尤其是，他们向他试图在共和国建立一支公民军的计划泼冷水，阻止对他最高大使职位的任命，并污蔑他是一个私生子和欠税者的后代、一个性倒错者。①

马基雅维利总结了他的研究与经历，认为一种永无止境的压迫欲驱使共和国的大人物努力积累财富，把持政府部门，以及获取声誉（*D* I. 5、*P* 9）。马基雅维利认为，富裕而杰出的公民并不愿意与普通公民共享军事指挥权、通过选举任命的公职以及元老院的职位（资政委员会[consultative committees]、上议院和高等法院），他们更沉溺于支配他人的欲望，而非任何促进公共利益的渴望。抛却所谓"位高则任重"（noblesse oblige）的托词（*D* I. 37）——这些托词都是历史上谄媚的作家（*scrittori*）虚构出来的（*D* I. 58）。马基雅维利坚称：军事统帅、行政长官、元老和法官都想让别人屈从于自己的意志，并力图在他们自己的政治体中飞黄腾达，尤其是以公共利益为代价，尽量充实自身的物质财富。

必须指出的是，马基雅维利并没有将大人物或权贵定义为一个形式上封闭而狭隘的世袭阶级，即使当他用"贵族"或"权贵"这些词指称精英时，他所谓的精英也不是一种封建贵族。例如，马基雅维利明确区分了城邦及共和国的大人物与游手好闲的富裕"绅士"（gentlemen），后者在安全的城堡中压迫乡村居民（*D* I. 55）。相反，马基雅维利将大人物理解为一个由新近富裕的和政治上白手起家的平民持续自我整合而成的阶级，正如佛罗伦萨共和国和中晚期罗马共和国中的情形。虽然"大人物"这一社会经济阶级并不像世袭精英阶层那般固化，特定个人或家族的上下流

---

①   See de Grazia 1989, 140; Najemy 1990, 103, 113, 117; and Ridolfi 1963, 112, 286 n. 18, 20.

动性也更强,但他们在任何特定时刻都表现出一种确定状态,即马基雅维利所说的被一种压迫欲(a desire to oppress)所驱使。

让我们继续澄清马基雅维利指称的精英的本质:很多解释者在提出这个问题时,低估或忽略了马基雅维利关于大人物之动机和行为的论述的物质与经济维度。① 他们认为,马基雅维利归之于大人物的压迫欲,最符合人们对荣誉(honor)、荣耀(glory)和名望(fame)的追求,恐怕并不涉及攫取财富或利用经济特权使政治利益最大化。然而,马基雅维利始终强调大人物的财富,并指出他们总是将财富作为实施压迫的目的。例如,他指出,最富裕的罗马人构成了"大多数贵族"(D I.37);马基雅维利还将叙拉古共和国的统治阶级认定为元老和富人(P 8);在《李维史论》的前面部分,马基雅维利将大人物描述为"拥有很多"的人,更确切地说,他们"不端而有野心地"利用慷慨的馈赠,压迫普通公民并破坏大众政体(D I.5)。随后,[5]同样在这部作品中,他先后提及贵族的"巨大野心"和"贪得无厌"(D I.40)。

我认为,马基雅维利在讨论罗马土地法的章节中的判断最具有决定性:马基雅维利指出,在共和国的历史进程中,贵族"在涉及政治职位时,总是同意平民的要求,而没有引起特别的骚动;但是,当涉及财物时,贵族是如此顽固地保护"(D I.37)。这是一处振聋发聩的轻描淡写。马基雅维利在这里含蓄地提到了关键的例证:罗马元老为了保卫他们不断扩张的经济特权,在共和国的公民场所(civic space)谋杀了改革家提比略·格拉古。马基雅维利无疑明白,贵族、权贵和"大人物"对物质利益的珍视,多过对声望和荣誉的渴求。当他们被再分配的诉求紧逼时,他们的确公开表明了这一点。

马基雅维利敏锐地区分了大人物与共和国的其余公民——

---

① See, especially, Strauss 1958, 134, 169, 250.

平民(plebeians)或"人民"(the people, *popolo*)。① 比起大人物压迫他人的欲望,人民的首要欲望是不受大人物压迫(*D* I. 5;*P* 9)。由此观之,普通民众倾向于为家人寻求安全,满足于已经获得的任何物质利益,并想避免相对简陋之物质条件的削弱和本就卑微之社会地位的降低。人民天生倾向于规避压迫,无论是他们自己承受的还是施加于他人的:罗马平民为了回击寡头的压迫,和平地撤离城邦(*D* I. 4、*D* I. 40);而罗马贵族为了对付挑战他们在共和国社会经济方面支配地位的立法,诉诸贿选或谋杀(*D* I. 5、*D* I. 37)。

马基雅维利广为人知的关于"人类"之本性的嘲讽概括,使很多解释者得出如下结论:他认为所有人都拥有同样的激情,特别是政治压迫和物质攫取的欲望。② 然而,马基雅维利对大人物和人民所作的区分表明,少数人和多数人分别受到两种不同性质之欲望的驱使。马基雅维利进一步阐释道:

> 他们〔拥有这些东西的人〕不端的和有野心的行为,在那些并不拥有这些东西的人的心中燃起拥有的欲望,要么为了通过掠夺前者对他们进行报复,要么为了让后者自己也能够获得那些他们认为被他人滥用的财富和荣誉〔名

---

① 马基雅维利交替使用 *popolani*、*plebe*、ignobles、the multitude、the universality 这些词来指代"人民"(the people);他通常用这些词表示共和国里不属于显贵或富人阶级的贫穷公民。参见 de Grazia 1989, 162。在罗马和佛罗伦萨,作为公民的人民享有民法上的平等,但不一定享有完全的政治权利;例如,一位公民能否担任特定职位,通常由其财产、纳税情况、职业和血统决定。参见 Brucker 1962 and 1977。在罗马和佛罗伦萨的语境中,按照习俗和法律,"人民"并不包括妇女、奴隶和外邦人等非公民。

② 最臭名昭著的是,马基雅维利宣称,"关于人类,一般可以这样说:他们是忘恩负义、容易变心的,是伪君子和假好人,是逃避危难、贪财好利的"(*P* 17; cf. *D* I. 3,*D* I. 37)。拉厄编的那本文集(Rahe 2005)的作者们可能最乐意把这些宣告当作马基雅维利对全体人类的终极看法。

位]。(*D* I. 5)

换言之,富人不会将他们的财富主要用于私人享乐(更不必说公共利益),而是用于压迫贫穷公民。此外,人民不会因为大人物占有物质优势就天生心怀怨恨,他们所怨恨的是大人物利用这些优势来压制人民,换言之,欺凌财富较少的公民。

这两种欲望——分别体现在掌握大量财富的大人物和掌握极少财富的人民身上——的互动为大众政体的国内政治提供了动力。在马基雅维利看来,[6]并不欲求物质丰盈的人民如果发展出这种欲望,那也是大人物树立的坏榜样而直接导致的结果。人民经常试图通过剥夺大人物的物质优势来复仇,或者希望凭借获取和分配被富人不当使用的财富与权力来自保。因此,在马基雅维利看来,虽然人民确实会被寡头的苛政所煽动和激怒,做出大人物所定义的"压迫"行为,但事实上,人民根本不愿进行支配。人民如此行事,只是为了自我保护,或者对大人物复仇。考虑到人民和大人物各自欲望的鲜明对比,马基雅维利指出,"自由的人民的欲求,很少对自由有害"(*D* I. 4),然而"少数人总是按少数人的习惯行事"(*D* I. 7)。

哲学家、史学家和政治家——比如亚里士多德、李维和西塞罗——这些被马基雅维利视为"作家们"的人,倾向于贬抑人民在大众政体中的审议和决策能力,并夸大民众爆发怒火的频率和强度(例如,*D* I. 58)。① 这些观点当然决定性地影响了后世的共和主义理论家们——比如哈林顿、孟德斯鸠、卢梭和"普布利乌斯"等显赫的名字——恐惧暴民的(ochlophobic)宪制方案。然而,马基雅维利认为,那些使"作家们"深感恐惧的大众失控只是特例,

---

① See, e.g., Aristotle 1985, V.3.1131a23-24; Aristotle 1997, III. II. 9.1279a23, V.1. 1301b26-29; Cicero 1999, 22-23.

它们几乎总是针对大人物的过分压迫或篡权行为做出的正当反击（*D* I. 28、*D* I. 45）。事实上，在马基雅维利看来，大众的义愤几乎是一种明确的善：当人民奋起回应大人物的支配，特别是当这些回应被写入新的法律（*D* I. 4），或者导致公开处决显赫但危险的公民时（*D* III. 1），共和国恰恰最能实现自由。马基雅维利强调，共和国是必朽的，除非在人民实质性地、直接地参与立法（*D* I. 18）之外，还能通过问责制度——比如罗马的平民保民官和大众裁决的政治审判——来积极抑制大人物的傲慢（*D* I. 5、*D* I. 37、*D* III. 1）。① 虽然人民在这些方面的判断并非总是完美的，但马基雅维利认为，当人民在宪制框架内活动时，其行为比受到同样限制的君主或少数人更明智（*D* I. 58）。此外，马基雅维利帮助我们理解了彻底的"完美"是一个不切实际的标准，而此前的作家们不公正地利用这个标准，使民主政体污名化，使寡头政体正当化。

寡头共和国与民主共和国

在共和主义的社会理论与宪制理论的漫长历史中，马基雅维利的政治思想是一个明显的例外，即使在同时代的佛罗伦萨，他的思想也显得卓尔不群。通过主张对大人物实行大众参与式的制度性制约，马基雅维利嘲讽了[7]显赫的佛罗伦萨共和主义者的威尼斯式虚荣与贵族式偏好。这种性情有两位典型代表：一位

---

① 纳尔逊指出，罗马共和国的希腊历史学家，比如波利比乌斯、普鲁塔克和阿庇安，在论述罗马的阶级冲突时，对经济平等投射了一种古典的"希腊共和主义式"同情，后世的共和主义者则保留了这个倾向，并使其在英国革命和美国革命的背景下复兴（Nelson 2004）。然而，正如纳尔逊所说，这个传统在很多方面体现了政治不平等，也就是说，反对在政治领域实行广泛的大众参与和辩论。我在第3章和第4章中对马基雅维利笔下的格拉古兄弟和罗马土地法的解释将阐明，马基雅维利在这两个方面都是平等主义的。马基雅维利认为，共和国一方面应该"保持国库富有和公民贫穷"（*D* I. 37），另一方面则要让平民广泛参与国内政治。

是贝尔纳多·鲁切拉伊(1448-1514),马基雅维利的文人圈子"奥里切拉里花园"(Orti Oricellari)的有力赞助者、马基雅维利《李维史论》所呈献的两位年轻权贵之一的祖父;另一位是马基雅维利年轻的显贵对话者,史学家、外交家以及美第奇教皇的臣僚,圭恰尔迪尼(1483-1540)。鲁切拉伊和圭恰尔迪尼(在不同程度上)都是——1494年驱逐美第奇家族后,由修道士萨沃纳罗拉所建立的——民主共和国或开放政体(governo largo)的批评者和反对者,这种政体的核心制度是一个具有广泛参与性的人民大会(popular assembly)——大议会(the Great Council)。马基雅维利的庇护人索德里尼最终担任共和国的正义旗手(Gonfalonier of Justice),马基雅维利本人则如前所述,尽忠职守直到共和国于1512年覆亡。

鲁切拉伊和圭恰尔迪尼既是政治家,也是人文主义知识分子(humanist literati),他们渴望按照威尼斯的寡头共和国或狭隘政体(governo stretto)的思路重构佛罗伦萨的秩序。在威尼斯,元老院以及充斥其中的上层阶级成员支配着政治体。在他们的评价体系中,家族地位和政治经验——其作用近似于"智慧"和"审慎"——决定了元老院的任职资格;选举决定了主要官员的任命,但并不通过从所有公民中随机抽签,或针对特权较少的公民的平权行动来调和选举。虽然古代的民主政体广泛地通过抽签来分配大多数公职,中世纪的共和国也经常保障来自萧条的手工业行会的较为贫穷公民的政治地位,①但圭恰尔迪尼仍然坚持认为,普通公民通常不应该亲自担任公职,他们应该通过普选决定由哪些"最佳公民"来担任公职。②

在这种以鲁切拉伊和圭恰尔迪尼所偏爱的狭隘政体为代表

---

① See Headlem 1933 and Najemy 1982.

② See Guicciardini [1512] 1998, 122-123; cf. Pocock 1975, 127-131.

的"选举式"和"元老院式"共和模式中,普通公民很难影响共和国的当选官员和主要审议机构(即元老院)的行为,并挑战它们的决策,因为这两个机构都被少数富裕而显赫的公民所控制。与此相反,马基雅维利支持一种重构的——在关键方面被民主化的——罗马宪制模式,普通公民在其中可以自由控告公职人员和贵族公民,否决政策,直接审议和票决立法,正式审判被控政治罪的公民和公职人员。在这种大众政体的"保民官"和"会议"模式——我称之为马基雅维利式民主——中,公民辩论实现了制度化:平民保民官把最富裕的和显赫的公民排除在外;推动公民参与的平民会议同样排除了最显赫的公民,或者至少将他们的影响力降到最低。①

　　平民保民官是马基雅维利大众政体方案的核心,西方政治思想史在评价罗马共和国时,平民保民官一直是一个有巨大争议的制度。然而令人费解的是,那些致力于阐释马基雅维利的[8]"共和主义"的学者们却大多忽略了它。贵族共和主义者如圭恰尔迪尼,以及他生前身后的诸多思想家,从西塞罗到孟德斯鸠,都对保民官制度持批判态度,认为它将政府开放给了傲慢自负的人,他们随后在平民大众中煽动冲突、暴动和叛乱。② 与此相反,马基雅维利认为,保民官的建立使罗马宪制"几近完美",因为它促使平民主张自身是罗马自由的恰当"守护者"(*D* I. 3–5)。我将在本书第 4 章指出,当马基雅维利建议通过宪制改革来恢复佛罗伦萨共和国时,他创设了一个具有保民官性质的职位:监察官(*proposti*或 provosts)。这是一种行使否决权和上诉权的官员,它把共和国

---

① Bleicken 1955 和 Botsford [1909] 2005 虽然有些过时,但依然分别是关于罗马保民官和会议的经典研究。

② 参见 Guicciardini [1530] 2002, 391–392;Montesquieu [1734] 1999, 84;以及更贴切的 Cicero 1999, 164–167。

最显赫的公民排除在外。① 即使那些将马基雅维利理解为一个人民的支持者、大人物的反对者或者——虽然很少——十足的民主主义者的评论者们，也在很大程度上忽视了罗马保民官在他的政治思想中所起的关键作用，以及他在自己的城邦佛罗伦萨建立保民官——监察官——的建议。②

马基雅维利反对剑桥学派"共和主义"

存在于佛罗伦萨内外的共和主义在很大程度上属于共和主义政治理论的保守传统，而马基雅维利从根本上说是这种传统的局外人——不仅如此，他很可能是这种传统最为深刻和坚定的反对者。就此而言，当剑桥学派的知名学者——如斯金纳和波考克——强行将马基雅维利作为"共和主义"最杰出的代表时，都严重曲解了马基雅维利的思想和共和主义传统本身。③斯金纳一向表示，在马基雅维利的理论和传统的意大利共和主义之间，存在着"明确的相似之处"，④他还强调"马基雅维利坚持从传统的角度为共和主义价值辩护的显著程度"。⑤ 特别是斯金纳坚持认为，

---

① See Machiavelli, "Discursus on Florentine Affairs" ("Discursus Florentinarum Rerum Post Mortem Iunioris Laurentii Medices") (1519-1520), in Vivanti, ed., *Opere I*, 733-745.

② 也就是说，即使那些倾向于承认马基雅维利的进步、亲平民以及原初民主(proto-democratic)立场的学者们，也忽略了他的民主政体和开放政体构想的核心制度条件：de Grazia 1989 和 Hulliung 1984 并未提及保民官，而 Gilbert 1965, 185 只是顺便提及了保民官；Silvano 1990, 56-61 和 Viroli 1990, 154-155 的重要分析则完全忽视了监察官。

③ 这部分总结了 McCormick 2003 中更全面地阐述过的观点。([译注]McCormick 2003的中译文参见《马基雅维里反对共和主义：论剑桥学派的"圭恰尔迪尼时刻"》，郑红译，刘训练校，载应奇、刘训练编：《共和的黄昏：自由主义、社群主义和共和主义》，吉林出版集团，2007年。)

④ Skinner 1990a, 137.

⑤ Skinner 1990a, 123.

马基雅维利的思想几乎与西塞罗完全相符，后者是古代世界贵族
共和主义者的典范。一方面，斯金纳充分注意到了马基雅维利对公
众骚乱、社会纷争和阶级冲突的偏好；另一方面，他承认，西塞罗对
于公民安宁(civic tranquility)的渴望符合阶级和谐(*concordia ordi-
num*)的理念。① 然而，尽管存在这些显著差异，斯金纳依然坚持认
为，马基雅维利与西塞罗在公共利益(common good、public interest)
和公民伟大(civic greatness)等问题上的"连续性"是"更根本的"。②

　　我在下文中试图阐明，当人们在共和主义传统中思考马基雅
维利的位置时，不能如此轻易地将阶级分化与冲突问题降低为一
个次要差异。毕竟，正是马基雅维利对罗马共和政治的骚乱的赞
赏，才导致他认可被共和主义者——比如古代的西塞罗、他同时
代的圭恰尔迪尼以及数世纪之后的麦迪逊等人——所厌恶的实
践。③ 罗马保民官恰恰是马基雅维利政治学的核心，因为它诞生
于罗马最初的阶级骚乱，而且在后来的社会纷争中常常起到推波
助澜的作用。

　　[9]与此相反，波考克仔细区分了马基雅维利对民主共和国
的偏爱和——尤其是圭恰尔迪尼的——更明确的显贵化倾向。④
然而，由于波考克对政治偶然性(political contingency)以及共和国
的"时间有限性"(temporal finitude)问题的强烈关切，他以一种明
显的马基雅维利式的理解重塑了现代共和主义，从而掩盖了现代

---

① Skinner 1981, 65-66；1990a, 130, 136. 关于罗马的社会冲突，参见 Raaflaub 2005。
② Skinner, 1990a, 137, 140；cf. also Skinner 1981, 25, 36, 64, 把马基雅维利当作传
　　统的西塞罗主义者；Skinner, 2002, 207-209, 斯金纳认为西塞罗和马基雅维利对
　　于正义的本质有着根本上一致的看法，虽然马基雅维利尽量避免使用这个词。
③ 塔克承认马基雅维利抛弃了西塞罗思想的很多重要品质，特别是与塞涅卡的斯多
　　葛哲学相契合的地方。但他坚持认为，这位佛罗伦萨人的思想中还保留了重要的
　　西塞罗主义要素，特别是与共和国安全相关的部分和并不局限于道德品质的"德
　　性"(Tuck 1993, 20-21)。
④ Pocock 1975, 212, 232.

共和主义的寡头特质,也就是说,将现代的本质即"北大西洋"共和主义提炼为一种"马基雅维利时刻"。① 如果波考克更关心政治本身而非"时间政治"(the politics of time),他会更准确地将他的作品命名为《圭恰尔迪尼时刻》。② 毕竟从历史上看,圭恰尔迪尼的贵族共和范式战胜了马基雅维利的更民主的范式;圭恰尔迪尼的选举和元老院模式,而非马基雅维利的基于会议并结合保民官的模式,成为了现代代表制政府(representative government)的宪制模范。③

斯金纳、波考克以及很多学者通过普遍而无限地结合马基雅维利政治思想与共和主义,从中获得了启发,他们削弱了这个佛罗伦萨人的历史原创性,遮蔽了他对反思当代政治改革和制度创新的价值;而这恰恰是马基雅维利对共和主义传统的背离(departures):(a)证明共和主义——除非超越所有认可而对其进行重构——如何倾向于增强而非削弱精英在现代代表制民主中的地位;以及(b)凸显被今人所忽视的能够纠正这一趋势的制度性和社会性选择。特别是马基雅维利对传统的批判表明,共和主义如何明确正当化了富人和公职人员以牺牲共和国普通民众的利益为代价而享有的自由行事权;而他的作品支持限定阶级的官职和包容大众的会议,通过它们,普通公民可以使精英更加负责,并亲自有效地审议和决断法律与政策。

下面概括一下我在别处阐述的批判。剑桥学派的学者们倾向

---

① Pocock 1975, viii, 3.关于波考克作品的存在主义面向,参见 Palonen 1998。

② Pocock 1975, 183.

③ 波考克作品的主要哲学灵感来源——汉娜·阿伦特的作品——已经预示了波考克这方面的缺陷。阿伦特自身的存在主义关怀,她对(作为政治的对立面的)社会冲突的矛盾心态,以及她对多数人而非少数人的更大不信任,使她的作品并未得出大量当代读者强加于她的"激进"民主政治的结论,而是坚持了相当传统的贵族共和主义。See Arendt 2006, 1–10, 49–105, 207–273, 最有说服力的在页268。在阿伦特以及与她相似的沃林的作品(Sheldon Wolin 1994, 1996)启发下,我在本书中具体解释了马基雅维利,并概括阐述了民主。

于不恰当地强调马基雅维利与传统共和主义的一致性：他们并未对马基雅维利理论中的阶级冲突给予足够重视，以致普遍忽视了他为平民大众提供的保障精英之回应性和问责性的制度方式；他们将马基雅维利思想中的大众机制仅仅理解为服兵役或选举，而反对国内政治中更为集中而广泛的参与；他们没有把马基雅维利对贵族与平民的批判等量齐观，因此削弱了他赋予人民的"自由守护者"（guardians of liberty）之职的重要作用；①他们只着眼于马基雅维利对自由的抽象定义，不仅忽视了他为公民如何最好地获得和保持自由而提出的具体政策建议，而且忽视了他用以阐明公民自由如何在健康的政治实践中发挥作用的史实；他们利用马基雅维利来建构一种自由的定义，它虽然反对政治压迫，如君主和皇帝的统治，[10]但却温和地接纳奴隶制以外的社会支配形式；最后，他们在很大程度上对社会经济和政治精英对国民的支配保持了沉默，这种支配完全符合共和主义理论，并且经常在共和主义实践中作恶。

　　诚然，剑桥学派的相关学者们通过很多技巧，突出了共和主义相较于当代自由主义民主的规范性优势：例如，弘扬非排外的（nonxenophobic）爱国主义，关注公共利益，强调责任而非权利，以及构想一种特别宽泛的自由概念。② 然而，剑桥学派的解释很大

---

① 如果马基雅维利像斯金纳那样，认为人民在本质上和贵族一样野心勃勃且贪得无厌，那么就只会产生毫不妥协且催生腐败的派系冲突——但这是一种被马基雅维利明确批判的冲突（如 *D* I. 7）。Cf. Bock 1990; Rosenblum 2008, 64–67, 76–77; 关于马基雅维利《佛罗伦萨史》的"序言"，参见 Machiavelli, *Istorie Fiorentine* [1532] 1962, Franco Gaeta, ed., Milano: Feltrinelli, 1962, 68–71。

② 参见 Pettit 1999a, Pocock 1975, Skinner 1998, Viroli 1997 和 1998。虽然这些作者对共和主义的理解存在细微差异（参见 Buttle 2001; Pettit 2002），但他们都倾向于区分共和主义传统和自由主义民主传统。调和派理论家达格尔、瑞安和米勒试图把共和主义与自由主义结合为一种更进步的政治理论（Dagger, Ryan, and Miller 1997）；请在当代欧洲一体化的语境中阅读，Bellamy and Castiglione 1996。与斯金纳和波考克一样讨论区别自由主义与共和主义之困难的作品，参见 Holmes 1995, 5–6; Isaac 1988; Larmore 2001; Larmore 2008, 139–195; Patten 1996; Rogers 2008 和 Sunstein 1988。

程度上忽略了马基雅维利对社会支配的批判,不加批判地将共和主义当作一种进步的、反等级制的政治理论。在此方面,对于马基雅维利研究和当今民主理论而言,剑桥学派的解释都无所助益。这些解释甚至严重破坏了剑桥学派学者为探讨当代自由主义和代表制民主的政治缺陷而做的努力。①

例如,在《马基雅维利时刻》新添的一个精彩后记中,波考克抨击了当今代表制政府的寡头化趋势。② 斯金纳则始终痛惜于一个事实:自由主义民主政体中逐渐减少的大众参与促进了精英对公民自由的侵犯。③ 这些作者在共和主义框架内展开工作,并借之来解释马基雅维利,然而,这个框架本身使他们无法建设性地探讨他们所抨击的特定境况。波考克对政治偶然性的执着似乎使他难以完全认可共和主义者最推崇的解决政治有限性的制度形式:一种限制大众参与因而也尽可能限制政治争议与分歧的宪制模式——换言之,一种由贵族支配的狭隘政体。④ 如果波考克的杰能更详细地说明现代共和国公民仍然置身其中的"圭恰尔迪尼时刻"的性质,并且更好地构想出如何使延展性的历史"时刻"更确切地成为"马基雅维利式的",那么,他最近对当代共和国的大众参与和精英问责的糟糕状态的控诉将更能切实地激发共鸣。

斯金纳则在无意中排除了将大众对政治的直接控制作为一种解决当代政治中精英统治问题的方法,这个问题恰恰是他将马基雅维利的政治思想与贵族共和主义如西塞罗相混合的结果。考虑到斯金纳将严格的选举质量作为他对共和主义传统的表述,他确实没有提供"公共参与"(public participation)的替代制度,似乎仅仅通过投票就可以保障个体自由和精英问责。不论斯金纳

---

① See Pocock 2003, 582; Skinner 1990b, 308-309.

② Pocock 2003, 582.

③ Skinner 1973, 1983, and 1990b, 308-309.

④ Pocock 1975, viii, 3; see McCormick 1993.

本意如何，他通过关注选举、阶级斗争的中立化、权力的制度平衡以及其他一些议题，并利用共和主义来讨论这些问题，事实上重新大力肯定了现代代表制民主的现状。在本书第 6 章，我论证了与斯金纳类似的共和主义[11]哲学家佩蒂特使马基雅维利的政治理论堕入了共和主义的贵族传统，而马基雅维利曾竭力使自己区别于这种传统。此外，我还认为，佩蒂特对选举式和元老院式制度的依赖，及其对保民官和人民大会的拒斥，削弱了他使一个适用于当代民主共和政体的强有力的自由概念制度化的努力。

我在本书中用大量篇幅阐述马基雅维利对传统的、寡头化倾向的共和主义者的批判，在某种程度上将其作为一种对剑桥学派及受其影响之解释的矫正。在本书第 2 章，我探讨了马基雅维利说服年轻人——也就是《李维史论》所呈献的贵族（再次提示，其中之一是显贵领袖贝尔纳多·鲁切拉伊的孙子）——接受一种开放政体的尝试，这种政体是一个罗马式共和政体，其中的人民在军事上用武器进行武装，在制度上以保民官为后盾，作为士兵在军团中整编有序，作为公民在会议上组织有方。此外，我在本书中始终把马基雅维利的观点与圭恰尔迪尼的观点相比较，这位年轻显贵巧妙而有效地将传统的贵族偏好转化为新颖的制度方案，从而预示了现代代表制政府的宪制形式。①

事实上，马基雅维利和圭恰尔迪尼不但彻底反思了他们城邦的政治史，而且详尽审视了古罗马和同时代威尼斯共和国的宪制安排，我认为两人的作品和对话是西方政治思想史上至关重要的十字路口。马基雅维利经常被授予现代政治科学、现代共和主义或"现代性"本身之"奠基者"的称谓。② 然而，由于马基雅维利建议把阶级分化和阶级斗争嵌入共和宪制，因此他的作品可被视为传统平民

---

① 关于圭恰尔迪尼对后世欧洲政治思想的实质影响，特别是对论述国家理性的作品的影响，参见 Tuck 1993, 38—42。

② 分别参见 Plamenatz 2006; Pocock 1975; Strauss 1958。

共和主义的集大成者——即使也是最后一搏。不同于意大利的君主国和寡头共和国,该半岛的那些参与范围更广、社会争议更多的行会共和国(guild republics)和开放政体(governi larghi)直到衰亡之际,也没有涌现出一位如马基雅维利般忠诚的智识代言人。

与此相反,圭恰尔迪尼在很大程度上是未被正名的现代民主之父,现代民主可被视为选举式寡头政体,一种被巧妙重塑的狭隘政体。圭恰尔迪尼先于现代代表制政府及其主要代言人如麦迪逊和熊彼特,把无资格限制的选举和广泛的投票权熔于一个制度框架中。① 在这个模式中,选举使平民大众通过决定哪些最显赫公民能在公职的特定任期内实施直接统治,以实现"间接"统治。但它同时把大众参与弱化为投票,虽然投票在一个大众参与完全缺席的政治体中相当必要,但它对一个强有力的民主政体而言只是一个必要的但远非充分的条件。虽然在同一个政治时代写作,但圭恰尔迪尼所预见性阐明的使得马基雅维利所生动总结的黯然失色;参照阅读这两位思想家,可以为共和国实现大众参与和精英问责——其形式要多于当今通常所认可的形式——提供新颖但却又有历史依据的洞见。②

阶级优越性与政治不平等

[12]通过追随马基雅维利的告诫,使阶级斗争成为共和表达与民主实践的中心,本书凸显了18世纪前后宪制的重要区别。在古代、中世纪和文艺复兴时期的共和国,"人民"(the people)同时表示(a)作为一个整体的公民,以及(b)一贫如洗、并不富裕或

---

① See Gilbert 1965; Manin 1997, 53–54, 70.

② 关于17和18世纪北美和加勒比海地区的民主共和主义者建立选举以外的精英问责制——如选举监督以外的公众监督——的失败努力,参见 Maloy 2008。关于美国建国时代精英主义者对民主共和主义者的胜利,参见 Wood 1998。

不是精英的多数公民。① 罗马的例证或许最能体现这种歧义性。一方面，"人民"表示整体性的人民共和国（*res publica* of the *populus*），是一个兼容显贵和平民的统一的公民身份（citizenship）概念。另一方面，"元老院和罗马人民"（SPQR，the Senate and People of Rome）的理念反映了一种二元的公民概念，区别于显贵精英、贵族或元老阶层的平民单独构成了"人民"。② 现代共和宪制几乎完全遵循了第一种统一构想，预设人民是一个同质性的统一体："主权人民"是一个整体性的、隐去了社会经济要素的个体公民——包括精英在内——的集合，所有公民都享受着法律下的形式平等。③

现代宪制是去阶级化（class-anonymity）和社会"整体主义"（holism）的结果，相较于传统宪制，它似乎很少关注——而且可能并不擅长——防止富裕公民支配政治，而在传统宪制中，人民构成了公民阶层的一个子集，并且是最大的一个子集。马基雅维利明确赞同限定阶级的制度，认为它们能促进阶级意识（class-consciousness）和阶级论辩（class-contention），从而推动积极的大众参与和有效的政治问责。只要政府机构能反映阶级差异，而人民自己的行政长官如平民保民官能时常提醒人民在他们的政治体中社会经济和政治不平等的持续存在，人民就很难忽略和遗忘精英享有的、以人民利益为代价并用以损害人民利益的特权，或使这些特权合理化。④

从观念上把阶级作为大众政体内部社会身份和差异的最基本形式——尽管这些政体的宪制并未正式认可这一点——实有诸多理由。纵观历史，阶级对立一直是大众政体的一个普遍特

---

① See Canovan 2005.
② See Lintott 1968 and 1999.
③ 参见 Hunt 1984；Morgan 1989。关于现代人对基于职能而非社会的混合政体（mixed government）的机构的认可，参见 Manin 1994。关于古今共和主义的其他重要区别，参见 Nederman 2000 和 Nippel 1994。
④ 罗森布鲁姆捍卫了民主政治中党派冲突的必然性、有益性乃至道德性，他在辩护中尝试利用了马基雅维利（Rosenblum 2008, 64—67）。

征,一个在这种政体的社会和政治生活中引发紧迫的规范性问题的特征。相较于其他政体,大众政体提供了更充分的自由,这将使某些公民获得经济和社会优势,从而不可避免地损害政治体的政治平等,威胁普通公民的自由。就现有文献而言,亚里士多德在政治社会学方面的开创性探索和几乎所有的当代经济学研究,都证明了这一点。① 既然阶级分化不可避免地会削弱在法治之下实现自由而平等的联合的公民所统治之政体的道德理由(the moral raison d'être),那么,传统的大众政体及其支持者便为较为贫穷的公民相对于社会经济精英的物质资源的匮乏寻求政治上的补偿,[13]并试图为其正式地赋权,以便他们能够通过削弱精英影响力的方式来审议和决议政策。②

从政治上补偿贫穷公民的资源匮乏也可以被称为针对普通公民的平权行动(affirmative action),这种限定阶级的措施无疑会引发其他担忧。首先,对大众政体中阶级分化的制度性承认,可能对自由和平等造成威胁。例如,它可能对那些被视为"平民"之人的进步造成社会心理限制,还可能不公正地把精英——特别是少数富人——当作攻击对象。我认为这些担忧往往过于夸大其词。阶级身份不同于其他社会身份,它旨在为贫穷的个人或家庭

① See Aristotle 1997, IV.4.1291b9, as well as Yack 1993, 209–231。更晚近的研究,参见 Acemoglu and Robinson 2005; Bartels 2008; Beramendi and Anderson v2008; Boix 2003, 6–16, 47–58。

② 我在本书中坚持使用"公民"(citizen)一词指代共和政体、大众政体和民主政体的基本政治行动者。该词语的这种使用明确提出了这些政体中不属于公民的居民和有贡献者的身份问题——必然提出了吸纳和排他的问题。关于美国和欧洲语境中对现代公民身份更为排他性而非吸纳性的界定,分别参见 Smith 1997 和 Zerilli 1994。从道德视角来看,没有理由禁止任何成年人充分参与制定对他/她产生直接影响的政治决策。然而在经验层面,事情远没有这么简单。下列事实往往会给人以慰藉:纵观历史,在很多情况下,公民用来批判不平等状况的普遍主义逻辑经常随后被用来扩展吸纳范围,使公民的范围更广泛。关于公民身份的取得和丧失问题,通常参见 Goodin 2008, 127–154 和 Whelan 1983;关于民主的可修正性提供的将来在这方面实行改革的承诺,参见 Habermas 2001, 774。

赋予权力,却并不必然给他们贴上耻辱的标签;阶级身份也不会像有些人所说的种族或民族范畴那样,①根本而无限地削弱这些范畴内的社会和政治机构。我在本书中讨论的大多数共和国都具有社会流动性,这确保了平民并不必然永远都是平民。大量贫穷公民随着财富和声誉的积累,不断加入这些共和国的元老阶层(senatorial orders);与此相反,富裕公民未能永远保持在政体中的财富和权势(虽然一个名门望族可能长期拥有珍贵的文化资本,但它还面临着财富的大量消耗的和难堪的公众丑闻)。更重要的是,贫穷公民在物质财富和社会地位方面都难以迅速提升,而限定阶级的制度确保了贫穷公民面临的困境能获得补偿;这些措施使他们能在与富裕和显赫公民相对平等的条件下参与政治。

因此,通过一种法律-宪制方式(legal-constitutional manner)正式承认阶级分化以减轻其政治冲击,就是凭借制度手段使贫穷公民能正式地节制富裕公民非正式地享有的显著优势,这并不会给个体公民终生乃至数代都打上社会耻辱和心智衰弱的烙印。同时,阶级分化还意味着,即使在最有活力的平等主义共和国(它们坚守着逐渐消减可憎的制度的进步性愿望),个人和家庭也总能利用政体的社会流动性,从一个阶级流动到另一个阶级。此外,在拥有阶级意识的共和国中,如果富人认为自己受到了不公正对待——正如他们经常认为的那样——他们完全可以轻易放弃"富有"的身份;不同于那些被贴上种族或民族标签的人,富人可以自愿放弃他们的身份,例如把他们的多数财富捐给慈善机构或穷人。

阶级限定(class specificity)还对马基雅维利式民主提出了经济和政治方面的平等主义问题。因为这种民主模式承认了经济不平等的事实,并试图使其体现于政治安排中,这是否会巩固而

---

① 威廉姆斯(Williams 2000, 4—6),讨论了用种族、民族或宗教的特殊政策手段割裂社会群体并使其成员的身份认同僵化所带来的危险。

非改善阶级分化？这难道不是一个根本不平等的民主愿景么？[14]这表明，现实远比表象更为复杂微妙。我将论证，马基雅利对于一种开放政体、一种广泛包容的共和政体的主张，可以透过他的佛罗伦萨显贵读者对这种政体导致的平等主义威胁的恐惧，来充分理解；在被梳毛工人起义（1378年）所创伤的政治文化中，人们依然可以感受到这种威胁——这场起义完全是一场工人阶级革命，它发生于马基雅维利写作的一个半世纪之前。① 我认为，马基雅维利对经济改革家格拉古兄弟——他们的改革威胁到了罗马元老阶级日益扩展的经济特权——的谨慎讨论表明，他的大众政体模式并不符合他自己所谓的保持"国库富有和公民贫穷"的政治学（*D* I. 37；参照 *D* III. 16）。在佛罗伦萨后梳毛工人起义时代的背景下仔细审视马基雅维利对格拉古兄弟的讨论，会发现精英问责需要通过经济性和政治性措施来抑制贵族的"傲慢"。

　　我还从马基雅维利作品中提炼出一个实用而动态的策略，以求在明显不公的情况下保障公民间更大程度的政治平等：马基雅维利更欣赏共和国早期历史上的政治安排，当时的平民大众完全被正式排除在大多数位高权重的公职以外，他们只能更加积极而迫切地利用专属于他们的公职和会议，通过争取原本把他们排除在外的最高官职的任职资格，保障他们的自由免受享有更多特权的公民同胞的侵害。马基雅维利对罗马宪制的重视和他对改革佛罗伦萨宪制的建议表明，在一个政治体初期，人民通过单独的——即使是特别次要的——机构来参与政治，远比他们寻求一个（a）虽然在形式上有任职资格但并不可能经常任职的公职，以及（b）即使任职也会被精英官员用策略击败的公职，要更为有效。大人物自然会对任何种类的、无论何等轻微的平等倾向表示愤怒；马基雅维利暗示，人民也必须被激发类似的愤怒，而此举会带来有利的政治后果，因为形式性的政治不平等反而会在实践中促

---

① See *FH* III. 12–17; Najemy 2006, 156–187.

进更为实质性的政治平等。尤其是人民对过往形式不平等的共同记忆，可能使他们产生一种对此刻实质不平等的敏感度。例如，在罗马，即使在平民与显贵的僵化区分被更灵活的"人民"与"贵族"之分所取代后，前一种区分的张力仍然推动着身处后一种区分中的罗马下层阶级，努力寻求使自己与精英的地位差别更为公平。

精英问责和大众参与

在我进一步详细阐述马基雅维利式民主之前，请让我先澄清一个关于大众参与的观点：[15]或许会有人质疑，我对精英问责的强调会抑制对更广泛的公民参与方式的思考。换言之，我把关注重心集中于控制精英，很可能会忽视对——当代民主政治所严重缺乏的——自下而上的、自发的公民行动主义的需求。① 的确，对精英问责的强调可能在事实上强化当代选举民主中公民身份过分被动的特性，而非发起对这一不良趋势的真正修正。② 毕竟我的进路或许过于轻易地承认了精英将继续"统治"的事实，尽管许诺某种马基雅维利式的救济方式将确保他们的统治受到——比普通公民通常施加于他们的——更大的限制。从这个意义上讲，马基雅维利式民主难道不是必然把人民置于一种相对于精英而言被动无助的境地，从而使政治仍然被"大人物的"规则所主导吗？我将在此有限地回应这些批评。

首先，马基雅维利作品以自由之可能性的结构性处境为其支柱；也就是说，马基雅维利的政治理论直面那些任何建立或扩展大众自由的努力都必须考虑的经验事实。通过把他最伟大的两

---

① See Bachrach 1967; and Bachrach and Botwinick 1992.

② 关于被很多当代学者视为当代民主政体中维持公民生活所必需的各种类型的——无论其按照惯例是否被视为"政治的"——公民行为，参见 Gutmann 1999; Macedo 1994; Meyers 2008; Putnam 2000; Rosenblum 1998; Sandel 1996; Skocpol 2004; Warren 2000。

本政治科学作品分别进献给一位君主和两位权贵,马基雅维利表明,在他看来,人民通过参与来努力捍卫、行使和享受自由时,面临着两大根本阻碍:君主统治和寡头权力。马基雅维利并未在哲学上构想一个完全抽象或理想的、期待公民机械地强加于政治现实的个人自由或大众自由的"概念";恰恰相反,马基雅维利的出发点乃是基本的社会事实。如前所述,共和国为不只包括平民大众在内的所有社会成员提供的广泛自由,总会使某些公民比其他公民集聚更多的物质资源;此外,在包括民主政体在内的每种政体类型中,政治必然性总是允许公职人员在履行责任时享有相当多的特权。作为上述两点事实的结果,共和政体、民主政体以及大众政体永远面临着富裕公民出于自身利益而操纵政治的企图,这些企图包括阴谋和政变;即使那些政治平等性最高的社会——比如民主雅典——也认为行政长官个人在行使自由裁量权时必然隐含着不公正。无论如何,在这种情况下,民主政体或开放政体都应该试图在事前通过非选举的任命方式(抽签),或在事后通过对执政者恶行的严酷罚金刑或身体刑的威胁(公众监督和政治审判),来控制这种自由裁量权潜在的腐败可能性。

这样一来,在以最高的政治自由和社会经济平等为特征的政体中,普通公民一定常常面临着多财善贾者的政治影响和位高权重者的政治权力所带来的威胁。就此而论,精英问责通常和大众参与一样,都是大众政体的核心问题;[16]甚至在18世纪以后的代表制政府把所有实质的政治参与降格为难以通过选举政治获得完善保障的精英问责之前就是如此。① 因此,一切形式的大众

---

① 乌尔比纳蒂强烈主张,麦迪逊和熊彼特对选举政治的辩护并未耗尽代表制的民主潜力,它仍然存在于当代代表制政府中(Urbinati 2006);最显著的一点是,她强调选举产生的代表以抽签和直接民主所不具备的方式服务于多数选民(Urbinati 2006,1-59)。然而,乌尔比纳蒂的研究以孔多塞结合直接民主与间接民主的宪制提议作结,指出了18世纪之后共和体制实际运行中的不足(Urbinati 2006,176-222)。雷费德挑战了现代代表制的地域前提并提出了在当代民主政体内部重新划分选区的制度建议(Rehfeld,2005)。

政体中的普通公民，在很多情况下除了"被动地"反抗社会经济和政治精英侵害公众自由的行为之外，并没有什么选择余地（因为不可能总先发制人）。从这个意义上讲，民主政治的公民身份必然需要某种参与形式，以回应精英的动机和行为。

其次，马基雅维利并未用抽象的概念术语来明确区分推动大众参与和保持精英问责这两种政治实践。换言之，马基雅维利既不认可一种完全"积极"或"消极"的共和主义自由形式，也不赞同一种完全"直接"或"间接"的大众政体形式。事实上，马基雅维利的作品认为，区分参与和问责的企图，或割裂我们称之积极自由与消极自由的尝试，不仅体现出了一种只能削弱大众政体的哲学自负，而且暴露出了一种必然促进精英特权的贵族偏见。①正如我们在本书第3章中所见，马基雅维利明确赞美人民参与统治的制度安排，也就是人民通过正式会议来审议和决定法律；但他同时也支持间接的统治形式，比如人民通过选举程序周期性地选择主要的行政长官来统治他们。

此外，马基雅维利从罗马宪政史中重构的平民保民官和大众裁决的政治审判，有效地混合了能同时促进大众参与和精英问责的要素。如我们所见，无论是罗马保民官还是佛罗伦萨监察官，事实上都是精英问责和民众统治之间的枢纽：马基雅维利不仅为这些特定阶级的行政长官赋予了针对富人支配的公职的否决权，而且还给他们分配了与人民大会的运作直接相关的职责。在人民大会中，人民不仅可以创制法律，而且被大幅地赋予修改元老院精英提出的立法提案的权力。

马基雅维利式民主以限定阶级、赋权大众和约束精英的制度

---

① 在很多时候，我对研究马基雅维利和民主的"哲学式"进路——不仅指斯金纳和佩蒂特的进路，还包括施特劳斯派和后结构主义的进路——都持有强烈的批判态度。因为它不恰当地贵族化了这个佛罗伦萨人的政治思想，并使民主政体本身完全无法运作——它实际上削弱了民主政体对寡头颠覆的警惕。

为特征,从而完成了两个任务:提升普通公民的阶级意识,并使他们能携带着选举政治难以提供的活力,正式地监督显赫公民。在马基雅维利看来,尽管传统的历史记载夸大了针对权贵公民的大众暴动的常规表现和暴力程度,但平民大众往往表现出一种根本性的对政治的厌弃,乃至有一种阶级沉默和阶级顺从的倾向,以及与他们"不受压迫"的自然欲望相一致的性情。"主权人民"(sovereign people)这一现代的、社会同质性的概念[17]和去阶级化的政治机构的建立,进一步强化了人民对其从属地位充耳不闻或顺其自然的普遍性情——正如贵族共和主义者如西塞罗、圭恰尔迪尼和联邦党人麦迪逊所希望的那样。因此,18世纪以后的共和国宪制赋予了富裕公民和公共行政长官以完全的行动自由,以顺应他们的自然偏好——在马基雅维利看来,这相当于赋予他们压迫他人的完全自由。

我将在后续的章节中阐述,马基雅维利的宪制分析表明,现代共和国中阶级意识的缺乏并不必然是物质条件的改变或作为一个客观事实的阶级不再存在的结果。更确切地讲,马基雅维利把健全的阶级意识和阶级论辩在当代的缺失归因于现代共和宪制在两个方面的失败:使平民大众意识到他们与社会经济精英和政治精英之间的从属关系,以及为人民提供挑战精英权力和特权的恰当制度渠道。在选举民主中,大众参与的间接性为政治精英行使危险的自由裁量权开辟了广阔空间,社会经济精英得以在其中畅通无阻地干预政策。马基雅维利式民主则力图用——被古老而又看似新颖的政治机构和强烈反等级制的社会性情(social disposition)所推动的——广泛的大众参与来填补这一空间。只有通过如此广泛的大众参与,弱势的、边缘的以及被剥削的公民才能更直接地对社会经济精英和政治精英进行问责。

第一部分

第1章 人民、贵族和君主

> 一个新君主从不解除他臣民的武装……因为武装后的他们都变成了他的拥戴者。
>
> 马基雅维利，*P* 20

> 一切有利于自由而制定的法律，都源自平民与大人物之间的不和。
>
> 马基雅维利，*D* I. 4

[21]民主主义者究竟能从马基雅维利身上学到多少有利于人民控制精英和政府的教海，着实令人心存怀疑。毕竟这个佛罗伦萨人因为建议统治者掌控他们的臣民而声名狼藉。很多解释者确实都将此视为他最著名的作品《君主论》的主题。但在本章乃至本书中，我主要关注《李维史论》这部专论共和国及其中的大众参与和精英问责的作品。然而应当注意的是，那部写作时间更早、篇幅更短、名声更差并且明确研究君主国的作品已经清晰地体现出了令人诧异的亲大众和反精英的特征。接下来我将总体考察马基雅维利的理想政治体即罗马共和国中人民和精英各自的作用。

《君主论》与人民

很多带着合理怀疑而阅读《君主论》的读者,往往会抓住如下观察和建议的犬儒表象:因为平民大众——"群氓"——会被"表象"迷惑,所以马基雅维利建议,审慎的君主应该充分利用这种性情(P 18)。这些读者强调,马基雅维利建议君主只需要显得慷慨、仁慈、诚实和虔敬,但他可能实际上并不是这样(P 18)。他们继而[22]认为,马基雅维利的核心教诲一定是:君主为了保卫和扩张其统治,必须通过提供"马戏"而非政治意义上的"面包"来愚民(还可参照 P 21)。① 然而,这种对《君主论》的解释进路完全忽略了人民所关注的其他因素,而马基雅维利把这些东西与"表象"相提并论:他明确主张,人民同时关心"表象和结果"(appearances and outcomes)。确实,在《君主论》中,马基雅维利给了具体结果与表象相等(甚至更多)的篇幅——也就是说,该书在两个方面提供了等量的建议:为君主提供看似合理的欺瞒和误导人民的手段,以及为人民提供保护和支持(如 P 7、P 9、P 10)。

马基雅维利甚至主张,人民可以区分表象和结果,并决定其主次——如果二者确实有着根本的区别:毕竟结果本身也有其表象,而所有表象确实都不是假象。马基雅维利通过切萨雷·博尔贾、阿伽托克勒斯和汉尼拔的事例表明,人民会遗忘君主所表现出来的品质,如通常被视为坏品质的残酷或吝啬,只要它们最终有利于人民的福祉(P 7-8、P 17)。人民渴望和平、安全、民事法庭和惩戒压迫者的措施。在这些方面,马基雅维利暗示,表象即

---

① [译注]"面包和马戏"(bread and circuses,拉丁文 panem et circenses)源于古罗马诗人尤维纳利斯(Decimus Junius Juvenalis)的讽刺诗(Satire 10. 77-81)。公元前 140 年,罗马政客为了赢得贫穷公民的投票,通过法律建立了一个粮食发放处。因此,在当时,为穷人提供廉价的食物和娱乐("面包和马戏"),成为获取权力的最有效手段。

是现实:因为"这个世界里尽是群氓"——亦即世人皆关心表象与结果,那么就根本而言,表象与结果都有其价值(*P* 18)。倘若在很多情况下,表象与现实都相互融合而难以分离,那么会衍生出诸多问题;而其中最根本的问题或许就是,人民不能被轻易欺骗或操纵。尤其是通过细致地探讨博尔贾的事业,马基雅维利指出:人民必须通过提供政治问责的"优良政体"和制度,来获得——与让人目瞪口呆的场景带来的愉悦不相上下的——满足(*P* 7;参照 *D* II. 32)。①

愤世嫉俗的读者还应当注意,马基雅维利如何在《君主论》中把自己完全归为人民。在该书献辞中,他站在了观察和评价君主的人民视角;而在其他关键部分,他强调自己属于"群氓"——平民大众(*P* 献辞、*P* 3、*P* 7)。在 1494–1512 年的佛罗伦萨共和国,马基雅维利在担任皮耶罗·索德里尼的顾问和臣僚期间,曾给旗手的侄子写信,其言辞预示了七年之后的《君主论》:

> 我思考问题,不是通过您[亦即一位年轻显贵]的视角——那里只有审慎,而是通过多数人的视角,他们只关注事情的目的而非行事的手段。②

在《君主论》中,马基雅维利将目的提升到手段之上令其声名狼藉。但前面的论述表明,他并不是想颠覆大众道德;更为根本的原因是,人民不得不关心结果或目的。低级公职人员[23]和多数人民并不像位高权重的公民那样掌握的大量资源,特别容易受到政治机运的改变和已告失败或未能兑现的政策的伤害。他们无法像权贵们那样过分关注手段——当权贵的"审慎"无法维持

① 我在 McCormick 2008a 和 2009a 中详细阐述了这一点。
② Machiavelli, "Draft of a Letter to Giovan Battista Soderini(September 13–27, 1506)," in Connell 2005, 127.

其国家时,他们会随即投诚新的当权者,或者很容易地选择舒适的流亡生活。

人民对结果的特殊关切等于甚至多于对表象的关注,这一点与马基雅维利的下述重要主张息息相关:君主不要染指臣民的妻女和财产,以免危及他的统治(*P* 19)。毕竟《君主论》并未提供帮助君主在隐身的掩护下获得臣民的妻女、土地和供给的"巨吉斯之戒"。① 君主若想装作(*seem*)远离这些行为,同时又实际参与其中,可使用的手段非常有限。同时,读者还必须仔细思考马基雅维利下列建议中稍显隐微但并非无法理解的意涵:君主不仅要在军事上训练和武装人民,而且要置身于人民当中,对他们来说平易近人——特别是当这些人民惯于享受自由的时候(*P* 5)。②

君主的有效行动范围可能在某些重要方面受到限制,至少可以说受到下列条件的制约:君主的居所能与臣民亲密接触,而这些臣民则拥有武器,知晓使用它们的基础知识,并理解自由和压迫的区别。读者必须极细致地阅读《君主论》,才能注意到:君主依靠人民获得军事力量,这种依靠在为他赋予权力的同时,也限制了他的权力。无论如何,马基雅维利虽然强调"多数人"(the many)对君主的助益,但这种强调必须根据他对君主和人民的永恒对手——"少数人"(the few)——的看法来理解。

人民与大人物的对立本性

在《君主论》中,马基雅维利建议君主把他们的力量奠基于人民而非大人物之上(*P* 9)。马基雅维利认为,每种政治体都由两种不同的脾性(humors)组成:压迫欲激励着大人物,他们想命令

---

① ［译注］根据柏拉图《理想国》第 2 卷记载,"巨吉斯之戒"能使持有者隐身。牧羊人巨吉斯凭借这枚戒指,进宫引诱了王后,杀死国王并取而代之。

② See Tarcov 2003, 2007.

和支配人民;抵抗或消除支配的欲望是人民的特征,他们只想不受大人物的命令或压迫(参照 *D* I. 4–5)。马基雅维利指出,虽然大人物周期性地把他们当中的一员推举为君主,作为他们压迫人民的工具,但人民经常向君主寻求庇护,以求不受贵族压迫。然而马基雅维利并未忽视一个问题:君主应该把哪种脾性作为其权力的基础。他告诫道:君主要避免把大人物作为其政治基础,因为少数人仅仅把他视为同类之一和同侪之首(a first among equals)。因此,大人物通常难以控制;更糟糕的是,当君主使他们不满或失望时,他们倾向于轻易地废黜君主(*P* 9)。

[24]然而,君主只要保护人民不受大人物侵害,人民就会支持这位君主。而且,如果人民对君主的统治不满,他们倾向于抛弃他,而非像大人物那样刺杀他。马基雅维利指出,人民的欲望范围有限,但大人物的欲望却永无止境:人民"仅仅"希望不受少数人压迫,这是一个可以实际达到的结果,但大人物的统治欲却是永不满足的——彻底实现他们的目标是不可能的。由于人民不受统治的愿望能够得到满足,并且他们是多数人,而大人物的愿望得不到满足,并且他们是少数人,所以马基雅维利在逻辑上推出:君主应该把他的国家建立在多数人之上,因为他能相对容易地满足多数人的需求。

除却这些策略考量,马基雅维利在《君主论》中比较大人物与人民的动机时,还采取了一个道德视角。马基雅维利表示:

> 一个君主如果持守正派而不损害他人,就不能够满足大人物的欲望,但却能够让人民感到满足;因为人民的目的比大人物的目的来得正派(decent, *onestà*),大人物想进行压迫,而人民只想不受压迫。(*P* 9)

如前所述,"正派"(*onestà*)一词意味着诚实(honesty)和得体

(decency)，乃至荣誉(honor)和良善(goodness)。① 在这部因其超道德(amoral)乃至非道德(immoral)的观点而声名狼藉的作品中，这种品质究竟处于何种位置？《君主论》本身并未明确传递马基雅维利对于人民道德的理解，因为它并未囊括有关人民集体行动的事例。然而，我们接下来将用更大篇幅来讨论的《李维史论》为我们评价人民的道德能力——他们的正派——提供了更多素材。

在《李维史论》中，马基雅维利始终坚持把大众道德与诸如"公共利益"和"公共自由"等公民理想相结合。(D I. 4)例如，他坚称："自由人民的愿望很少危害自由，因为它们要么出于受到压迫，要么来自对他们将受压迫的怀疑。"(D I. 4)在这个语境中，正派意味着，人民能比大人物更加坦率和真诚地表达他们的愿望和意图。马基雅维利在讨论十人立法委员会事件时阐述了这个观点，并在该书中随后进行了更充分的讨论：当元老们试图通过谈判来结束共和国的僭政危机时，人民宣布，他们想活烧死十人立法委员会的全部成员和在僭政期间过分侵犯他们的年轻贵族(D I. 44)。贵族的特使谴责人民用残暴回应残暴，但更重要的是，他们用下面的话教导人民：人民应该保持他们的愿望，等时机来临时再满足自己。因此在该事件中，人民证明了马基雅维利的两个观点：他们只有在反抗对他们施加的压迫时，才会表现出某种

---

① 在西塞罗的修辞学传统中，正派(onestà，或者更确切地讲是 *honestas*)意味着什么是高贵的(honorable)，什么本身是善好的(good in itself)；与其相对的功利(*utilitas*)则是指什么仅仅是权宜之计(expedient)，什么仅仅是工具性或者并非内在的善好(instrumentally or not inherently good)。参见 Cicero 1991。通过将正派——西塞罗把这个词与品质(而非血统或出身)的高贵相联系——与作为大人物对立面的人民相联系，马基雅维利把平民提升到了比贵族更崇高的地位。此外，通过把正派这种道德品质归于以结果为导向因而汲汲于眼前利益的人民，马基雅维利从根本上质疑了正派和功利之间的道德-哲学差异。关于马基雅维利与西塞罗之争的其他讨论，参见 Colish 1978；Connolly 2007；Cox 1997；Olmsted 2006, 48-62；Zerba 2004。关于西塞罗对文艺复兴时期人文主义的影响，一般性的论述参见 Tuck 1993, 1-30。

压迫欲;并且,他们的所作所为如此坦诚,没有一点托词或欺骗。

当然,大人物精于隐瞒他们的意图,直到能够实现自身目的的时机出现。马基雅维利的《李维史论》充满了展现这一隐瞒技艺的情节,其中第一个情节是:[25]只有当塔克文诸王能保护人民时,显贵们才会通过隐藏他们对人民的轻视而表现出克制(*D* I. 3)。正如马基雅维利所说,直到塔克文家族被放逐后,罗马大人物才开始对人民喷射他们胸中的"毒液"(the venom)。这些事例证实了马基雅维利在《君主论》中对大人物的评价:"他们比平民更有远见、更加机巧,往往能够及时挽救自己。"(*P* 9)此外,正如他在《李维史论》中所评论的那样,贵族"拥有得多,他们能够利用更大的权力和更大的动作制造变革"(*D* I. 5)。在佛罗伦萨用语中,变革(*alterazione*)一词同时意味着改变计划和政变。古典作家们——最著名的是亚里士多德——宣称,①洞察力和预见力把人类分成了主人和奴隶,精英和臣民;与此相反,在马基雅维利看来,贵族并不能因其格外敏锐的洞察力和预见力就获得巨大的统治权力。毕竟马基雅维利列举的经验证据表明,贵族依赖于这些品质和由其导致的实质优势,他们首先要做的是压迫别人和颠覆政体,而非明智地统治或促进公共利益。

在另外一种意义上,马基雅维利暗示,人民的得体或正派使他们从根本上厌恶对他人的侵犯。他通过比较两种脾性而验证了这个观点:当罗马人民感觉被大人物所压迫并发现这种压迫无法通过求助于保民官等公民制度(civic institutions)而缓解时,他们并没有诉诸谋杀显贵或损害其财产来进行激烈抗争;相反,他们的第一反应是从城邦和平撤离(*D* I. 4、*D* I. 40)。然而,当大人物害怕他们无法再通过说服、恐吓或贿赂一位保民官的手段,来否决另一位保民官提出的、在他们看来过于亲平民的提案时,他

---

① Aristotle 1997, I.1, 1252a:1-5.

们便诉诸谋杀:如前所述,在一个被马基雅维利所援引但并不赞许的重要事件中,元老们残暴而公开地杀死了提比略·格拉古及其支持者们(*D* III. 11、*D* I. 37, *P* 9)。

更重要的是,如果正派或良善意味着人民能作出更好的道德判断,那么这个论断无疑适用于下列《李维史论》详细阐述的罗马史实。罗马平民想和贵族共享执政官之职,因为他们认为自身有人口优势,为共和国而战,并守护了其自由。然而,尽管平民曾经要求掌握执政官权力,但在他们拥有选举资格后的一系列选举中,当选者皆为显贵,特别是当明显不称职的平民和极优秀的显贵同时作为候选人的时候(*D* I. 47-48)。这些选举不仅证明了人民在选择特定个人担任公职时的判断力,而且凸显了人民对精英特权的积极挑战对于优良政体是多么不可或缺:如果大众不对大人物的权力进行抗争,大人物显然永远不会从自身阶层提名这些杰出的公职候选人。① 至于他们贿赂并不称职的平民[26]参选,考虑到马基雅维利在《李维史论》中对大人物行为的论述,这个事实完全不值得惊讶。

马基雅维利赞赏人民拥有更好的判断力,似乎与他之前谴责大人物在实施压迫时更聪明和机巧相矛盾。这些不够聪明、缺乏资源、不思进取的人民,何以能够在与那些更为狡猾、谨慎和富有的社会角色的竞争中实现统治,更不必说还要充当监督者?然而,我将在本书中详细阐明,马基雅维利的回答相当简单:用武器和训练在军事上武装人民,用保民官和会议在宪制上支持人民。马基雅维利强调,在战场上由执政官统帅、在国内被保民官领导的人民,他们在共和国疆域外的军团和城墙内的会议中结为一体,受到法律的制约,但又被授权作出具体裁决,这些人民会表现得比任何少数人、甚至一位君主"更明智"(*D* I. 7、*D* I. 44、*D* I. 58)。今人应当注意,马基雅维利不仅主张健康的共和国应当授

---

① See Coby 1999, 81.

权人民选择行政长官——这是一个甚至被许多贵族共和主义者所接受的观点,而且认为共和国应当授权人民在会议上讨论和终决立法以及共同裁决政治审判。此外,最富裕和显赫的公民没有资格任职的平民保民官同样会通知或提醒人民来自大人物的持续压迫——无论这些压迫显得明目张胆,还是隐秘难察,又或已被淡忘——并为人民提供了努力反抗这些压迫的具体方式。

马基雅维利与佛罗伦萨权贵

马基雅维利的建议——君主应该更支持人民而非大人物——在《李维史论》中再次出现,虽然它主要是一部讨论共和国的作品。他通过论述希腊人克利尔库斯的事例,更清晰地阐释了君主应该如何对待大人物和借助人民保护自己(D I. 16)。克利尔库斯证明了马基雅维利在《君主论》中对这些事务的普遍看法。他在贵族的帮助下重掌权力:他们从流放中把他召回,希望他能帮助他们满足剥夺人民自由的欲望(D I. 16)。然而,当克利尔库斯获得这种能力之后,就转而与平民结盟,并处决了贵族:他将他们碎尸万段,"令人民极为满意"。马基雅维利反复使用这个意象,而人们确实应当视此为对抗精英阶层的最佳手段。他至少还在其他两处——《君主论》和《李维史论》各占其一——明确站在支持的立场,论述了一群精英如何被碎尸万段(P 13),或者暗示他们应该被如此处置(D I. 27)。①

---

① 综合起来考虑,克利尔库斯处决了城邦贵族,希耶罗斩杀了一支雇佣军,而巴廖尼无疑本该杀死罗马天主教会的主教们(D I. 16、D I. 27;P 13)。顺便说一句,被杀者恰好都是政体腐败(亦即其运作超出了常规问责)时,压迫人民最烈的三种大人物:寡头、军官和教士。马基雅维利表示,在上述三件事中,至少有两件事,僭主的行为都使"人民"和"每个人"感到满意,或者应当感到满意。当然,马基雅维利随后表示,人民能够亲自对抗大人物,科西拉事件同样达到了"令人满意的"效果(D II. 2)。

马基雅维利描绘的处决精英的图景隐含着下列教诲:如果一群自称为最好的人(best men)或头等公民(first citizens)的人——贵族(aristocrats/aristoi 或 optimates/ottimati)——辜负了这些称号,就必须使他们脱离这种联系。因为贵族[27]执着于差异性,尤其是坚持使他们自己区别于"多数人",马基雅维利认为,当这种区分不再正当时,他们必须被降低为——物理意义上的——多数人。马基雅维利最常用来指代精英的词 grandi,其准确含义即是大人物。马基雅维利的上述意象表明:如果他们对自己(以及其他所有人)而言已经过于强大,就必须按照"砍到合理数量"(cut down to size)的字面含义,削减他们的规模。

这为我们理解马基雅维利关于显贵、权贵和大人物的看法提供了深刻洞见:在他为佛罗伦萨共和国服务的十四年间,精英们始终烦扰和妨碍着这位佛罗伦萨秘书。因此我们很容易理解,为何马基雅维利带着大量愤怒、谴责和不信任来观察和分析他们的行为。下面与贵族有关的三件事尤其能代表佛罗伦萨大人物给马基雅维利的待遇。1509 年,由马基雅维利抵住显贵的强烈反对而创建、并在一定程度上由他训练的共和国国民军成功收复比萨。然而,马基雅维利的某些出身名门的昔日对手却窃取了主要功劳:他们——而非马基雅维利——的名字被镌刻在纪念凯旋的大理石碑上。①

其次,当马基雅维利的庇护人、共和国的正义旗手索德里尼提名马基雅维利担任赴德意志皇帝的大使时,煊赫的显贵们否决了这一任命,宣称应当由出身更好的、更"有资格的年轻人"来代表城邦。最后,美第奇家族重掌权力以后,因为马基雅维利的社会地位,以及他与反对美第奇家族回归的共和派联盟的关系,他在 1512-1513 年间遭受了极为严酷的处置。要知道,与索德里尼

---

① See Ridolfi 1963, 106-108.

结盟的更富有和显赫的人,以及同样有卷入阴谋嫌疑的开放政体的支持者们,都得到了复辟君主国更宽容的对待。①

马基雅维利在《君主论》献辞中有广为人知的论断,通过亲身经历方可以深刻理解个体君主(individual princes)的本性:在履行共和国的外交使命时,他观察了诸多国王、女王、教皇和军阀的行为,而且他确实遭受了在共和国废墟上重建的美第奇君主国的不友好对待。② 由此我们或许可以断定:马基雅维利不仅从亲身经历中理解了个体君主的本性,而且他可能还从亲身经历中深刻洞察了少数人——大人物——的本性。

马基雅维利在呈递给上级长官的报告中,明确对他们的妄自尊大和不够称职表示了轻蔑。佛罗伦萨执行委员会(executive committees)的成员则时常责难他,因为他只写自己愿意写的东西,而且他的公文充斥着过多个人分析,不属于那种留待长官自己作出判断的客观报告。马基雅维利的尖锐回应被详尽地记录了下来。③ 尤其是当马基雅维利的国民军倡议受到权贵们的顽固阻挠时,他反驳道:

> 人尽皆知,[28]当人们谈论帝国、王国、君主国[或]共和国——谈论自上而下发号施令的统治者——的时候,都是在谈论正义和武力。至于你们,就正义而言,本已微乎其微,就武力而论,更是一无所长。④

马基雅维利清楚地意识到了这些恳求对贵族听众影响甚微,因此在最伟大的两本政治科学作品中,他在很大程度上放弃了对

---

① See Ridolfi 1963, respectively, 99-100, 129-132.
② Ridolfi 1963, 22-130, 133-54.
③ See Najemy 1990, 103-107.
④ See Najemy 1990, 117.

君主国的个体君主与共和国的复数君主直接谈论正义。正如我将在下一章中阐述的，他对《李维史论》所呈献的年轻大人物赞扬了作为贵族共和国反面的民主共和国，歌颂了开放政体而非狭隘政体，但这些赞美主要立足于武力及其运用——换言之，着眼于权力。

我们必须重视前述克利尔库斯和赫拉克利亚贵族的生动事例，它表明了马基雅维利处置共和国精英的最后手段。君主以人民的名义压制或消灭贵族，这确实意味着共和政治的失败和终结。即使君主国中的人民比腐败的共和国中的人民享有更多自由（如 P 19、D I. 10），马基雅维利依然更偏爱共和国而非君主国（D II. 2）。君主国几乎总对贵族和人民不利，它令人联想到——摧毁了罗马共和国的——恺撒主义（Caesarism）的发展。尽管马基雅维利可能会因为把复仇的想象投射到诸如克利尔库斯屠杀大人物等片段上而感到愉悦，但他明确主张，如果健康的共和国想实现长治久安而不被僭主篡权，就必须避免上述结果的原因和影响。

马基雅维利认为，不受管制和问责的精英，是不健康的共和国以及腐败和被篡权的政治体的首要性质（如 D III. 29）。[①] 本书的目的之一，即是按照马基雅维利的观点来阐述大众政体如何在这个意义上不朽，换言之，他们如何控制大人物并使他们对人民更负责。在大人物与普通公民阶层分享和角逐权力的政体中，大人物的位置该怎么摆？在马基雅维利看来，罗马共和国应该如何在人民和大人物之间分配权力，从而让希望不受支配的人民控制不断寻求支配的大人物？以及，当共和国像罗马一样——甚至更长久地——延缓恺撒主义者的威胁时，它又该如何分配权力？我

---

① 当马基雅维利在《佛罗伦萨史》中分析佛罗伦萨内政时，同样贯彻了这个观点。也参见 Hulliung 1984, 76–78。

试图在本书第 3 章回答这些问题,因为任何马基雅维利式民主,任何鼓励人民抗争和控制大人物行为的共和国,都必然会面临把某位恺撒式人物推上权力巅峰的风险。

大众的被动性、自由的守护者和对统治的主张

古老智慧建议,共和国应当在统治中赋予最富有和最杰出的公民以决定性优势。① 与此相反,马基雅维利[29]建议,共和国应该让普通公民成为"自由的守护者"(*D I.5*),让人民"行使权力"(*D I.53*)。马基雅维利重申,人民反压迫的"雄心"与大人物不知满足的支配欲有本质区别。因为相较于大人物,人民对自由的态度更值得信赖,所以应该由他们担任共和国自由的最终裁决者:他们不会利用这一权力实施压迫,而会在遭遇挑衅时利用它保护自己免受压迫(*D I.5*、*D I.46*)。然而马基雅维利表示,人民对支配的厌恶很容易使他们自己趋于不作为乃至顺从。② 他确实主张,与精英相比,人民不仅侵占自由的愿望较少,而且如此行事的能力更弱(*D I.5*)。我们是否可以像马基雅维利那样,合乎逻辑地得出如下结论:共和国应当让这些显示出被动或消极性情的角色,担任非常积极的政治职位。考虑到人民的防御型性格,他们何以积极有效地守护共和国的自由?他们如何约束和控制那些被支配欲驱动的、极其精明和富有的政治角色(*P 9*、*D I.5*)?

---

① Nippel 1980.

② 科比认为,平民的典型状态是"耽于安逸"(at-restness),参见 Coby 1999,97。然而,受到阿伦特(Arendt 1996)和沃林(Wolin 1994、1996)作品启发的瓦特尔(Vatter 2000,91-95)可能过于极端了,他把平民的行为描述为"不要统治"(no-rule)的欲望:这使压迫(oppression)与统治(government)失去了区别;马基雅维利认为,人民力图避免压迫,但是当他们受到法律规制(*D I.4*)或者服兵役时(尤其是当他们意识到,有序而依法的统治对于实现他们不受压迫的欲望来说具有必然性时),他们会忍耐乃至欢迎统治。

与马基雅维利的建议相反,在圭恰尔迪尼狭隘的(stretto or narrow)共和国模式和熊彼特最低纲领主义的(minimalist)或精英主义的民主理论中,大众的被动性情似乎证明了赋予人民以次要地位的合理性:人民可能善于选择称职的官员,乃至批准良好的法律,但是不能让他们提出或制定政策,也不能让他们以任何积极的方式参政。① 在此基础上,人们可能合理地得出结论:正如贵族共和主义者所说的那样,一种最佳的政治安排是,精英实际统治,而人民仅仅通过最通常的方式防止精英成为僭主。这是对马基雅维利的《李维史论》中精英–大众关系的一种最通行的解释。②

这些结论的问题在于,他们仅仅抽象地讨论了人民的欲望,而没有充分考虑到马基雅维利所论述的人民的反压迫欲和大人物的压迫欲在日常政治中的互动。毕竟人民并非独自生活在培养皿中。如果马基雅维利的对这两种脾性的论述是正确的,那么人民实际上很难在共和国长期保持被动状态,因为他们无法长期在贵族的压迫下自由生活。确实,大人物的压迫欲是一种促使人民摆脱压迫而活的恒定因素,并经常促使人民将他们自然的节制姿态转变为政治性的反抗立场。所以关键问题并不是源于人民受压迫前的自然性情,而是源于他们受到强烈压迫后产生的社会性情,以及有助于满足其第二性情的政治手段。

我下一部分讨论罗马共和国时会指出,开国君主(princely founders)和野心过于膨胀的大人物,分别给予了人民武器[30]和时机,拥有武器的人民抓住机会,就可以更好地满足不受支配的欲望。人民可能无法自我提供一套获取、保护和扩展自由的手段;马基雅维利坚称,当人民"受到法律的制约"并且被"领袖"所

---

① Manin1997, 47; Wantchekon and Simon 1999.

② 参见 Viroli 1998,更强有力的解释参见 Coby 1999。

领导时(*D* I. 58、*D* I. 44),他们最有力量。马基雅维利承认,若不依靠法律制度和创业领袖,人民会"群龙无首并且如此虚弱"(*D* I. 44):他们被自身的恐惧所笼罩和震惊时的软弱和怯懦程度,相当于他们共同被法律赋予权力并且联合于"领袖"麾下时的强大程度(*D* I. 57、I. 58)。开国君主把人民组织于军团和会议当中(因此《君主论》对于《李维史论》的政治方案而言必不可少);大人物促使人民利用这些制度,创造新的法律以更好地保障他们的自由,并产生他们的"领袖"来对抗大人物的压迫行为(*D* I. 57)。尤其像人民大会(popular assemblies)和平民保民官等制度,使人民能在既不破坏共和国统一、也不刺激大人物如此行事的前提下,保持精英的问责性。

在马基雅维利看来,平民保民官是国内人民的"领袖":他直接抑制了贵族压迫人民或以非公民的(uncivil)手段征募人民的图谋。除却那些人民似乎极端不理性的情况(如 *D* I. 51),保民官总能迅速回应平民的关切。罗马的保民官和人民大会使马基雅维利得以主张:罗马人民限制了大人物的统治,并且亲自参与了统治。然而,人民的自由还面临一个麻烦:当人民离开城邦征战沙场时,担任人民"领袖"的是执政官而非保民官。正如我在本章和后续章节中所讨论的那样,虽然人民通过服役于公民军队而获得了抵抗大人物压迫的巨大力量,但贵族也可以利用他们的军事领袖地位,在战场上征讨罗马外部敌人的同时,压迫罗马自身的公民,而这个策略会给国内自由带来严重的后果。

行文至此,请容我稍作总结。马基雅维利的《李维史论》表明:人民足够被动和顺从,因此并不足以对大人物的财产和地位构成一种先发制人的威胁;但是,当人民被针对自由的威胁所激怒时,能以足够的精神和德性进行抗争,惩罚侵犯者,并防止未来的压迫。马基雅维利认为,在合理的宪制框架内,人民能积极主动地捍卫自由,即使他们的动机在根本上可能是被动或消极的。

此外，当人民被授权在正式会议中讨论和决策时，他们的权力通常来自政权最初的"领袖"——它的开国之君（founding prince）——的授予，开国之君的正派足以使他们能比普通"领袖"——即君主和贵族——作出更好的判断。

进一步讲，正如我们将看到的那样，马基雅维利还认为，大众的欲望可以具有革新性（innovative）和恢复性（restorative）：在积极回应压迫时，[31]人民的欲望启动了新法律的创制，这有助于将共和国带回其根本原则（first principles），从而对它进行实质性革新（如 D I. 4、I. 40、I. 48、I. 57、III. 1）。马基雅维利的分析要求读者思考：是否一种政治角色（人民）对另一种政治角色（贵族）的统治所构成的广泛而正式的制约，本身并不会形成一种统治方式？它是否在本质上并不是一种参与统治的实质方式？①

马基雅维利式民主通过恰当的制度安排，使人民能积极有效地回应大人物的压迫图谋和行为，从而充分利用了经常存在的贵族压迫；它使人民有权制止大人物的傲慢行为，惩罚罪孽深重之人，并通过制定新法律来重置大人物日后行动的制度边界（D I. 40）。人民的自由需要一个制度框架，人民能通过它持续揭发贵族的压迫，并在制度框架内对其作出有效回应。马基雅维利对罗马宪政史的论述传递了这方面的关键教诲。

武装、阶级和罗马宪制

因为罗马共和国在马基雅维利的政治思想和我本书的研究中占据了至关重要的位置，所以我在此先简述一下其宪制特征。②

---

① 关于——尤其是在民主的语境中——理解"统治"（rule）概念的困难，参见 Markell 2006。
② 我此处依据了 Brennan 2006；Lintott 1999；Loewenstein 1973；Nicolet 1980；North 2006。

马基雅维利认为,罗马共和国的成熟与其三个重要部分的建立息息相关:执政官手中被驯服的君主权力,元老院手中稍被抑制的贵族权力,以及被平民保民官所间接展现并在公民会议中被直接行使的抗争性的大众权力。罗马的行政首脑——两位执政官——每年都由会议选举,其投票偏袒较富裕的公民。执政官最初全部来自显贵阶级,履行共和国的最高行政和军事职责。公元前445年,不同阶级之间通婚的禁令被解除,公元前300年,平民被允许担任执政官,这些改革都增加了大众对抗执政官的可能性。

对于罗马的阶级关系这个众所周知的复杂问题,马基雅维利始终通过人民与贵族(权贵、大人物,等等)之间的区分来消解平民与显贵之间的区分。在早期罗马共和国中,平民/显贵(plebeian/patrician)的差别是形式性和血统性的,而后来的人民/贵族(people/noble)的差别更多是经济性和政治性的。后一种差别反映出:新晋富裕平民通过与显贵通婚,保障对执政官职位的长期占有,并被允许进入元老院。因此,马基雅维利坚持在罗马的低等平民(*plebs sordida*)的意义上使用"平民"(plebeians or plebs),亦即与人民、多数人的含义相同,很多来自传统平民家族[32]的富裕公民最终都被他划为贵族(如 *D* I. 29)。尽管贵族——包括非常古老的贵族家族和非常富裕的平民——构成了"元老阶层"(*l'ordine senatorio*)(*D* I. 31),但马基雅维利也经常将贵族(nobility)和大人物(grandi)的全体成员称为权贵(optimates)或显贵(patricians)。

对于马基雅维利而言,元老院或多或少起到了贵族的直接制度载体(direct institutional embodiment)的作用。元老院在表面上只是一个审议和咨询机构,但它却对共和国的财政政策和对外政策发挥着重要影响。元老院对执政官的指引,以及执政官卸任后将列席元老院的前景,都意味着该机构对共和国的最高行政长官有着巨大影响力。只能从平民阶层选举的两位(稍后增加到五位,最终发展为十位)平民保民官则肩负着大众的拥护。他们反映但并非总是直接体现大众的偏好:马基雅维利指出,为了人民的利益,保民官经常试图防止人民直接表达其愿望,这预示了伯克或麦迪逊的代表观。① 然而,如我们所见,马基雅维利认为保民官最重要的作用是抑制大人物的傲慢(*D* I. 3、*D* III. 11)。保民官有权否决罗马政府的大多数决议,担任公诉政治犯的首席代理人,当行政长官和显赫公民侵犯公民自由或试图腐化共和国时,保民官有权否决政策提案并惩罚他们。

罗马人民通过某些机构,比如,偏向富人的百人团大会(*comitia centuriata*),贵族占少数的部落大会(*comitia tributa*),很可能完全将显贵排除在外的平民会议(*concilium plebis*),来共同参政。马基雅维利从未提到甚至从未意识到第一个会议的寡头结构,亦即它基于财产标准分配选票的事实。事实上,他认为,在该会议中,执政官的选举和被控显贵的死刑审判,都是通过多数决原则或"自由投票"来决定的(*D* I. 20)。但无论如何,在共和国的历史进程中,立法权和司法权确实从百人团大会转移到了保民官主持、平民主导的会议中。② 再加上审议性的会议(deliberating assemblies),即公民只能商讨政策但不能正式投票的民众预备会议③,这些会议大体构成了马基雅维利所谓"人民"的制度载体。④

马基雅维利所理解的罗马宪政史的核心,是平民在罗马共和国里赢得一个至关重要的地位。时至今日,无论是政治奠基者还

---

① 多少真正的"代表制"包含对人民意志的直接回应或违背,是一个现代民主理论的永恒话题。参见 Mansbridge 2003 和 Pitkin 1990。

② See Millar 2001, 2002; and Yakobson 2006。

③ [译注]民众预备会议(contiones/concioni),也译"非正式会议",简单地说,各种人民大会以及平民会议只投票表决不讨论,预备性会议只讨论不投票。

④ See Adcock 1964; Millar 1998; and Taylor 1990。

是政治哲学家,都不曾有意地或明确地为平民大众赋予如此地位。不同于斯巴达或威尼斯共和国的普通民众,罗马人民实际上参与了在罗马的[33]混合政体内确立他们地位的行动。罗马最初是君主政体,由罗穆卢斯所建立,并被早期诸王所延续(*D* I. 1-2)。但罗穆卢斯无意中为建立共和政体并在其中最终实现大众参与创造了可能性:他创建了元老院,并武装了平民(*D* I. 9)。前者为他建言献策,后者为他征战沙场。为了确保这些武装平民的忠诚,后续诸王把他们政治性地组织于立法会议(legislative assemblies)中。《君主论》并没有充分阐述马基雅维利给君主的上述建议——武装人民并赋予他们以君主权力——所带来的民主后果,这一点直到《李维史论》的语境中才变得更为清晰。人民对君主权力的恰当行使,使他们得以在后来占有了它;罗马人民通过罗穆卢斯所赋予的军事手段,积极参与推翻王政的行动,并最终创设了保民官(*D* I. 6)。

由此可见,诸王创设的公民军组织,使平民得以对抗贵族,这为大众自由提供了制度保障。保民官的创设及其重建,就是平民从罗马城撤离的结果(分别发生于公元前 494 年和公元前 449年)。第一次撤离是因为平民不满于他们在服兵役期间产生的繁重债务,以及债务人——尤其是显贵——的苛刻对待。第二次撤离是为了反抗克劳狄乌斯和十人立法委员会的僭政。保民官职位在十人立法委员会统治期间被暂时中止后,平民再次撤到了罗马城郊,要求重建保民官,并最终达到了这个目的(*D* I. 44)。

对于这些撤离事件,李维强调元老院害怕被公民武装攻击,[1]而马基雅维利只强调元老院怀疑自身在没有获得平民武装支持时抵御外部攻击的能力(*D* I. 4)。无论如何,人民被武装这一事实,使他们能迫使显贵授以他们专属的官职:保民官。此外,这两

---

[1]　Livy 1919–1926, II. 32–33.

个事件都表明,当人民受到威胁时,虽然他们已经被武装起来,但他们并没有不假思索地利用肆虐的暴力来残杀压迫者;相反,他们找到了避免被持久支配的最佳途径——撤离城邦。

此外,在更深层面上,平民生活的军事化管理为他们灌输了纪律,使两次撤离运动都没有发生恶劣的洗劫或过分的暴乱。即使一支在君主政体下建立的公民军,也会教导士兵要有一种与亚里士多德所定义的民主公民身份(democratic citizenship)的特征相类似的性情:一种轮流统治与被统治的性情。① 来自两个阶级的、所有等级的士兵,在一支人民军队中轮流发令和服从,这种轮替很容易转化为一种以纪律(discipline)和互助(reciprocity)为特征的公民生活。② 在马基雅维利眼中,这使共和国——比如罗马——能够利用自身的德性,无论[34]"贵族和出身低贱的人"何者拥有这种德性(*D* I. 30)。像斯巴达、威尼斯乃至佛罗伦萨这样的共和国,并没有军事性或公民性地武装平民,所以永远无法充分挖掘公民德性的源泉。

因此,虽然马基雅维利认为"意外事件"(accidents)是罗马共和国发展的原因(*D* I. 3),但这些意外事件并不完全是偶然的:因为君主谋求巩固其政权的努力,以及君主被推翻后平民与元老院之间、人民与贵族之间的纷争,罗马才发展成了一个包容大众的共和国和一个开放政体。武装公民成功从大人物手中争取到了更大的自由和更广泛的参政。大人物作为平民最终的谈判对手/伙伴,早已被罗穆卢斯正式组织进了元老院。人民并没有被制度性地组织进元老院,留给人民的机制,是当他们受到大人物过分侵犯时,推举一位君主镇压贵族;又或,如果大人物成功镇压了大众反抗,就会转而开始大人物之间的暴力斗争,从而不可避免地

① Aristotle 1997, VI.2, 1317b: 1-5.
② 罗马的军事互助与政治共赢的共通之处,其实比马基雅维利认识到或阐述过的还要多得多;参见 Chrissanthos 2004。

产生一位君主。①

任何情况下，显贵们不可抑制的傲慢，都意味着被马基雅维利称为"自由的"或"公民的"生活方式的终结（*D* I. 5、*D* I. 7、*D* I. 9）。元老院为人民提供了一个组织化的竞争者和商谈者，并通过与其相伴的共同领导规则，使精英的内部冲突最小化。但在共和国制度史上，元老院的作用远远不及保民官。马基雅维利认为，在罗马，人民通过保民官抑制了贵族的"傲慢"，因此罗马比其他共和国更成功地保护了自由（*D* I. 3、*D* III. 11）。简而言之，民主政体或开放政体并不会自我奠基：君主通过建立元老院和把人民编入军团，为共和国奠定了基础。然而，人民一旦被组织起来，就能像罗马人民那样，通过建立制度（如保民官）、改造公职（如执政官）以及在会议中重置权力分配，发挥创造性的政治力量。

由此可见，马基雅维利式大众政体——无论是民主共和政体还是开放政体——背后的逻辑相当简单：在军事上用武器和集体纪律武装人民，在政治上用保民官和人民大会支持人民。然而，一个更复杂的问题是：要使用何种修辞策略，才能成功说服——对被赋予军事权力和公民权力的人民充满顾虑的——手握权力的社会政治角色，使他们接受这种参与性更强的政治模式。权贵或大人物的同意与合作，对于建立任何共和政体都至关重要，当他们倾向于抵制至少一种——甚至全部两种——大众赋权的制度时，人们应该如何为这种共和政体辩护？下一章审视了马基雅

---

① 圭恰尔迪尼深知这一点。虽然我在本书中始终把圭恰尔迪尼作为马基雅维利的一个寡头倾向的参照，但我完全同意波考克的忠告，他反对仅仅肤浅地把圭恰尔迪尼视为他自身阶级的"喉舌"（mouthpiece）。参见 Pocock 1975, 219。圭恰尔迪尼对选举的精巧辩护，确实不只是为了防止"不称职"的新贵升任行政长官；他同时认为，赋予人民选举个别权贵担任公职的权力，可以把后者努力自我选举时产生的内部斗争最小化。正如波考克所说，"倘若允许权贵垄断权力和官职，他们将如何行事"，圭恰尔迪尼"对此不抱任何幻想"（219）。同样的理由也适用于西塞罗，他远非罗马元老中坚持贵族统治而毫不妥协的典型。参见 Connolly 2007。

维利向《李维史论》呈献的两位年轻显贵提出的建议,该建议彰显了罗马之于斯巴达和威尼斯的优越性。这两位年轻的佛罗伦萨权贵可能会对美第奇君主国的生活感到诸多不满,而处境相似的年轻贵族们同样可能对君主统治感到不满,[35]马基雅维利似乎建议,在普通公民驱逐僭主后建立的共和国中,权贵们如果使自己受到比普通公民更多而非更少的约束,就会获得意想不到的好处。

很多当代民主理论会使人相信,在民主建立的过程中,成败攸关的核心问题是一个原初的逻辑规范问题:建立民主所必需的权威(或强力),在其行为被民主地正当化之前,如何证明其合理性?① 幸运的是,对民主转型的历史研究和经验研究表明,虽然这个"民主悖论"使很多民主理论家感到困扰,以致他们及其概念化的政体理论看起来像是在自逐其尾(chasing their tails),但它在很大程度上是无关紧要的。从古希腊和古罗马,到当代的波兰和智利,民主政体与开放政体都产生于威权政体,无论是独裁政体还是寡头政体。② 在这些政体中,可以被民主化力量所利用的组织性和制度性选择,经常受到诸多其身处(或对抗)的制度结构的制约。③ 因为依赖普通公民服兵役,以及更晚近地依赖其商品化劳动,精英为普通民众提供了他们需要的有助于实现民主化的那些让步的机会,但也限制了这些机会。④ 此外,法律上的可修正性

---

① 对该讨论作出贡献的作品有 Honig 2007; Michelman 1997, 163, and 1998, 91; Olson 2006。此外,这类学者还经常追问:在已经民主化的政体中,当民主的原则和程序成为明确的争议对象时,如何民主地解决政治争议? 在此情况下,这些作品经常像民主政体中的争议各方那样,抛弃了所有共享的关于公共利益或公共利益的假设;他们有效地把所有民主争议都降低成了无政府状态。这体现出一个误区,而导致这个误区的原因就是主要把民主视为一个哲学问题。关于走出这些作品所导致的死胡同的潜在途径,参见 Geuss 2008 和 Meckstroth 2009 and n. d.。

② Acemoglu and Robinson 2005; Boix 2003; and Huntington 1993.

③ See Anderson 1999; O'Donnell and Schmitter 1986; and Rustow 1970.

④ See Eley 2002.

(legal revisability) 是几乎所有共和政体的特征,大众政体通过这个开放渠道,可以回溯性地修正早期政治的发展和选择,和/或使其正当化,如同有机会定期而频繁地为未来的政治变迁赋予民主正当性。[①] 无论如何,民主政治并不像"悖论"理论家们所说,受到逻辑强度或道德纯度的约束。

接下来,我将以制约民主化的所有结构性限制为前提,检讨马基雅维利对他笔下的罗马转型——从独裁政体和寡头政体到开放政体——的修辞性利用。在马基雅维利笔下的罗马共和国中,人民强有力地监督和制约着精英,通过人民大会统治着精英,然而精英仍然享有前所未有的声誉。马基雅维利希望他对罗马的论述能鼓舞他身为年轻贵族的呈献对象,努力推翻眼前的君主政体,建立一个大众参与性更强的共和政体,而非一个——如果没有马基雅维利的教诲,他们将更偏爱的——狭隘政体。

---

① 关于民主政体促进或阻碍自我修正的多种途径,参见 Schwartzberg 2007。

第2章　民主共和国与年轻贵族的压迫欲

> 当平民安安静静守本分时,年轻的贵族就开始侵害他们。
>
> 　　　　　　　　　　　　　　马基雅维利, *D* I. 46
>
> 一个人口众多且武装强大以致能够建立一个伟大帝国的民族,不能被随意操纵。
>
> 　　　　　　　　　　　　　　马基雅维利, *D* I. 6

[36]马基雅维利《君主论》的写作意图究竟是什么? 这是政治思想史上最令人费解的问题。① 它究竟是为了向君主建言献策,还是动摇其统治? 是为了巩固僭政,还是使其温和节制?② 敏锐的解释者们开始通过下述方式回答这个问题:关注《君主论》的呈献对象小洛伦佐·美第奇,根据洛伦佐本人或一位年轻君主会如何接受、理解乃至践行其中的建议,来阅读这本书。然而,很少有学者对马基雅维利最伟大的作品《李维史论》提出同样的问题,或者带着类似的紧迫感提出这些问题。即使是见识卓越的读者,

---

① 这本书面世之初,就有人追问该书的意图究竟是什么,参见 Donaldson 1988, 1–29, 87–110。但巴龙的确为当代学术设置了这个议题(Baron 1961)。

② 分别参见 Dietz 1986 和 Langton 1987, 1277–1288。

也在很大程度上预设:《李维史论》的目的是不证自明的——为了促进共和政体;而它的直接受众也是显而易见的——两位支持共和主义的年轻友人。① 因为马基雅维利把《李维史论》呈献给了他的文人圈子"奥里切拉里花园"中的两位对话者,而他们可能与他拥有同样的政治偏好,所以该书被视为一部比《君主论》更加直截了当、更少用修辞技艺的作品。换言之,人们不必过多考虑这本书所宣称的读者与其内容之间的关系。

本章将更细致地关注《李维史论》的呈献对象,以阐明马基雅维利为何讨论共和国里大众参与的范围和形式。科西莫·鲁切拉伊和扎诺比·布昂德尔蒙蒂不只是"友人"或"共和主义者"。他们是家财万贯的世家子弟,有望基于血统、教育和天赋,[37]在其政治体中占据高位。马基雅维利用表示追求和获取经济优势和政治特权的术语"欲望"(appetite)来定义鲁切拉伊和布昂德尔蒙蒂,并从社会下层阶级的视角来审视他们,他们就是马基雅维利所说的大人物:被压迫人的"脾性"所驱使的社会成员。有些解释者试图探寻《君主论》的修辞策略,认为他凭借某种修辞策略,使接受他建议的君主变得喜怒无常,乃至削弱了君主对人民的统治。我在《李维史论》中发现了一个类似的策略,它与大人物对人民的统治息息相关。虽然马基雅维利并没有把这两本书呈献给人民,但我将表明,这两本书都是为人民而写;每本书都旨在减轻人民所受的压迫,这些压迫来自人民两大穷凶极恶的政治对手:僭主和寡头,也就是独夫(the one)和少数人(the few)。

在这里,我以年轻权贵——如科西莫和扎诺比——的视角,研读了《李维史论》前 6 章。我认为,在第 6 章中,马基雅维利利用在脑海中重构的罗马共和国探讨了如何节制所有政制——而不仅仅是君主国——中人民的永恒压迫者。马基雅维利劝说他

---

① For example, see Skinner 1981, 49-50.

的读者放弃对以斯巴达和威尼斯为代表的贵族共和模式的依恋，转而接受罗马式的、包容大众的共和模式，即马基雅维利重构的民主共和模式。及至第1卷第7章，马基雅维利已经不再比较罗马和斯巴达/威尼斯。但在前6章中，马基雅维利试图劝说大人物，最好的共和政体能使他们从有限的政治优势中获得的物质和非物质利益最大化，并保护他们免受自身支配欲的危害。马基雅维利建议大人物抛弃他们自然的和后天的偏好，对在军事上和政治上武装起来的普通公民阶层更加负责。无论如何，如果这些建议被遵循，最终可能使大人物比这些年轻贵族所预期的更广泛而实质性地对人民负责。

在《李维史论》开篇的这些章节中，马基雅维利规定了一场政治交易的内容，他希望这些条件能诱使他的呈献对象接受下列建议：大人物节制自己完全支配国内人民的欲望，授予后者如保民官和人民大会等机构和大众指控等渠道，让人民担任政体"自由的守护者"。作为回报，年轻的大人物在两个可能的方面获得了增加财富和名垂青史的机会：(a)追随尤尼乌斯·布鲁图斯的道路成为"创建者"(founders)，布鲁图斯背叛了自己的阶级和家族，建立了巩固共和国的机构，保护人民免受大人物的侵害；和/或(b)在国外统帅公民兵(citizen-soldiers)追求帝国事业。通过创建者和征服者这两大典型模式，马基雅维利使大人物从对自己人民的短期统治转向对必朽性(mortality)的长期统治。马基雅维利是否真正期待乃至渴望大人物抓住[38]这个机会，是一个悬而未决的问题。对于马基雅维利而言，罗马式帝国主义(Romanstyle imperialism)或许仅仅是诸多军事选项之一。事实上，正如我在本书第3章和第4章中所讨论的，考虑到马基雅维利认为帝国扩张对自由的终结和共和国的崩溃起到决定性作用，它或许并非最佳选项。

《李维史论》的读者们若能妥善理解本书呈献对象的身份和

这些身份的社会意义,那么他们就能在面对本书的直观表象时采取某种恰当视角。首先要追问本书所宣称的读者会怎样理解它,而作为呈献对象的年轻显贵的视角则为我们提供了一条解释线索,使读者能揭示出马基雅维利的论辩、主张和判断的隐微含义。① 归根到底,我认为,对《李维史论》所宣称的读者的妥善理解,揭示了本书的隐微目的——促进开放政体或民主共和政体对精英的控制和大众的参与。

马基雅维利在他的两本主要作品《君主论》和《李维史论》中明确表述了支持人民而非精英的审慎理由:后者是篡夺君权或腐蚀共和国的持久威胁。即使当人民被谴责在反抗过程中行为过激时,也就是当大人物谴责人民压迫他们时,马基雅维利依然坚称,如果没有人民的挑战,大人物将更迅速地、在更广泛的程度上颠覆共和政体(D I. 5、D I. 37)。然而,马基雅维利之所以敌视大人物,除了因为大人物会威胁君主政体和共和政体的稳定之外,还因为上一章提到的个人经历。很多人关注马基雅维利和美第奇家族的关系,这个名门望族与马基雅维利自己的事业前途和人身安全有着紧密联系,在马基雅维利的一生中,该家族成员曾经轮番充当他的反对者和支持者。接下来,我将仔细考察马基雅维利担任佛罗伦萨共和国(1494–1512 年)公务员期间和保守的佛罗伦萨权贵的关系,他们的关系虽然较少被提及,但其实非常紧张和复杂。马基雅维利与老一代佛罗伦萨权贵之间的敌意,使我们意识到了马基雅维利与后者的继承者——比如弗朗切斯科·圭恰尔迪尼、弗朗切斯科·韦托里以及科西莫·鲁切拉伊和扎诺比·布昂德尔蒙蒂——之间那虽然更友好但依旧不平等的关系。

---

① 然而,我非常严肃地对待科比的警告,即在马基雅维利的作品中寻找隐藏的行动指令或激发读者的尝试,参见 Coby 1999,5–6,288 n. 33。

佛罗伦萨的老权贵和新权贵

　　如今大家普遍认为，马基雅维利在《君主论》献辞中虚伪地逢迎了小洛伦佐。毕竟当他效力约十五年的佛罗伦萨共和国垮台后，美第奇家族曾经解雇、囚禁和虐待过他。但他在《李维史论》献辞中对布昂德尔蒙蒂和鲁切拉伊的恭维却被视为坦诚的表现。他告诉他们，虽然他们还不是君主，但他们理应成为君主。[39]按照《李维史论》的语言（如 *D* I. 12、*D* II. 2），这主要意味着他们应该在一个共和国里担任公民领袖——比如行政长官、军事统帅和元老——而非像他们当时那样，成为依附于个体君主的臣民，即使是养尊处优的臣民。尽管马基雅维利可能是故意使用"君主"的复数形式"君主们"，但这种观点并未与对该书的"共和主义式"理解相抵牾，因为共和政体可以被定义为一种并非由一人而是由多人统治的政体。①

　　某些人更普遍地假定，这本书的预期读者仅仅是普通公民或

---

①　我们该如何理解，马基雅维利把叙拉古的希耶罗——这位特殊的"潜在君主"（potential prince）在建立了君主国以后成为僭主——作为其呈献对象的榜样？这或许暗示了马基雅维利所谓的一个共和国的"自由的生活方式"——它的模式与秩序，或者说法律与制度，以及它对公民和行政长官的安排——这个概念的严肃性、严厉性乃至僭品性。参见曼斯菲尔德和塔科夫的《李维史论》导论（Mansfield and Tarcov［1513-1519］1997, xxv-xxvi）。但事实是，希耶罗是一位个体君主和个体僭主，既不是一个"复数君主"，也没有暗示马基雅维利认为建立和革新一个共和国必然需要个人权威（如 *D* I. 9、III. II. 30）。通常而言，复数君主（包括被集体赋予了权力的、像"君主"一样的人民，*D* I. 58）统治共和国，但共和国是由个体君主所奠基和革新的。综合马基雅维利在《君主论》和《李维史论》中对这个叙拉古人的论述，希耶罗的僭主品质和潜在的反共和主义品质或许有所缓和；希耶罗从普通公民崛起为统帅，继而成为君主，使他的城邦摆脱了对不可靠的雇佣兵的依赖（*P* 6;13）；他在叙拉古建立的制度为后来更大众化的（*D* I. 58）或更自由的（*D* II. 2）制度奠定了基础。最后，《李维史论》献辞中任何有关共和主义从属于个体僭主的暗示，都会被马基雅维利最终揭示的真理所否定：尽管希耶罗付出了"富有德性的"努力，但他的君主国仍然依赖于罗马共和国出于友谊而提供的保护（*D* II. 30）。

平民大众，而不像《君主论》的呈献对象那样位高权重且家世显赫。但呈献对象与"人民"以及由此导致的共和主义与大众政体本身的这种偶然联系，深受一种缺乏区分的共和主义观念之害。它还对下列问题表现出了一种缺乏历史感的理解：布昂德尔蒙蒂和鲁切拉伊究竟是谁，以及更重要的，他们代表何种社会群体？① 《李维史论》既没有呈献给一位个体君主，即一位严格意义上的君主，也没有呈献给人民或——正如 popolani 一词在某些语境中所表示的——"属于人民的人"（men of the people）：布昂德尔蒙蒂和鲁切拉伊是年轻贵族——按照当时的说法就是权贵，即马基雅维利常用语中的大人物（P 9; D I. 4）。② 这两位年轻人都出身于长期影响和控制着佛罗伦萨的家族，更确切地讲，是对任何没有采纳狭隘政体的共和国都带有强烈偏见的家族。狭隘政体是一种仅仅由极少数最富裕公民所统治的政治体。有些解释性作品把年轻的鲁切拉伊和布昂德尔蒙蒂描述为"人文主义者和文人"、"共和主义的支持者"、爱国者或者——最广为接受的——仅仅是马基雅维利的"友人"，但这些作品普遍忽略了他们的阶级背景和社会视角。③

① 在马基雅维利完成这部作品前，作为呈献对象之一的鲁切拉伊可能已经去世（1519 年），但马基雅维利仍然决定对献辞不作修改。参见 Mansfield 1979, 22 and 22 n. 5。我的解释很明显不太依赖呈献对象的特定身份，但相较于其他事实（他们的数量是复数，他们是年轻富人，他们的家族有着明显的寡头偏见，这些家族在 1494–1512 年的共和国里曾经是马基雅维利的反对者），这个事实并非无关紧要。

② 这并不是说《李维史论》总体上对严格意义上的君主和人民没有兴趣或用处（《君主论》也不是对复数君主或人民就没有用处）。施特劳斯提到了遍及每本作品的多重视角；为什么有些是支配性的，而有些是从属性的或间歇性的；参见 Strauss 1958, 49；参照 Mansfield and Tarcov 1997, xlii。

③ See Skinner 1981, 49, 50; Viroli 1998, 14, 159; and Mansfield 1979, 21。呈献对象的贵族背景在历史作品和传记作品中体现得更加清晰；参见沃克（Walker）的《李维史论》译本（Machiavelli［c. 1513–1517］1950, 3）和 Ridolfi 1963, 168, 170, 174；也参见 de Grazia 1989, 358，他很好地指出了作者与其呈献对象在政治与社会方面的不对等。

鲁切拉伊和布昂德尔蒙蒂的家族都不同程度地反对开放政体或参政范围更广的共和国,这个共和国由吉罗拉莫·萨沃纳罗拉修士协助建立,并由马基雅维利的庇护人皮耶罗·索德里尼在其不幸的行政首脑任期内管理。① 尤其是科西莫的祖父贝尔纳多·鲁切拉伊,他赞美寡头式的威尼斯政体,鄙夷雅典式的公民大会,即萨沃纳罗拉建立的大议会;他同时还厌恶索德里尼把大议会当作防范权贵领袖所设置之贵族议程的平民主义堡垒。鲁切拉伊建立了以其家族花园的名字命名的读书会:奥里切拉里花园。表面看来,它是一个人文主义知识分子论坛,尤其对马奇里奥·斐奇诺的新柏拉图主义感兴趣。但和其他柏拉图主义倾向的"学园"一样,"花园"同样也是一个避风港,年轻贵族在其中宣泄他们的不满,批判传闻中人民的愚昧无知,抨击假想的来自大众政体的压迫。很多在 1512 年参与推翻开放政体、驱逐索德里尼和复辟美第奇家族的年轻大人物,都曾是奥里切拉里花园的常客。②

索德里尼是一个古老显贵家族的成员,萨沃纳罗拉被处决四年后,索德里尼当选终身任职的正义旗手这个新公职。③ 因为老鲁切拉伊一度希望[40]亲自担任旗手,所以大多数权贵想当然地认为,这位终身任职的行政首脑会抗衡大议会,后者由那位在他们看来过于民主化的修士所创立和赋权。他们确实希望索德里尼建立一个由整个权贵阶级支配的元老院,甚至还希望他能完全关闭大议会。然而他们的希望破灭了。索德里尼当选后,绕过了

---

① 参阅吉尔伯特对那个时代的佛罗伦萨权贵——包括鲁切拉伊家族和布昂德尔蒙蒂家族在内——的亲寡头/反平民的偏见的研究(Gilbert 1957, 187–214; 1968, 442–462; and 1977, 215–246)。同时代人对科西莫和扎诺比祖辈的性情的简略证实,分别参见 Guicciardini [c. 1508] 1970, 144–145 and 299。

② See Butters 1985 and Stephens 1983.

③ 在下面两段,我大致参考了 Butters 1985 和 Stephens 1983。也参见 Najemy 1997。

与布昂德尔蒙蒂、鲁切拉伊和萨尔维亚蒂等显赫公民进行政策协商的惯例,提拔像马基雅维利一样的"新人"担任重要职位,在统治过程中与大议会紧密地合作。

索德里尼因此被视为自身阶级的叛徒,随时面临显贵们的掣肘和对抗,他最终发现自己权威旁落,因为很多权贵开始与被驱逐的美第奇家族非法交涉:最大逆不道的是,他们继续与"叛逆者"(the rebel)家族商议联姻,并出席前任僭主在罗马举办的盛大宴会。最终,大人物——尤其是最显赫家族的最年轻成员——与美第奇家族密谋,招募西班牙武装,并取得教皇的认可,推翻了共和国,使这个家族在佛罗伦萨重掌权力。索德里尼遭到放逐而离开了城邦,马基雅维利则因为涉嫌密谋反对君主复辟而被免职,身陷囹圄并遭受酷刑。若不是因为乔瓦尼·德·美第奇于 1513 年当选为教皇利奥十世后宣布大赦,马基雅维利肯定会身死狱中。

马基雅维利与索德里尼的密切关系确实把他的问题与佛罗伦萨权贵——如老鲁切拉伊和有权有势的萨尔维亚蒂兄弟阿拉曼诺和雅各布——纠缠在了一起。马基雅维利作为索德里尼亲密而得力的助手,以及从非权贵阶层中选拔任职的"新人",至少没有被老一代佛罗伦萨精英视为"友人"。他们不能直接藐视旗手,就把轻蔑投向马基雅维利;他们称他为索德里尼的"工具"和"马仔"(mannerino),或者说他只是一个"无赖"。不同于美第奇家族,佛罗伦萨权贵不会对马基雅维利实施身体暴力,但会对他报以污蔑和嘲讽,并且大力妨碍他履行——无论是秘书的、出使的还是行政的——职责。①

正如上一章所述,在马基雅维利公职生涯最失意的时刻,权

---

① 关于权贵对马基雅维利的蔑视,参见 Black 1990, 71–99(具体见 97);Gilbert 1965, 172–174;Najemy 1990, 102–117(具体见 117);Ridolfi 1963, 130–132。

贵们否决了由他担任赴德意志皇帝大使的提名——他们坚称只有名门之后才有资格任此职位。马基雅维利的年轻贵族朋友韦托里获得了这项任命。此后不久,当出使西班牙时,另一位年轻的显贵旧识弗朗切斯科·圭恰尔迪尼被任命为共和国史上最年轻的大使。① 马基雅维利还遭受了更多冒犯,因为共和国的权贵始终反对和削减他的国民军计划。显贵们并不希望在城邦中面对武装的人民,当这些人民会听命于一个终生任职的行政首脑——比如马基雅维利的上司索德里尼——时更是如此。[41]此外,他们拒绝——像马基雅维利所希望的那样——考虑把佛罗伦萨周边领土的臣民用军事手段转化为有完全资格的公民。②

尽管有充足的理由厌恶和不信任富人与出身显赫的人,但马基雅维利还是与年轻的权贵如韦托里、圭恰尔迪尼以及布昂德尔蒙蒂和鲁切拉伊建立了友谊。③ 然而,在文艺复兴时代的佛罗伦萨语境中,"友谊"几乎不可避免地包含庇护关系:当出身卑微且待业在家的马基雅维利开始写作《李维史论》时,他在财务上受到至少一位而且很可能是两位呈献对象的资助。④ 然而在《李维史论》献辞中,马基雅维利声称要用智识而非金钱来偿还扎诺比和科西莫:马基雅维利对他的"友人们"表示感谢,宣称如果没有他们的"强求",他不会主动写作这本书。年轻的大人物似乎被马基雅维利在读书会上对政治和历史的讨论所触动,所以坚持要求他通过写作来论述这个主题。与柏拉图的苏格拉底一

---

① Ridolfi 1963, 99-100.

② Ridolfi 1963, 80-88.

③ Gilbert 1965 and Najemy 1993.

④ See Hale 1963, 150; Ridolfi 1963, 174。扎诺比是马基雅维利一个孩子的教父。参见 de Grazia 1989, 228。关于这种关系在佛罗伦萨社会生活中的重要性,参见 Kent 2009, McLean 2007 和 Padgett 2010。

样,马基雅维利忠实地听从了这些年轻的富裕友人的命令,与他们讨论政治问题。① 针对这些年轻富人所持有的反民主偏见,马基雅维利是否也提供了精巧的哲学辩护,至今仍是一个留待解决的问题。

最优者,还是少数人?

不同于《君主论》,《李维史论》献辞表明,它产生于呈献对象的主动请求——他们社会地位更高,同时还是作者的知交。在这部分中,我将尝试分析和进入马基雅维利的呈献对象最初阅读这部委托之作时采用的视角。因为这两位年轻的大人物都是人文主义知识分子和学术圈成员,所以他们大概不会嘲笑一本以学术形式写作的政治作品。② 因为他们置身于一种人文主义教育与权力的展示和行使相联系的语境中,所以他们应该会欢迎一本以对一个古典文本进行长篇评注为表现形式的书,一本全名为《论提图斯·李维罗马史前十卷》的书。的确,权贵无论当权或在野,都比君主拥有更多时间来进行自我修养。扎诺比和科西莫与他们阶级的大多数成员一样,或许并不想仅仅通过暴力来证明他们自称的卓越;他们极可能怀揣着真正成为"最优"(the best)公民的抱负。他们非常幸运,君主国的政治固化,大多数共和国因为显贵统治而导致的政治分工,使年轻贵族有时间学习和提升自我。因此,马基雅维利作品的完整书名和学术形式会吸引而非阻碍年

---

① 施特劳斯强调,《君主论》的呈献对象洛伦佐是马基雅维利的"主人"(master)。参见 Strauss and Cropsey 1972, 271-292(具体见 278,两次)。虽然施特劳斯承认《李维史论》的呈献对象即马基雅维利的"两位年轻朋友[,]……强迫"他写作此书,但施特劳斯似乎并没有考虑他们很可能也是马基雅维利的"主人"。

② 参见 Hankins 2000a 收入的各篇文章以及 Jurdjevic 1999。

轻大人物通过自我教育来证明自己。①

　　上述分析指出了一个事实：当权的大人物不同于君主，他们彼此共享着统治的利益和责任。这种［42］政体有一个名字。然而，正如《君主论》中从未提及"僭主"一样，《李维史论》也几乎没有提及"寡头政体"。在前3章中，马基雅维利用下列词汇指代有身份、财富和支配力的人：权贵（optimates，ottimati）、贵族（nobles，nobili）、少数人（the few，pochi）、有权势的人（the powerful，potenti）以及罗马语境中的元老（senate，senato）。他的书名、前言和他在I. 2中表现出的对波利比乌斯著名的政体循环论的忠实，都表现出了一种"古典情结"；根据这种古典情结，马基雅维利似乎遵循了一种好贵族和坏贵族的区分：他区分了权贵的统治和"少数人"也就是富人的统治。②

　　事实上，下面对年轻权贵的描述可能存在过誉的成分，而这些描述（除了增加的对他们财富的强调）主要来自波利比乌斯：马基雅维利把他们描述为一个群体，他们是"在慷慨、精神、富裕和高贵方面超越他人的人……［他们］根据由他们自己制定的法律实行自治，把他们每个人的利益放在公共利益之后，并且无论是

---

①　关于"有教养的"大人物读者会如何阅读本书这个问题，我预设马基雅维利的呈献对象或像他们一样的读者普遍熟悉马基雅维利表面上利用的资源，即罗马宪制和李维的罗马史，但他们未必会参照《李维史论》来阅读李维，并仔细对堪两本书阐述的文本和事件。相反，曼斯菲尔德预设，"当今的"贵族贵族读者将会进行这种比较，而更平民化的读者则不会这样做。分别参见 Mansfield 1979, 49, 44。我预设他们都不会这么做，但不能排除马基雅维利可能希望他的某些读者这么做。

②　这当然是一种永恒的贵族自负，大多数共和国里掌握着巨大权力的少数人基于不受物质财富诱惑的个人品质而做出了这种区分。亚里士多德和波利比乌斯对贵族政体和寡头政体的区分体就出现了这种倾向，但西塞罗坦率地指出："财富、声望或资源，如果它们缺乏审慎以及养育和治理他人的方式时，便会充满丑恶和无礼的傲慢；而且没有哪一种国家形式比那种把最富裕的人视为最优秀的人的国家形式更加丑恶"（Cicero 1999, 23）。然而，这些作者显然都没有提出区分真正贵族和纯粹寡头的可行标准。

对私事还是对公事,都以最大的勤勉来管理"(*D* I. 2)。①在准波利比乌斯式的政体循环过程中,当要消灭僭主政体并建立一个贵族共和政体时,"多数人"俯首听命于"权贵"这个真正的贵族阶级,并对其崇敬有加。然而,马基雅维利在这个开篇的章节中表示,"权贵"的下代接班人并不尊重文明生活(civility),还侵犯人民的财产和妻女。这导致由最优者(the best)掌权的政体不可避免地败坏为仅仅由少数人(the few)支配的政体,而少数人的统治会激起一场民主革命,它本身注定会像很多贵族认为的那样,堕落到"无政府状态"。

　　马基雅维利在开篇对贵族政体和寡头政体这种古典区分的重述,鼓舞或加深了科西莫和扎诺比的期待,当他们读到 I. 2 篇末的罗马贵族的"傲慢"时,可能并不会感觉受到冒犯。这毕竟是一个特殊的权贵群体,并非普遍意义上的权贵,正如马基雅维利对波利比乌斯貌似准确的重述,他们的本质是好的。然而,他们可能惊异于,马基雅维利把保民官这一罗马平民官职的产生归因于贵族的傲慢,而非平民的野心。大多数贵族共和主义者的作品都表明,权贵们预设人民会自发对抗和无故攫取一个共和国的全部或部分政治权力。呈献对象可能会更惊异于,马基雅维利承诺要展示元老院与平民之间的冲突与不和,如何使罗马共和国"更臻完美"(*D* I. 2)。

　　在 I. 3 开篇,马基雅维利依然避免绝对化地评价呈献对象所属的阶级,而是代之以关注普遍人性:马基雅维利表示,出于政治目的,必须预设"所有人都是邪恶的",而且他们随时准备着,一旦有机会,就释放他们邪恶的灵魂。但这种邪恶的直接例证,是罗马的元老院和贵族,他们在塔克文诸王统治期间隐藏起对平民的厌恶,然而君主政体一旦被废除,他们就[43]"用尽一切可能的手

---

① See Mansfield 1979, 37; Polybius 1979.

段侵犯平民"。在李维作品的相应章节中,这些侵犯方式包括贵族强加于平民的体罚和强制劳役,原因是平民服兵役导致他们无力偿还债务。①

　　大人物的这种"傲慢",以及与平民的反抗过程相伴的"混乱、争吵和丑闻的危险",使双方"为了保障平民的安全"而设立保民官(*D* I. 3)。马基雅维利指出,保民官——这个年轻贵族(如马基雅维利的呈献对象)没有资格担任的公职——被"赋予"了"极高的地位和声望"(*D* I. 3)。下列假设并不是牵强附会:马基雅维利的呈献对象熟悉保民官的主要作用,它的地位和声望都源于这些作用。正如我在本书第4章中用更长篇幅所讨论的,保民官可以否决执政官和元老院的决策;他们可以解放被行政长官和显贵出于任何理由抓捕或囚禁的平民;他们的人身是神圣不可侵犯的,也就是说,贵族不能对他们实施人身伤害。②

　　我们必须注意,到目前为止,马基雅维利仅仅呈献了先发制人的"坏"贵族的个案。我们还需要注意本章标题所提到的"意外事件"("哪些意外事件导致在罗马创设平民保民官,这使得共和国更加完美"),这些发生于平民和元老院的冲突中的"意外事件"要温和得多(混乱、争吵和丑闻的威胁)。如前所述,为了设立保民官,平民撤离了城邦;他们并没有把城邦夷为平地。而在同样情况下,贵族会更倾向于后者。即使是最业余的古典作品(尤其是那些关于雅典的作品)的爱好者也认为,少数人容易害怕自己因为和平民大众发生冲突而成为没收财产、放逐乃至暴力的对象。③ 放眼国内,马基雅维利时代的佛罗伦萨精英距离梳毛工人

---

① Livy 1919-26, II. 21-24, 27-33.

② Lintott 1999, 121-128。马基雅维利强调他们利用公众指控来反抗行政长官和显赫公民(*D* I. 7)。

③ Farrar 1993, 17-40; and Ober 1998。对这些担忧的理由的重要阐述,参见 Monoson 2000, Ober 1993 和 Saxonhouse 1996。

起义(1378 年)只有几代人,在这个起义中,城邦里备受压迫并被剥夺了政治权利的羊毛工人及其平民盟友暴力占领了共和国达数月之久。①

《李维史论》中罗马平民的事例表明,大众的愤怒并不需要经常乃至普遍地通过大人物所害怕的方式来表达。马基雅维利在 I. 4 和 I. 5 中表示,罗马出现的那些看似"疯狂"的骚乱实际上从未导致对罗马贵族的伤害——公开叫嚷、街头示威以及平民撤离城邦,这些事情通常只会使读者害怕(*D* I. 5)。他随后还强调,雅典平民对待他们的显赫公民的严酷方式,或许只是对他们所受僭政的合理回应(*D* I. 28);马基雅维利虽然在《佛罗伦萨史》中批判梳毛工人,但他仍然认真记载了他们对共和国经济精英的合理抱怨。② 马基雅维利修正了古典作品对人民之难以驾驭的过分夸大,为某些针对贵族的大众暴动进行了辩护,并温和化了民愤的惯常表达,这些似乎都在试图对科西莫和扎诺比进行再教育,以使他们认识到人民诚实或正派而非傲慢或放纵的本性。

对年轻大人物欲望的教育

[44]《李维史论》第 4 章致力于讨论使罗马"自由和强大"的不和或"骚乱",被"很多人"——即马基雅维利或多或少预先读过但并提及的古典作品——所批判的骚乱。这些作者后来被简称为"作家们"(如 *P* 14、*D* I. 10、*D* I. 58),他们接受了贵族对共和政体的看法,并渴望人民能井然有序,但他们怀疑人民的本性

① 参见 Brucker 1968 和 Najemy 1982。在佛罗伦萨人文主义者论证先后统治这座城邦的阿尔比齐寡头和美第奇君主的正当性的过程中,所谓的梳毛工人的过激言行发挥了重要作用。参见 Hankins 2000a, 75—178。

② See Machiavelli, *FH* III. 12—22.

必然使他们倾向于制造公民纷争。①古代的权威们质问道:人民为何不能足够明智地顺从精英的统治? 然而在马基雅维利看来,人民本身并非罗马内部骚乱的原因。造成骚乱的原因有两个,即两种似乎难以协调的欲望:"在每个共和国里都有两种不同的脾性,即人民的脾性和大人物的脾性,所有有利于自由的法律都源于它们的不和(D I. 4)。"②此处是马基雅维利第一次提到用来描述贵族的普遍性范畴:大人物。

我们可以假定,基于大人物存在于"每个共和国"的判断,通过把这里和他之前在《君主论》中对"每个城邦"社会构成的阐述进行对勘(P 9),"大人物"就成了他描述精英的一般性范畴。③请回想马基雅维利在《君主论》中提出的论断:君主的成功仰赖于统治者用合适的脾性建立权威的能力,因为保障自由的法律源于大人物与人民之间的自由博弈。④ 在上一章对《君主论》的讨论中,我展示了马基雅维利如何直接定义大人物那种试图进行压迫的不正当的脾性或欲望;而在《李维史论》中,他暂缓了这个定义,虽然前几章中的事例早已暗示了这一点,但直到 I. 5 才把它揭示出来。

马基雅维利此时很可能预设,他的年轻呈献对象在假想的与

----

① Mansfield 1979, 43.

② 关于马基雅维利所使用的术语"脾性"的宇宙论背景,参见 Parel 1992 and 2000。

③ 因此,我不同意科比的如下论断:马基雅维利区分了罗马显宦和中世纪及文艺复兴时代的欧洲贵族,后者包括像佛罗伦萨这样的城市国家的权贵。参见 Coby 1999, 65, 304 n. 62. 马基雅维利明确表示,他们都被相同的脾性驱使,即使他们借以表露脾性的场合与制度有所不同。但我同意科比对博纳代奥(Bonadeo 1969; 1970)的批评:马基雅维利通常并不希望消灭或终结大人物,原因仅仅在于他认为这并不利于长期维持自由。那些拥有压迫脾性的个人,不断在大人物阶级中重塑自身。然而如前所述,马基雅维利认为消灭特定群体的大人物在短期内有好处(如 P 13, D I. 16, D I. 27, D II. 2 和 FH III. 1)。

④ 马基雅维利在《君主论》第 9 章中承认,自由(libertà)——共和国的一种委婉称谓——是大人物与人民相互作用的一种可能结果。

人民的激烈对抗中更关心个人的福祉,而非关于他们自己本性的
"真理"。因此,马基雅维利通过列举大人物在一个开放政体中遭
受伤害的各种事例——这些事例比他在前一章中提到的事例更
详尽——来使他们安心:马基雅维利强调,即使在动荡的罗马,流
放、罚金和执行死刑依然被保持在最低限度,散见于三百年的历
史中(*D* I. 4)。大人物不必害怕人民的脾性,它仅仅是不受压迫
的欲望。只有当人民真正受到压迫,或者有充分理由怀疑自身受
到压迫时,才会发动暴乱。因此马基雅维利宣称,"自由的人民的
欲望,很少对自由有害"(*D* I. 4)。马基雅维利通过强调平民在多
数情况下只会被动作出回应,来进一步劝导他的呈献对象。如前
所述,马基雅维利强调,根据人民的本性,他们通常会节制自己的
行为,而非积极采取行动:例如,为了回应真实的压迫,罗马平民
选择撤离城邦或[45]拒服兵役;他们并没有直接发起针对大人物
的暴力行动。

　　马基雅维利认为,当人民感到会被潜在的压迫所威胁时,他
们的恐惧可以被审议性会议即民众预备会议中的贤明的人、被信
赖的人——很可能是一位贵族——的证言所平息。毕竟马基雅
维利的术语"贤明的人"(*uomo da bene*)和"值得信赖的人"(*uomo
degno di fede*)非常符合罗马显贵和佛罗伦萨权贵的自我定位。虽
然马基雅维利在后文表示——或许这并不符合罗马的实际情
况——"任何公民"都可以在民众预备会议上发言(*D* III. 34),因
此贵族的发言可能受到平民的公开质疑,①但他此时还没有向他
年轻的贵族读者们开启这种可能性。相反,马基雅维利在此更倾
向于同意西塞罗那貌似权威的论断:虽然人民在根本上是愚昧无
知的,但他们可以鉴别"真理"和识别值得信赖的人。我在上一章
中论述人民的道德能力和政治判断力时曾提及这个观点,并将在

①　See Lintott 1999, 44-45, and Mouritsen 2001, 46-47.

后续章节中仔细检讨它。

让我们回到马基雅维利提及的"流放、罚金与流血",因为它们比最初提及的"混乱、争吵和动乱"更让贵族烦恼,所以即使这些代价被维持在最低限度,马基雅维利仍然会担心这些代价对于一位显贵读者而言过于高昂而难以接受,除非他承担的风险能确保获取丰厚的回报。(可以假定,因为脾性是自然现象,所以年轻的大人物如科西莫和扎诺比必然会选择压迫人民,或者使人民对受压迫的前景心存忧虑。)大众脾性的表达必然会带来人民的政治参与和骚乱;I. 4 此处最有趣的地方莫过于马基雅维利为那些允许人民参政并自愿忍受骚乱的贵族提供的回报:允许骚乱和大众参与存在的共和国,如罗马,能够"在重大事情上利用人民"(*D* I. 4)。这一章的标题表明,这些重大事情与"自由"和"强大"相关。这一章并没有给自由下定义,强大则可能与帝国相关。毕竟罗马以帝国闻名,而这部分提及的人民参与军事事务使帝国成为了可能。

在 I. 5 中,马基雅维利反复把"大人物"作为他描述"每个共和国"中的寡头成员的术语。从词源上讲,"大人物"(grandi)这个称谓并不会触怒呈献对象,因为它与"高贵"(grandeur, *grandiosità*)联系紧密,并与一个在后文中具有重要含义的词语"伟大"(greatness, *grandezza*)息息相关。它或许并不是一个像"贵族"那样令人满意的头衔,但也不是一个像"寡头"那样令人鄙夷的标签。然而,在传统上,"大人物"是一个可与"巨头"(*magnati*, magnates)交替使用的词语,后者指佛罗伦萨共和国早期历史上被行会共同体击败的压迫性的军事贵族(最终,最富裕的行会成员[46]通过与巨头通婚,产生了佛罗伦萨当时的权贵商业精英)。① 这个词语的历史可能表明了马基雅维利对"大人物"

---

① See Najemy 2006, 63-95, especially 80.

以及这一章随后提到的"贵族"的实质定义：马基雅维利用驱使他们不断攫取和扩大他们所拥有的财富、赞誉和权力的欲望或脾性——也就是他们"强烈的支配欲"——来定义大人物和贵族（*D* I. 5）。另一方面，马基雅维利认为，"出身低贱的人"——也就是人民——"仅仅希望不受支配"（楷体强调为引者所加）。

与古典史学家和哲学家相反，马基雅维利不再用品性端正或成就斐然来定义大人物。年轻贵族们倾向于认为（或佯装）自己拥有这些品质，并想要进一步将其发扬光大。这些品质或理由能吸引年轻大人物研读那些令人生畏的学术作品，如马基雅维利的《李维史论》。然而在该书第 5 章中，他们会发现，马基雅维利仅仅根据他们那使别人屈服于自身意志的欲望来定义他们。他们被定义为欺凌弱小者。当马基雅维利之前重述波利比乌斯的政体分析时，傲慢与大人物的本性之间似乎只是偶合关系，然而如今当马基雅维利开始阐述他自己的政治社会学时，傲慢被视为他们本性的核心。①

因为马基雅维利的呈献对象曾经索求这部作品，同时他们又有着智识的自负，而且他们确实是他的友人，所以他在《李维史论》中或许能比他在《君主论》中面对君主时更加忠实于自己的信念和意图。即使马基雅维利必须用我在这里说的方式安抚他们，他也不必永远向他的直接读者隐瞒他对他们所属社会阶级或社会群体的真实看法。《李维史论》的临时策略确实是《君主论》的主导方法：马基雅维利从未在《君主论》中直接阐述君主的本性，

---

① 是否所有大人物都有支配欲，并因此将他们的财富和身份全部归功于这种脾性？答案是否定的。有些人确实通过继承或机运而获得了后者，并且怠于——而非努力——通过持续不断的支配来保有它们。马基雅维利用"绅士"（*gentiluomi* 或 *gentlemen*）这个词来称呼这种大人物，并说明了当他们置身于富有德性的人民当中可能会发生什么（*D* I. 55）。这就暗示了这种大人物并不能长期保持显赫。对《李维史论》中大人物与人民之区别的详尽讨论，尤其是本性与境遇在该书中的位置，参见 Coby 1999, 13, 93, 96。

而是代以举例说明,或者像他在 I. 3 中讨论大人物时那样,用
"人"(人类、世人、人们)的本性来概括言之(如 *P* 15 的标题)。①

然而,在《李维史论》I. 3 以后,马基雅维利就开始更坦率地
讨论他的直接读者的政治本性,尤其是在 I. 5 中。我们并不知道
扎诺比和科西莫是否已经在马基雅维利对大人物——他们是政
治体中被压迫欲所驱使的成员——的描述中看到了自己,但马基
雅维利的坦率陈述要求他们坦诚地面对这一点,而非对此感到羞
愧或难堪。他们的压迫本性只是一个事实,一个自然事实。马基
雅维利的教导是:他们应该顺从这种欲望,以更好地满足它。

一场关于"自由的守护者"的无果对话

I. 5 不但定义了人民和大人物各自的脾性,还讨论了"自由的
守护者"以及在一个共和国里何种脾性的人应该[47]被委以守护
者重任的问题。② 在深入探讨这个问题之前,先仔细考虑马基雅
维利所谓的自由(freedom)或"自由的生活方式"(free way of life)
是何含义,或许会对后续思考有所助益,因为他虽然在这里提出
了它,但却没有定义它。对于他的呈献对象来说,自由意味着什
么? 我们在本章中了解到,他们被一种压迫欲所驱使。对于他们
而言,什么是他们依照这种欲望自由行事的可能条件? 首先,我
们应该假定,他们的政权必然不受任何其他政权的支配——它不

---

① 阅读本书的君主可能会思考,为什么"人"(如 *P* 17)似乎有一种不同于"人民"
(如 *P* 9)的本性? 马基雅维利在《李维史论》I. 29 中用"人"指代一位君主,在 I.
47 中用"人"指代人民或平民。

② 有趣的是,马基雅维利在评价贵族共和国与民主共和国时,避免使用开放政体和
狭隘政体等术语。或许在那些困扰着 1494–1513 年的共和国并最终在其崩溃中
达到顶点的争议面前,这些术语变得非常有煽动性。所以马基雅维利代之以根据
哪个群体(人民或大人物)担任"自由的守护者",以及遵循何种特定的共和模式
(罗马模式或威尼斯/斯巴达模式)来评价政体。

能是一个附属国、卫星国或殖民地,在这种情况下,外国的君主或君主们可能会限制大人物压迫自己人民的程度。

生活在一位国内君主治下的权贵也同样如此,正如马基雅维利在别处所说,君主如果允许大人物在其统治范围内完全自由地满足他们的压迫欲,君权就不会稳固(P 9、D I. 16)。而对复辟的美第奇君主制的屈从,必然会使这些年轻大人物自由地竞争公职以及在任上发布最高命令、获取回报和赢得最高威望的欲望受挫。年轻显贵——比如我们的呈献对象——曾经帮助美第奇家族重掌权力,因为他们对由萨沃纳罗拉所奠基、被索德里尼所领导、以大议会为中心的开放政体心存不满。君主制下的生活可能比大众政体下的生活更胜一筹,至少年轻的大人物在接受马基雅维利关于大众政体的教诲之前会如此认为;但考虑到他们那贵族的偏好和偏见,君主政体远不如寡头政体,也就是狭隘政体那么理想。

因此,当缺乏皇帝或君主的权威时,大人物们是最"自由的",而且这事实上是呈献对象关于共和政体的定义的第一部分:一种没有个体君主的自治政体。更具体地讲,考虑到前面提及的上代人的偏好,同时基于圭恰尔迪尼在他的政治作品中对年轻权贵的描述,①我们可以猜想:布昂德尔蒙蒂和鲁切拉伊认为共和政体是一种由"最优家族"的成员们轮流担任政治职位的政体。在这种政体中,他们通过利用职务之便对人民发号施令,以及拒绝与人民共享公职,来自由行事。无论何时,普通公民都会选举贵族担任公职,毕竟选举是一种贵族任命机制;但人民难以对他们实行任何进一步控制。②

马基雅维利在 I. 5 中指出,斯巴达和威尼斯是由贵族担任自

---

① 发生于一位年轻权贵与一位出身卑微但成就斐然的美第奇党人贝尔纳多·德尔·内罗之间的假想对话,参见 Guicciardini [1524] 1994。

② Manin 1997, 42–93, 132–160.

由的守护者的共和国;换言之,它们的所有官员都由大人物担任,同时完全把人民排除在政治参与之外。佛罗伦萨权贵的传统观点认为,斯巴达和威尼斯才是最好的共和国,因为它们稳定而持久。① 斯巴达和威尼斯当然符合年轻大人物对自由的定义:它们有助于年轻大人物按照自己的方式,而非外国君主、[48]本国君主或人民所指定的方式,对人民行使职权。准确地讲,这是一种寡头共和政体,当美第奇家族于 1494 年被驱逐时,它已经在佛罗伦萨基本建立起来;直到萨沃纳罗拉和索德里尼,才分别通过不同方式使其更加民主化。权贵仅仅满足了萨沃纳罗拉建立一个公民大会即大议会的愿望,同时还希望建立一个拥有实权的元老院来平衡前者的权力;他们既反对索德里尼维护和倚仗大议会的权力,也反对他任命出身低贱的"新人"——比如马基雅维利——担任要职。

马基雅维利在 I. 5 中承认斯巴达和威尼斯的"自由"的持久性。但是,当马基雅维利强调他自己的观点时("我要说"),他基于规范性和描述性的理由,主张让人民担任自由的守护者,如同他笔下的罗马人那样。人民希望不受支配,所以"更愿意自由地生活",他们夺取和占有自由的欲望更小。然而,如果马基雅维利在前两章中对人民之可靠行为的论述没能说服那些一贯自大多疑的大人物,他还可以诉诸必然性:平民既不想要夺取自由,也没有能力如此。

某些著名的评论者认为,此举实际上削弱了让平民担任自由的守护者这个论点的说服力,因为他们既然无法成功地夺取和占有自由,自然也不可能充分地守护它。然而,事实果真如此吗?首先,如果夺取仅仅意味着"推翻",那么人民可以通过发动暴乱

---

① 佛罗伦萨的政治想象中关于威尼斯的代表性观点,参见 Gilbert 1968 和 Guicciardini [1524] 1994。关于威尼斯的更多看法,参见 Bouwsma 1968 和 Haitsma Mulier 1980。

或求助于某位独裁者来夺取自由。大人物对此心知肚明,《李维史论》也在很多地方证明了这一点。在这个方面,对于杀死所有贵族或通过提升独裁者地位来牵制贵族而言必不可少——或许还不够充分,但并非无足轻重——的大众武装,可以被征募和指挥以保卫自由。此外,因为马基雅维利强调人民的欲望"很少对自由有害",而在某种程度上享有权力优势的大人物会尽己所能地防止有害情况——也就是人民试图夺取自由的情况——的出现。人民如果没有被显贵的压迫和阴谋所激怒,他们从不会试图夺取自由(*D* I. 28、*D* I. 46),这是贯穿《李维史论》全书的一个观点。

其次,虽然马基雅维利没有定义自由(liberty),但它显然不是一个物体:人民可以在一个共和国的语境中守护自由而无需"占有"它,因为占有它相当于毁灭它。如果他们诉诸无政府状态或僭政,人民自己将会失去自由的处境。大人物要相信人民能看清下列"真理":当他们在贵族的压迫下享有的自由(freedom)多于在无政府状态或僭政下获得的相当有限或子虚乌有的自由时,他们决不应该夺取自由(liberty,含义:推翻贵族)(参见 *D* I. 7、*D* I. 58、*D* III. 8、*D* III. 28)。鉴于此,马基雅维利的下述主张就是合逻辑的:在共和政治的范围内,[49]"既然他们自己不可能占有它,他们也不会允许其他人占有它"(*D* I .5)。

那么,人民如何充当自由的守护者以阻止大人物篡夺自由呢?他们通过赋权平民和限制贵族的机构,也就是马基雅维利从《李维史论》第 1 卷提炼出来的——而不仅仅是第 5 章所列举的——那些由大人物做出政治让步的实践和举措,来达到这一目的。它们包括:如前所述,与烧杀抢掠无关的平民集体行动的事例;保民官制度;公开指控和大众裁决的政治审判等措施;审议性和立法性的会议;竞选和实际担任由贵族支配的官职的资格;以及——事实上最让大人物苦恼的(*D* I. 37)——公平地分配财产的诉求。此外,暴乱和恺撒主义的终极威胁当然也会对大人物构成约束。

马基雅维利认为罗马是共和国的典范,而人民是自由的恰当守护者——他好比发表了一篇演讲,来设想一位平民行政长官或许就是一位保民官发挥的作用。① 马基雅维利随后把讲台让给了匿名的一方,发言人一开始是单数,然后又成了复数("他……说","他们举例")。这些发言人反对马基雅维利的罗马,支持让贵族担任自由的守护者。虽然有人把这种观点视为马基雅维利的真实看法,但这些发言人对大人物的看法其实并没有超出那种用"对平民夸大其词"的方式解释罗马历史的典型做法,这种解释不但被马基雅维利之前的李维和之后的孟德斯鸠所采纳,②而且还被与马基雅维利同时代的权贵——如圭恰尔迪尼和老鲁切拉伊——普遍接受。

为了使马基雅维利的论证变得相对化,这些发言人辩解说,罗马式开放政体和由大众担任自由的守护者等观点断定权贵和平民都拥有侵略的野心;前者试图向人民挥舞"权柄"(stick),而后者则由于其"不安分的思想"而对贵族纠缠不休。③ 事实上,不同于——我在本书第 1 章中已经讨论过的——马基雅维利在《君主论》中对贵族和大众各自脾性的看法,贵族的辩护者们在此处坚持,大人物野心有限,相反,人民的野心却总是贪得无厌、不知安分和狂悖无道。④ 然而,有些人或许因为操之过急而难以推翻马基雅维利在本章中对大众动机的理解,他们忽略了这个小型辩

---

① Mansfield 1979, 46.

② 例如 Livy 1919-1926, IV.8-9;以及更一般的 Montesquieu[1734]1999。

③ 科比敏锐地注意到,I. 37 反驳了贵族贵族对虚构的人民的无限野心的指控,而马基雅维利曾经在 I. 5 中考虑过这种指控。参见 Coby 1999, 97。

④ 卡普斯特(Kapust 2009)表示,从西塞罗到汉密尔顿的共和主义者们都把演说、煽动行为和政治再分配等不稳定的互动——而不是使这些诉求显得合理的压迫性或不平等的境遇——视为共和国的最大威胁。

论或微型对话中至关重要的东西：贵族的代言人关于大人物的观点相当于一次无意识的忏悔，他们对人民的批判将被证明是一种污蔑。

　　大人物的代言人以一种绝对的方式承认：贵族力图担任自由的守护者，也就是说追求排他性或支配性的政治权力，从而实现"权柄在握"。此外，他们还渴望获得官职和荣誉，从而号令和压迫他人——也就是打击（beat）他们（在字面意义和象征意义上理解）。贵族的代言人服务于[50]两位呈献对象可能持有的意图和目的，这些代言人并没有用显贵是"最优者"或他们"实至名归"等理由为他们垄断权力而辩护。① 通过让贵族的代言人承认这一点，马基雅维利表明他已经成功地教化了他的呈献对象，使他们接受了下列关于他们本性的不争事实：他们被支配欲所驱使。如果他们的发言包含着任何超越一己之私的、对由贵族担任守护者的辩护，那就是下列相当于赤裸威胁的主张：当大人物担任守护者时，共和国"更好地满足了[大人物的]野心，并且由于他们权柄在握，他们在共和国拥有更大的份额，因此感到更加满意"（*D* I. 5）。

　　换言之，如果被授予"权柄"，大人物的野心会获得"更多"但并非完全的满足；因此他们有理由感到"更多"但未必彻底的满足。伴随着这种威胁，贵族如果有能力剥夺其他公民的自由，他们会更少地破坏一种自由的生活方式。但用他们自己的话说，拥有这种力量并不能保证满足他们的压迫欲。相反，根据马基雅维利对由人民守护自由的共和国的论述，这种共和国似乎更可能共享自由，每个阶级对自由的定义都能得到部分的满足；而当大人

---

① 在一个以军事为首要主题、以内政为次要主题的对话中，马基雅维利把声名卓著的佣兵队长法布里齐奥·科隆纳引入了与科西莫和扎诺比的交谈中。参见 Machiavelli［1521］1997, 529-705。在《李维史论》中，随着优先顺序的颠倒，马基雅维利把他自己确立为这些年轻大人物的主要对谈者。

物担任自由的守护者时，除了他们以外，任何人都不具备这种可能性。①

贵族的代言人——他回应了马基雅维利对人民的论述——当然想避免让我们得出这种结论。他为此勉强辩护道：大人物的压迫欲实际上有着一定限度；他们的压迫欲是可以被满足的。他还诋毁人民的欲望，否认他们拥有马基雅维利所说的品质（如马基雅维利强调人民仅仅拥有不受压迫的欲望）。与柏拉图到普布利乌斯及其后的贵族共和主义论述一样，马基雅维利笔下的贵族代言人（马基雅维利用"他"或"他们"来称呼他们）也夸大了人民的所谓压迫欲。他们认为人民的压迫性远远高于贵族。

大人物的代言人甚至表示，在来自人民的政治侵犯面前，贵族极易受到伤害：他们虚构出了"平民的不安分的思想"可能使陷入绝境的贵族表现得比原来更加糟糕。是人民使贵族具有了压迫性，而非——像马基雅维利屡次提醒我们的那样——相反！如果平民果真被赋予了任何权力，他们的不安分和"狂暴"会一直驱使他们不断索取，如同他们通过罗马史实所证明的那样。人民前赴后继地投身于一次次的夺权中：从要求建立保民官，到要求担任一个执政官，再到要求两个执政官皆由平民担任；从渴望自己的裁判官和监察官，到支持恺撒的先驱马略。贵族的代言人[51]指控人民利用马略之流来"打败贵族"，并因此导致了共和国的覆灭。②

然而，如果大人物的压迫欲——如同其代言人在此承认的那

---

① 在一部表现出不少马基雅维利式手腕（Machiavellian twist）的解读亚里士多德的作品中，雅克根据正义、统治和阶级等不同方面的竞争而定义了"政治的"（political），参见 Yack 1993。也参见 Vatter 2000, especially 108-109。

② 有趣的是，大人物的代言人提到了马略这位最终失败的平民主义叛徒，而非实际上夺取了共和国自由的恺撒本人。或许贵族贵族更厌恶马略，他们对恺撒更多的是畏惧，因为马略出身极其卑微，这一点与恺撒不同。

样——难以满足，那么积极参与政治的人民，像罗马平民般勇于保卫自由的人民，会在必然性的驱使下努力制约贵族，以防后者完全占有自由。为了保卫自由，即使人民最初只享有极少自由，他们也必须以大人物的利益为代价，获取更多权力。在 I. 5 和 I. 37 这两章的结尾，马基雅维利在详细评估了人民保护自身免受支配的野心和大人物支配人民的野心之后，指控贵族怀揣并表现出了更危险的野心，因为他们的野心比人民的野心更能先发制人，也更有煽动性。

　　无论如何，尽管马基雅维利在争论伊始就采取的平民行政长官的视角已经暗示了他的派系性，但或许也正因为如此，在辩论的尾声，马基雅维利并未对哪方表示赞同，无论是罗马的大众守护（popular guardianship）还是斯巴达/威尼斯的寡头守护（oligarchic guardianship）。虽然大人物也许会透露出他们想要支配，还可能承认自身具有压迫的脾性，但是他们永远不会承认他们比人民更倾向于压迫，因为这种承认必然会在逻辑上要求贵族把自由的守护者之职让与人民。他们并非自愿让步，而是在掩饰和转移自身弱点的同时佯装脆弱（"我们都一样；他们更坏；好吧，我们需要权力来打击别人；不，他们想掌权；是他们利用手中的权力威胁我们！"）。无论出于内心的善意，还是基于可靠的论证，大人物显然都不会把任何权力让与人民。虽然马基雅维利似乎乐于使这场争论不分胜负，但他立刻通过诉诸一个几乎从未被宣布的标准而打破了僵局：帝国的前景。

　　马基雅维利实事求是地表示，罗马是帝国式共和国（imperial republic）的典范，而威尼斯和斯巴达则是自足的共和国（self-contained republics）的典范。因此，支持哪方并不依赖于它对人民或大人物各自本性的看法，而是在根本上取决于帝国是否是一个可欲的目标。在把这个诱饵抛给那些——刚刚在他的诱导下——承认了自身压迫欲的人们之后，马基雅维利向他们承诺，他会在下一章中进一步探讨这种扩张性压迫的诱人前景。人民的代言人马基雅维利没能在 I. 5 中解决这场论辩;他不能强行得出一个关于大人物的结论,后者拥有的力量和资源都远胜于他。帝国看似是一个外部标准,被用来解决这场争论。①

用对话和演说的方式在正义本质问题上说服阿德曼托斯和格劳孔,其效果如何,我们不得而知。然而,上述对话展现了马基雅维利在言辞劝说其年轻的显贵对话者之技艺方面的无力。[52]为了鼓励科西莫和扎诺比走上更正义的政治道路,马基雅维利只能把更大的利益——即比他们想要的压迫更光明的前景——作为诱饵。在下一章(I. 6)中,帝国将以一种平民代言人或行政长官的理性论证无法企及的方式,来激励年轻的大人物。我们在沿着这条道路继续前进之前必须注意,用帝国统治的前景刺激了读者的欲望之后,马基雅维利提到了一个近乎题外的话,但并非无关紧要的事实:大人物不可能仅仅使用人民满意的"方式"来"操纵"(manage, *maneggiare*)应征参战的人民(*D* I. 6)。②

帝国的诱惑与贵族共和国的败坏

纵观整部《李维史论》,I. 6 是最深思熟虑的章节之一。③ 很多著名学者指出了马基雅维利在比较斯巴达/威尼斯与罗马——即自足共和国与帝国式共和国——时面临的困难,并针对他最终选择罗马的帝国而提出了棘手的问题。斯巴达和威尼斯既没有

---

① 对帝国在马基雅维利政治思想中的位置的广泛讨论,参见 Armitage 2000, 125-145 和 Hörnqvist 2004。

② I. 5 结尾处的平民独裁官墨涅尼乌斯的事例似乎表明:人民及他们的行政长官通过参与军事和外交,将使自身在内政中获得最高地位。

③ Armitage 2000, 128-132; Coby 1999, 39-41; Kahn 1994, 50-51, 261 n. 13; Mansfield 1979, 45-53, and 1996, 85-92; and Strauss 1958, 110-114.

像马基雅维利所说的那样屠弱，也没有摆脱骚乱；当它们确实试图对外扩张时，它们的"根基"也并没有因为他们无力保有获得的领土而被摧毁。此外，他对斯巴达和威尼斯政治制度的论述似乎存在严重缺陷，或者至少是非常片面的。至于他对罗马帝国主义的认可，从《李维史论》的后续章节来看，帝国扩张——尤其是公民兵的贫困和统帅任期的延长——是共和国衰落的直接原因。人们还必须考虑到，马基雅维利并不赞赏罗马剥夺古代地中海地区富有德性的城邦的自由（*D* II. 2-3）。很多评论者基于确凿的证据和认真的解释而得出结论：鉴于马基雅维利分析斯巴达和威尼斯时表现出的缺陷与矛盾，他之所以不合理地偏爱罗马，主要是因为他希望用一种史无前例的方式解放人类的欲望，和/或他支持人类在历史中追求伟大（greatness）。因此，马基雅维利使自由从属于获取的必然性（the necessity of acquisition）和/或一种对伟大的惯常偏好。①

　　当我们用本书所呈献的年轻显贵的视角来阅读最令人费解的 I. 6 章时，能否发现什么不同？乍看之下，这一章可能会使那些希望直接探讨共和帝国主义的读者感到失望：帝国既没有在章节标题中出现，也没有在前两个相当长的段落中被提及。但马基雅维利在论述威尼斯的大人物或"绅士"不在人民"可能夺取权力的事情上使用他们"时，隐晦地提及帝国（*D* I. 6）。这使人想起了那种与其相反的共和国，也就是罗马——正如 I. 5 所说，罗马"在关键事情上"使用人民。此外，帝国或帝国的缺场，还与马基雅维利讨论斯巴达抵制人口增长的段落密切相关。这一章事实上仍在探讨民主共和国与寡头共和国——罗马与威尼斯/斯巴达——的问题，而非帝国问题，但这［53］次的视角不同：换言之，在罗马

---

① 在受到施特劳斯影响的研究中，针对马基雅维利表面上对帝国的支持，菲舍尔（Fischer 2000）强调荣耀，科比（Coby 1999, 261-268）强调伟大；拉厄编的那本文集（Rahe 2005）的作者们的重点则在于占有欲。

产生的"重大成效"(great effects,*effetti grandi*)能否在人民和元老院不发生争议、骚乱和敌对的情况下取得。

然而,这里呈献给大人物的重大成效究竟是什么呢?是前面提到的孕育"自由"的法律吗?还是马基雅维利在先前章节标题中提到的"强大"及其倒数第二段提到的帝国?让对帝国好奇的人们感到失望的是,马基雅维利似乎把自由视为重大成效,他提到了罗马的"自由的生活方式"和斯巴达/威尼斯"没有敌对和骚乱并长期保持自由"(*D* I. 6)。但是,骚乱和自由似乎很难被联系起来,正如马基雅维利在此指出的,格拉古兄弟时代之后,骚乱导致了罗马自由的生活方式的毁灭。这就是其重大成效?共和国的衰落与覆亡?

马基雅维利诉诸格拉古兄弟的"时代",而非格拉古兄弟本人及其旨在改善罗马贵族和平民之间经济不平等的土地改革:马基雅维利随后表示,在针对格拉古兄弟的不实控诉背后,其实是大人物的野心和元老院的贪婪使格拉古兄弟对大众的感召具有了可能性和必然性,从而使共和国开始衰落(*D* I. 37)。他批评格拉古兄弟的方法,但并没有诋毁他们的动机。① 然而,罗马的大人物与人民之间的斗争问题,与其他类型共和国的没有骚乱的"重大成效"问题息息相关。威尼斯和斯巴达的大人物何以在禁止人民参政以避免骚乱的同时,还能约束自身不过分压迫人民,以致人民从不起义或求助于一位独裁者?

马基雅维利认为,威尼斯和斯巴达是卓有成效的贵族统治同时还能保持国内稳定的狭隘政体,原因在于它们面积狭小(*D* I. 6)。小共和国可以通过控制人口增长来实现自我保全;在这种政体中,贵族与平民实力悬殊,从而能使后者保持安定。然而,或

---

① 布鲁尼(Bruni 1987, 186)和圭恰尔迪尼(Guicciardini [1530] 2002, 395)可能最典型地代表了佛罗伦萨显贵对格拉古兄弟的偏见。

许有人会进行反驳,认为从马基雅维利的立场来看,斯巴达和威尼斯的国内政治仿佛是一种幻想:在这两个城邦里,无论是出于贵族自身的意志(威尼斯),还是因为君权强制隔离贵族与人民(斯巴达),贵族都不压迫人民。因此在这些政治体中,除了压迫平民以外,大人物可以自由地实行统治。但考虑到——马基雅维利所定义的——他们根深蒂固的压迫本性,当大人物注意到了统治与压迫的区别时,他们真的可以实现“自由”吗?

　　这两个城邦中的人民似乎生存于他们的自然状态中:没有了大人物的压迫,他们不再煽动反对大人物的叛乱,也不再寻求任何形式的参政。马基雅维利注意到,威尼斯的贵族政体是在人民(populace)——这个术语可以按照其任何实际意义来理解——较少时建立起来的。因此,人民并没有像他们在罗马所做的那样,在政体建立的过程中发挥作用,所以他们从未承担关键的制度角色。然而细察之下,马基雅维利[54]似乎把这种统治人民的方式视为一种实际的压迫,虽然这种压迫并没有受到质疑:威尼斯人民显然从未体验过自由,所以与其说他们不受压迫,不如说他们并不知道该如何质疑寡头的统治和压迫,“因为他们没有被剥夺任何东西”(*D* I. 6)。但是,人民如果在君主-元老院的竞争(如罗马早期)或开放政体(如佛罗伦萨)中体验到少许自由,一旦他们失去了这种自由或感到它被削弱,他们就会难以抑制地挑战大人物的支配(比较 *P* 5)。此外,通过强调大众自由和公民武装之间的关系,马基雅维利注意到,威尼斯通过禁止公民参与军务,暗中破坏了社会活力(*D* I. 6)。

　　马基雅维利还提到了斯巴达避免骚乱的诸多因素——隔绝外邦人,人口数量少,相对平等的处境,以及对人口增长的限制。罗马共和国是一架公民组成的机器,它把部分乃至完整的公民身份赋予了盟友和旧敌(参照 *D* II. 30);不同于罗马,斯巴达通过排除外邦人如访客,积极抑制人口向庞大和多元的方向发展。斯巴达预先防止了公民纷争的另外两个因素是君主政体的作用和官职的情况。对于后者，马基雅维利注意到，城邦的官职(ranks of the city, *gradi della città*)只局限于少数公民，同时还与平民保持距离。但是，哪种集尊荣和命令于一身的官职能够远离臣民以致不被察觉？哪种职位、等级或尊荣能够在没有明显比较和对照的情况下起作用？臣民肯定关注到了官职：他们肯定看到了它，所以才能明白其位高权重，如果任职者对威望的欲望完全被满足的话。臣民肯定体验到了官职：他们肯定感受到了它，如果任职者发号施令的欲望大致能够最低限度地实现的话。马基雅维利为斯巴达设置的不为人知的官职真的能够满足大人物吗？

在斯巴达的语境中，这个问题的答案可能是纯学术性的。斯巴达的国王"身处贵族之中"，保护平民不受贵族伤害(*D* I. 6)。所以斯巴达人民不必亲自反抗贵族，因为国王已经承担起了保护人民的责任。我认为，这种政体削弱了官职的权力，并使贵族受到了君主的有效制约，它并非一个共和政体，而是一个君主政体。所有这些探讨的结论是：首先，对于那些想在政体中取得支配地位的大人物而言，威尼斯是一种无法实现的共和模式——在这种情况下，他们必须建立一个排除了人民的政体，或者发现一个人民不享有哪怕少许自由的城邦。其次，斯巴达是一种不受欢迎的共和模式，因为它很容易让人联想到美第奇君主国，而这两位年轻的显贵读者曾经屈从于它。总之，马基雅维利彻底推翻了佛罗伦萨权贵的两种共和主义范式，这两种范式都以源于他们自身偏好的标准为基础。

[55]但马基雅维利可能早已把这两位年轻大人物的注意力从斯巴达和威尼斯的自由——亦即仅仅在共和国里压迫人民——上面转移开了，或者说，他至少通过引入帝国而使其问题化了。描述了威尼斯和斯巴达的大人物的(难以企及和满足的)自由以后，马基雅维利表示，罗马只有仿效下面两点做法，才能防

止骚乱:不要武装人民,不要接纳外邦人(*D* I. 6)。但在做这两件事的过程中,罗马通过授予平民以权柄和增加平民的数量,壮大了平民的力量。马基雅维利断言,如果罗马没有采取这些措施,它不仅无法达致伟大,还会国力虚弱。这两种完全不同的主张分别对两种不同类型的大人物有吸引力:甘冒风险的(chance-taking)贵族和谨小慎微的(risk-averse)贵族。这个段落确实提出了马基雅维利在后续章节中贯彻的策略:有些大人物为了更多地压迫外国公民(并获取与这种功业相伴的更多的名利)而放弃了对本国公民的某些支配,从而把一些国内的政治角色让与人民。大人物如果仍然恪守另一种自由概念,把人民完全排除在政治之外并对他们施加支配,大人物将不得不担心这种共和国会因为天生虚弱而长期处于被其他政权吞并的危险中,这种不测必然会削弱大人物在国内的"自由"。

后一个术语并未出现在该章的剩余部分,但它的实现可能是马基雅维利的主要目的。通过诉诸伟大或者扩张必然性,他诱使大人物就他们的自由概念(在国内垄断"一种政治的生活方式")作出妥协,并在此过程中为人民换来一种未被命名和定义的新自由:让人民在共和国里发挥比以往更大的政治作用。结果人民被赋予了权力,在保护自身免受大人物压迫的同时,还要防止整个政体发生——大人物的支配所预示的——崩溃。仔细想想,对斯巴达/威尼斯与罗马所践行和守护的自由进行比较,可能从一开始就不太恰当,因为它们在诸多重要方面有着本质区别。当自由被认为是独立于其他政权时,这两种模式是相同的;当自由被认为是国内势力间的博弈时,它们是不同的。然而,马基雅维利却经常对二者进行比较,似乎这两种情况下的"自由"是相同的;他通过增加帝国的要素,诱导大人物接受从一种自由到另一种自由的转变。

如前所述,解释者们经常预设,马基雅维利在《李维史论》前几章里归于大人物的支配欲必然包含着对不朽名望的渴求。① 但是马基雅维利并没有对通常意义上的大人物和他那作为贵族的呈献对象作出这种预设，否则那些把罗马抬高到斯巴达和威尼斯之上的艰苦工作都是没有必要的。大人物压迫本国人民的欲望，在本质上不同于[56]通过帝国征服来满足的对尘世荣耀的欲望。马基雅维利确实努力把他们从一种欲望推向另一种欲望，从前者推向后者；我在本章展示了《李维史论》开篇部分的很多论辩和情节，它们都策略性地服务于上述掌控。正如古代和现代早期的城邦国家的历史所普遍展现的那样，大多数大人物都希望由富有德性（含义：富有且家世显赫）的人担任官员，喜欢防御而非帝国，偏爱内部稳定而非阶级冲突。② 换言之，大多数寡头政体的大人物都满足于支配他们自己的政体，并在其中获得适度的声誉。我们假定马基雅维利鼓励他的精英读者们追随他们最基本的本性，即对荣耀的渴望，这使他们开始远离他们更基本的倾向。在马基雅维利看来，他们有一种实施支配而非永久留名的脾性。③

压迫欲或控制欲与荣耀欲并没有内在的联系。前者属于一种纯粹的愉悦：使他人根据某人的意志按照他们原本没有的习惯行事，或倚仗某种他人所不具备的特权或身份作威作福。首先，这并不意味着力求使某人永垂不朽。恶人通常并不考虑不朽（如 *D* III.1）。马基雅维利的策略是，激发这些恶人支配必朽和时间（mortality and time）的兴趣，以让他们放弃某些对贫穷公民的支配为代价，向他们建言献策。《李维史论》前 6 章劝导年轻大人物允许普通公民参政，以便他们能被征召入伍，为大人物开疆拓土，使

---

① 施特劳斯断言，马基雅维利笔下的贵族"对世间的永恒荣耀"充满了"永不满足的欲望"（Strauss 1958, 134; cf. 250）。

② Molho, Raaflaub, and Emlen 1991, 33-52, 93-169, 289-354, 565-640; Sealey 1976, 66-133, 238-68; and Waley 1969, 88-157.

③ 关于追求荣耀的政治意涵，参见 Becker 1973 和 Colbourn 1998。

大人物获得不朽的名望。普通贵族可能需要某些诱惑才会追求不朽的荣耀，而马基雅维利的"立国者"或想成为立国者的人（would-be founders）正是被对不朽荣耀的欲望所自然地驱使着——对于他们而言，压迫欲和荣耀欲是纠缠在一起的；但这仍然无法确定——历史证明或马基雅维利预设——它同样能适用于作为一个阶级的大人物。① 由此观之，马基雅维利在《李维史论》中列举的杰出的罗马行政长官和统帅的光荣事迹其实都是规范性的，而不是描述性的。

民主共和国：帝国的，抑或只是军事的？

马基雅维利对罗马的选择，他对帝国共和模式的"信仰"（正如他在 I. 6 高潮部分反复声明的那样），排除了下列可能性：一个军事力量强大但不对外扩张的共和国。我们有什么理由怀疑他对该信念的声明呢？毕竟他把有着"虚弱根基"的斯巴达和威尼斯——它们是有史以来最持久的共和国——视为"虚弱的"共和国。它们国内自由的品质或许无法与罗马比肩，但它们的稳定、持久以及斯巴达的军事德性并不符合任何对"虚弱"的传统理解。它们的功业或许不如罗马伟大，但它们并不缺乏声誉。

[57]当马基雅维利表示尘世事务的兴衰必然伴随着政权的扩张或衰亡时，他对人类的处境做出了更坦率的断言。这似乎迫使一个共和国出于必然性而获取帝国。然而，马基雅维利的主张事实上并不像它看起来那样明确。在围绕自足和扩张而展开的、高度修辞性的讨论的结尾，在强调了必然性将不可避免地迫使一个共和国对外扩张之后，马基雅维利以模糊的表述作结："……即

---

① 因此，与施特劳斯一样，曼斯菲尔德和塔科夫或许太过轻易地用大人物的荣耀欲来消解支配欲了，他们无限制地把"本性追求统治的人"和"渴求荣耀的人"等量齐观。参见 Mansfield and Tarcov 1997, xxviii；参照 Mansfield 1996, 238。

便必然性确实会导致[一个共和国]扩张……"(*D* I. 6,楷体强调为引者所加)。对于一个像必然性这样的、马基雅维利在别处重点强调的主题而言(如 *D* I. 1),这是一种令人费解的犹疑不决的总结方式。

总体来看,虽然马基雅维利认可罗马优于斯巴达或威尼斯,但这种认可并没有完全否定贵族支配的共和国的成就。他承认后一种类型的共和国存续时间比罗马更长(*D* I. 2)。作为一个共和国,斯巴达存续了八百年之久;罗马却仅仅存续了三百年。(马基雅维利当然不可能知道威尼斯共和国的最终存续时间是罗马的两倍。)然而,当马基雅维利认识到斯巴达和威尼斯的共和模式会成为年轻大人物满足自身压迫欲的潜在手段之后,他彻底质疑了这种共和模式。此外,我将证明,对于马基雅维利本人来说,贵族支配且社会和谐的共和国无论多么持久,它们在政治文化的本质、公共政策的品质以及军事事务的成效方面都存在缺陷。只有当武装人民的大众政体中发生大人物和人民的对立时,这些缺陷才能被克服。无论斯巴达多么成功,它都不如罗马伟大,因为它并未享有如此优良的公民生活,也没有取得同样伟大的帝国事业(*D* I. 6)。因此,马基雅维利的立足大众的罗马所享有的积极的公民生活,并不是一种和平的、田园牧歌式的、安宁稳定的社会互动机制。就其本身而言,纷争似乎在以下两方面——虽然他从未在概念上区分二者——都有益处:它既是一种更好的践行公共生活的方式,也是一种制定更好政策和实现军事胜利的手段。

但纵观共和国的历史,大多数共和国都看起来更像斯巴达或威尼斯而非罗马,都建立在前述佛罗伦萨权贵所表露的政治偏见之上,所以我们可以放心地假定,很多大人物不会被帝国荣耀的承诺所诱惑,从而容忍大众的参政和骚乱,并"把它们视为实现罗马之伟大的一个不可避免的弊端"(*D* I. 6)。因此,在胡萝卜(荣耀或伟大)和大棒(扩张的必然性)之外,还需要一个额外要

素——对国力衰微将导致政体崩溃的恐惧——来促使大多数大
人物接受种种不便。在本章的结尾,马基雅维利就提醒他的读者
注意一种不便——使人民能够守护自由的保民官;他还引入了公
开指控,凭借它,普通公民——尤其是保民官以外的普通公
民——能对其他公民进行问责。所以,除了被平民及其保民官压
迫外,大人物还被鼓励[58]允许自身被人民以篡夺自由的理由控
告,并在人民面前接受审判。在本书第 5 章中,我会用更大的篇
幅来讨论公开指控和大众裁决的政治审判。

　　根据这些制度方案,虽然欲望和伟大在《李维史论》中起到了
不小的作用,但我认为伟大和欲望是马基雅维利用来刺激大人物
读者追求帝国的诱饵,但追求帝国并不是出于它自身的原因,而
是将其作为一个鼓励更大规模大众参与的机制。罗马模式赋予
了本国公民更多的自由,但削弱了其他共和国公民的自由。斯巴
达/威尼斯模式本质上并没有赋予大多数本国公民以自由,但它
在很大程度上不会威胁到其他共和国。马基雅维利很可能对二
者心存矛盾:一方最持久,但缺乏大众自由;另一方则尽可能对外
扩张,但这种扩张不但摧毁了别处的自由,而且败坏了国内的自
由。但是他明确支持罗马模式,这意味着后者而非前者鼓励对大
众的包容和赋权,而他的呈献对象在阅读《李维史论》前或许更喜
欢前者。①

　　就此而论,马基雅维利在 I. 6 中探讨自由、权力和伟大时把
瑞士人和雅典人排除在外,此举非常令人费解。马基雅维利对雅
典的忽略不能被简单地归因为——如同他在 I. 2 中所说——雅
典是一个"单一的"(simple)大众政体或民主政体,而非一个恰当
"混合的"(mixed)共和政体,换言之,雅典并没有设立一个适当的

---

①　19 世纪的贵族自由主义者颠倒了这个逻辑:支持帝国在某种程度上是一种保护
　　自身免受平民伤害的方式。比如斯图亚特·密尔和托克维尔都把支持帝国事业
　　作为一种向外转移大众民主所造成的压力的手段。参见 Pitts 2005。

元老院。毕竟,马基雅维利在后文中把雅典视为一个共和国,甚至认为它是历史上最繁荣的共和国之一(*D* I. 28、*D* I. 58、*D* II. 2)。雅典共和国是一个例证:它让人民担任自由的守护者,达到了几乎可以与罗马媲美的伟大和声誉;然而它的扩张政策导致许多希腊人被奴役,并引发了政体内部的崩溃。雅典是一个民主共和国,它的伟大堪与罗马匹敌,但它甚至比罗马更能凸显对外扩张的缺陷。

　　瑞士人是一个更有趣的例证,因为马基雅维利有时会暗示,他和欣赏罗马人一样欣赏瑞士人,并且考虑到二者在历史和地理上的接近,他还对瑞士人感到恐惧。① 瑞士人的军事力量堪比罗马人,但他们并不进行扩张,或者说至少不进行帝国扩张:当国防不需要他们的军队时,瑞士人把他们雇佣给其他政权,比如并不武装其人民的法国;而且,瑞士人通过扩大他们的联盟(confederation)——换言之,用一种保障或增强而非消除新领土上的自由的方式——来扩张自己。构建了一个民主共和国联盟的瑞士人与罗马人势均力敌,但正如瑞士人增强了马基雅维利对源于公民兵的军事力量的偏爱一样,他们还阐明了下列事实:帝国扩张并不是必然的。

　　出于这些考虑,很多评论者过于轻易地接受了马基雅维利在瑞士共和国联盟和被罗马打败的古代伊特鲁里亚人("托斯卡纳人")联盟之间建立的联系(*D* II. 4)。② 在马基雅维利列举的[59]事例中,古代法兰西人如何从托斯卡那人手中夺取了伦巴第,也许是对当时的法国与瑞士关系的一种讽刺;而罗马人如何征服了法兰西人,则可能是对当时意大利中北部军事力量虚弱的共和国所面临困境的一种愤怒疾呼(*D* II. 4)。马基雅维利经常

---

① 根据马基雅维利与韦托里的交流(Najemy 1993, 156 – 175)来阅读 I. 12, II. 4, II. 12, II. 16。

② See Strauss 1958, 182.

说,当时的法兰西国王实际上是瑞士共和国的傀儡(如 *D* II. 30);而天主教会为了保全和/或扩张教皇国,经常与法国、西班牙和德意志皇帝相勾结,破坏托斯卡纳式的共和主义(从属于一个同盟或霸权城邦)。①

为什么马基雅维利没有在《李维史论》中更为坦率地赞美或认可瑞士的军事共和模式呢?我认为答案非常简单,因为对于他的显贵呈献对象而言,这种模式在实践中没有诱惑力:它向人民许诺了利益,但却没有向他们许诺利益。瑞士模式赋予人民以自由和平等,但没有用任何方式补偿大人物的损失。与此相反,马基雅维利必须用一种包含帝国的共和模式来诱导他们,以使他们愿意在国内推行更具有平等性和参与性的政治理念。② 凭借荣耀的“胡萝卜”和必然性的“大棒”,马基雅维利迫使他的呈献对象追求帝国,并在这个过程中推行一种更具平民主义的国内政治,一种马基雅维利式民主。这并不是说大人物会放弃压迫本国公民的企图,无论这些公民身处于国内还是战斗在国外,只要他们被征募到了帝国建设的事业中,大人物就会试图压迫他们。马基雅维利表明,当罗马贵族因为战争而不受国内保民官的管辖时,他们会尽力直接压迫平民(*D* I. 39);他们通过追求帝国进一步加剧了共和国内部的社会经济不平等,这使他们能继续间接压迫平民(*D* I. 37)。我会在本书第 3 章和第 4 章中讨论其影响。

然而,与此相反,一旦人民在国内被赋予政治权力,从长远来看,他们会在多大程度上恪守显贵的帝国扩张方针?大人物可能会被马基雅维利在《李维史论》中描绘的精英控制平民——不论是公民还是士兵——的图景所鼓舞,但基于马基雅维利的方案,

---

① 参见 *P* 7, *P* 12, *P* 24。关于佛罗伦萨人对帝国扩张问题的争论以及马基雅维利在其中的位置,参见 Ardito 2004。

② 科比仔细考察了马基雅维利对瑞士军事政策赞成者和反对者的评价,参见 Coby 1999, 119-120, 138-139。

人民恰恰可能学会如何抵抗这种控制。在根本上，无论马基雅维利认为瑞士的联盟共和模式有什么特殊优势，这种优势也不会比他笔下罗马的帝国共和模式的优势更特殊；无论前者有什么内在缺陷，它都不会比后者的缺陷更致命。因此我认为，那种坚称在《李维史论》中帝国重于自由的常见假设，其实有很大的问题。的确，当马基雅维利在后续章节中赞颂罗马人民的德性时，他称赞他们热爱城邦的"荣耀和公共利益"（*D* I. 58）。如果有可能把自由或公共利益与获取帝国相分离的话，一个在大众和军事方面被赋权但又不是帝国式的共和模式似乎是一个可行的方案。

总而言之，大范围的大众参与不仅仅是通过使普通公民能够质疑和抑制大人物的[60]野心——这就是实践中的自由（liberty in practice）或马基雅维利所谓的"自由的生活方式"——而改善他们的命运；赋权平民还有助于大人物和人民更好地保障政权持久，而大人物的压迫欲会损害这种持久。共和国不能允许大人物过分压迫人民，以致他们为了满足自己的压迫欲而破坏政体结构。毕竟马基雅维利在《李维史论》中强调大人物的压迫欲是共和国的最大威胁，正如他在《君主论》中宣称它是君主国的主要威胁。

当大人物不再能通过法律和制度支配人民时，他们可能授权一位君主来帮助他们达到该目的，共和国经常因此被摧毁（*D* I. 16）。或者，当法律和制度不再能保护人民免受大人物侵犯时，人民可能会支持一位君主帮助他们达到该目的，共和国同样会因此被摧毁（*D* I. 7）。无论共和国以何种方式灭亡，都要由大人物的压迫本性来承担责任。为了防止他们忽略这一点，为了唤起科西莫和扎诺比对他们支配欲的重视，马基雅维利频频强调年轻的贵族，也就是"布鲁图斯的儿子们"（如 *D* I. 16、*D* I. 46、*D* III. 3），通过不断冒险来满足他们压迫更多弱势公民的欲望。对于呈献对象而言，马基雅维利的主要意图之一是使他们思考：从长远来看,像布鲁图斯一样行事,是否会比像他那些命途多舛且理应遭人唾弃的儿子们一样行事,获得更多回报?

在把罗马确立为最有利于满足其年轻显贵读者被改良后的欲望的共和模式后,马基雅维利在《李维史论》的后续章节中详细阐述了下列主题:(1)大人物推翻君主统治所导致的对自由的恢复和保障;(2)大人物因为指挥武装的人民追求帝国而获得的财富和名望;以及(3)大人物继续实质性地垄断行政首脑(即使人民与他们竞选这些职位)并对共和国的政策保持相当影响力的前景。简而言之,《李维史论》认为,(1)和(2),也就是诛杀僭主与让人民参与军务和政务,比君主和大人物缔结的反人民联盟或一个单一的贵族共和国更能增加年轻大人物的财富和名望。后两个选项是佛罗伦萨权贵的政治偏好,他们始终坚持与诸位美第奇君主勾结起来反对人民,或者力图在城邦中建立一个狭隘的寡头政体,即一个狭隘政体。尤其是科西莫的鲁切拉伊家族,它与美第奇家族有着紧密联系,这种关系一直持续到奥利切拉里花园时代;而布昂德尔蒙蒂家族则在 1524 年密谋推翻美第奇家族,失败后逃往安全地带。①

马基雅维利提醒读者们,布鲁图斯之所以不朽,是因为他首先推翻了"严格意义上的君主"(princes proper)——塔克文家族——在罗马的僭政,随后迅速削弱了年轻的"复数君主"(princes plural)[61]——元老们的儿子——在共和国的僭政(*D* I. 17、*D* III. 3)。布鲁图斯主持了他儿子们的死刑,他们密谋在罗马恢复君主政体,企图重获任意压迫平民的能力;布鲁图斯则认为,自由的遗产比垄断政治权力的子孙后代更有价值。此外,在《李维史论》中,马基雅维利把罗马后来的行政长官和统帅的功绩立为典范。卡米卢斯(*D* III. 12)、大西庇阿(*D* III. 21)、钦钦纳图

---

① See Brucker 1969, 125-127; Gilbert 1977, 218-222; Ridolfi 1963, 203.

斯(*D* III. 24–25)、马克西穆斯(*D* III. 49)和托尔夸图斯(*D* III. 34)等伟人所获得的名望,超过了任何斯巴或威尼斯共和国的个人。马基雅维利认为,平民对战争和政治的积极参与,使领土的征服和荣耀的贵族成为了可能。一支人民军队是罗马大人物实现帝国伟业的工具;而保民官、公开指控和人民大会则是限制大人物任意压迫人民的内部制度——除了促进充分的人民参政以外,这些制度通常还会把大人物的支配欲导向有益的公民领导权(比如 *D* I. 3、*D* I. 18、*D* I. 44、*D* III. 11)。

至于主题(3),马基雅维利可能缓和了他显贵读者的担忧——认为大众参与必然会把贵族排除在共和国的显要位置之外。马基雅维利非常明确地表示,元老院、贵族行政长官和伟大统帅如何通过宗教(*D* I. 13–15)、对选举的尊重(*D* I. 47–48)、表象而非理性劝说(*D* I. 54)以及发动不必要的战争(*D* I. 37)等方式操控人民。问题在于,这些事例是否是对大人物的真正教诲,或者坦白地讲,这些事例是否为人民如何避免被大人物操控提供了清晰的指南。诚然,正如我们将在下一章中所看到的,马基雅维利在《李维史论》中也批评人民;尽管他经常着眼于人民判断失误的偶然事例,而非他们可能对优良秩序造成的任何威胁(如 I. 44)。我会尝试衡量,这些批评是否与他对大人物的批评一样严厉而实质,尤其是考虑到西方政治思想对少数人和多数人的其他评价。虽然马基雅维利对罗马大人物成功欺骗和操控人民的论述似乎相当忠实地重述了李维,但马基雅维利对人民的过分赞美以及对他们所犯错误的辩护方式明显都背离了李维的论述。带着这个问题,我将在下一章中讨论人民和大人物各自的脾性如何在罗马政治的语境中发挥作用。

第二部分

第3章　大众参与和大众裁决的益处与局限

我认为人民比君主更谨慎、更坚定并且有更好的判断力。

马基雅维利，*D* I. 58

当人民被一种好处的假想所蒙骗时，他们经常想自取灭亡。

马基雅维利，*D* I. 53

[65]马基雅维利提出的兼容并包且赋权大众的政体方案，依赖于一种对人民的能力——尤其是其政治裁决（political judgment）①的能力——相当正面的评价。在前几章中，我强调了马基雅维利对人民不受支配的脾性的论证，并解释了这些论证如何强化了他对民主共和国和开放政体的支持。在本章中，我将考察马基雅维利支持大众裁决的理由，以及他如何反驳对人民能力的严厉批判，这些批判都来自君主制或寡头共和制的支持者们。马基

① ［译注］在本书中，"judgment/judge"是一个比较重要的概念，译者根据语境，主要采取两种不同的译法。当其同时具有"深思熟虑"和"做出决定"的双重意涵时，通常译为"裁决"，比如人民的裁决（popular judgment）或裁决政治审判（judge political trials）；当其仅仅具有"深思熟虑"的意涵时，通常译为"判断"或"判断力"，以与作为其反面的"意见"（opinion）相区别。

雅维利发现,至少在以下三个领域,人民可以比任何其他政治角色——尤其是君主和少数人——作出更好的裁决:裁决政治审判、任命行政长官和创制法律。

事实上,每种对人民的贵族式批判都否认人民有权裁决政治审判,而大多数这类批判都反对让人民直接裁决立法。即使这些批判者支持大众参与,他们通常也会把这种参与局限于通过普选任命行政长官。然而,除了支持由大众选举公职人员之外,马基雅维利还推崇具有广泛参与性、实质性和审议性的程序,人民通过这些程序来完善他们对政治指控和法律的裁决。马基雅维利以一种史无前例的方式,要求共和国允许普通公民发起有关政治审判的诉讼,提名[66]公职候选人,提出新的法案,以及亲自讨论他们将作出最终裁决的一切问题。

历史语境中的大众裁决

在大众政体的历史中,对于作为一种政治主体的人民,通常有两种评论:传统上,那些决心把人民完全排除于政府之外的寡头,谴责人民不但有深入骨髓的嫉妒、愚昧和放纵,而且还倾向于恣意侵害杰出的公民;①而那些认为平民大众难以胜任实质性政治权力的作家和政治家则强调大众的顺从和被动性,并把这些品质与缺乏能动性和智慧联系了起来。第一种观点拒绝承认人民能够作出明智的政治裁决;第二种观点则认为,人民必须依照某些受到严格限制的方式,来运用他们虽然不够充分但并非无关紧要的能力。正如上一章所述,马基雅维利对人民的批判者和寡头共和国的支持者的类型化描述混合了上面两种观点的要素(如 D

---

① 参见罗宾逊摘录的柏拉图和修昔底德的作品以及托名色诺芬的作品(Robinson 2004)。

I. 5)。马基雅维利坚持认为,人民拥有不受支配的基本欲望,这在某种程度上消解了最极端的反对大众参与的理由,但他仍然要继续和第二种更节制的对人民的批判进行论辩。①

亚里士多德注意到,人民生来就具备某些关于政治的善好,最好的宪制安排应该包含激发这种善好的机制——纵使它在关键方面赋予少数人以特权。② 西塞罗虽然明显偏爱由共和国最优秀者轮流担任最高行政长官而且卸任后还要继续在元老院终生任职的统治方式,但他始终认为,政治正当性来源于人民。③ 这种亚里士多德和西塞罗式的精神,在贵族共和主义者如圭恰尔迪尼、代表制政府的支持者如麦迪逊以及选举式寡头政体的理论家熊彼特的作品中激发了共鸣,他们都默许——事实上是建议——人民对政治的某些参与。④ 但他们明确赋予人民一种极为有限的作用,人们通常只能就特定精英的主张和政策建议向政府机构表示支持或反对。⑤

当那些对人民的独立思考能力心存疑虑的宪政理论家们允许人民在共和政体或民主政体的情景下正式裁决法律或政策时,他们常常力图对人民裁决的条件施加极其严苛的限制,从而使精英对政策制定的影响最大化。⑥ 不同于这些作家,马基雅维利并没有单独授权精英向人民提出政策方案,而人民只能简单地对此

---

① 正如丰塔纳所说,萨卢斯特在某种程度上预示了马基雅维利的亲平民立场,尽管萨卢斯特在对待贵族贵族和平民时比这位佛罗伦萨人更为不偏不倚(Fontana 2003)。

② Aristotle 1997, Waldron 1995.

③ 西塞罗指出:"如果自由的人民选择某些人,然后把自己托付给那些人(并且如果人民希望安全,他们会选择那些最优秀的人),那么公民的安全无疑会从最优秀的人的审议中获得"(Cicero 1999, 22-23)。参见 Schofield 1999。

④ Guicciardini [1524] 1994; Madison, Hamilton, and Jay [1788] 1998; Schumpeter 1942.

⑤ See, e.g., Guicciardini [1512] 1998, 123; and [1530] 2002, 390.

⑥ Guicciardini [1512] 1998; Rousseau 1997; Schmitt 2007.

表示支持或反对;他也没有把大众参与仅仅限定在某种场合,人民在那里只能倾听社会上层阶级对特定议题的论辩,然后投票表决。

[67]与此相反,我将在本章中阐明,马基雅维利为所有公民提供了启动政治程序的机会,比如指控显赫公民和提出新的法律。此外,他还为所有公民开辟了通往正式与非正式会议的道路,在这些会议中,他们审慎地把原先可能考虑不周的意见(opinion, *opinione*)转化为对法律和公职候选人的良好判断(judgment, *giudicio*)。① 当然,正如我所述,马基雅维利的理论有足够的空间让贵族提出政策,然后尝试在制定法律和政策的过程中说服乃至操纵人民,因此有些人试图把马基雅维利的大众政体构想的本质狭隘地降格为这种由精英动议和控制的情况。但我认为,他们严重扭曲了这个佛罗伦萨人的政治思想,不负责任地模糊了其根本上的民主特征——不论是根据它自身的表述,还是根据西方政治思想史上几乎所有其他作家的观点,我们都必须承认这种民主特征。

提出控告和裁决政治审判

虽然我将用整个第 5 章来讨论大众裁决的政治审判,但我在此还是要简略地讨论一下,它们在马基雅维利为了促进大众裁决而作出的种种努力中居于什么地位。在《李维史论》中,马基雅维利建议共和国应该允许作为"自由的守护者"的人民指控公民,尤其是那些"以任何方式犯有反对自由政体之罪"的"有权势的公民"(powerful citizens, *potenti cittadini*)(*D* I. 7)。虽然马基雅维利指出,像罗马的平民保民官那样的行政长官可以最有效地指控大

---

① 虽然马基雅维利没有贯彻"意见"和"判断"的词源区别(参见 *D* II. 22),但他贯彻了两者的概念区别。

人物阶层的政治犯罪,但他仍然强调,指控权应该被广泛分配给人民:"一个共和国中的每位公民都应该能够没有丝毫畏惧和敬意地进行指控"——换言之,对大人物的权力没有任何畏惧,对他们的地位也没有丝毫敬意(*D* I. 8)。

马基雅维利进一步表示,除了提起控告以外,所有参加正式会议的公民还应该决定这些被控犯有政治罪的人是否有罪:他认为,全体人民的裁决不但能震慑那些试图威胁共和国自由的人,同时还能"镇压"那些已经损害了共和国自由的人(*D* I. 7)。马基雅维利承认,面对行为偏离"公民之道"(civil ways)的大人物,有一位行政长官或一个小型委员会,要比完全没有公开和裁决针对他们的指控的机制更好一些。但他明确断言,由"非常多的审判者"组成的团体,比如罗马的公民会议和平民会议,最适合决定政治指控的真实性(*D* I. 7);而像佛罗伦萨执行委员会——比如马基雅维利非常熟悉的公安八人委员会——那样的小团体,很容易受到恐吓、串通,在决定权贵成员的命运时有所偏袒。马基雅维利似乎认为,一个包含整个公民阶层的大规模会议能够(a)使个体公民保持匿名,这对他们毫无顾虑地作出裁决至关重要;以及(b)压制和消解在党派因素驱使下支持或反对被告的特定个人或小型"派系"(*D* I. 7)。

[68]在《李维史论》专门讨论指控的章节(*D* I. 7-8)中,马基雅维利用贵族对人民的传统偏见来解释为什么应该在制度层面赋予人民决定性的政治裁决权。请考虑科里奥拉努斯的事例,他提议元老院利用饥饿迫使罗马平民在政治上服从他们。我稍后将用更大篇幅来讨论,马基雅维利描述了如果人民在元老院外愤怒地报复科里奥拉努斯所可能引发的负面后果。马基雅维利认为,暴民如果聚集起来暴力袭击科里奥拉努斯,会构成一种由某些特定个人伤害一个公民的私人行为,这种专横暴虐且极为偏颇的伤害将激起科里奥拉努斯党羽的私人报复。这反过来又会引

发一场内战,继而招致必然会毁灭共和国的外国干涉(*D* I. 7)。然而,因为保民官介入了此事,并传唤科里奥拉努斯在人民面前受审,他面临被"通过合法手段消灭"的可能,换言之,被会议中正式集合为一个公共群体的人民所审判。马基雅维利认为,在这种制度边界内,人民不再作为数量众多的私人个体而行动,而是建立了一个由拥有法定权力的公民所组成的公共机构。

对科里奥拉努斯的个人结局(众所周知,他因为逃离了罗马而没有接受审判)而言,他无论是在元老院外被人民碎尸万段,还是在会议中被他们宣判死刑,实际上都没有区别。但在马基雅维利看来,这两种情况对共和国的影响极其悬殊。马基雅维利认为,当一个"犯了错误"的公民的朋友和家族感到被诉诸"非常规的"——也就是专横暴虐的——手段的一群暴民、某个私人派系所冒犯时,他们会成为人民的反对派和共和国的敌人。但是,当一个显赫而有权势的犯错者被人民通过常规的公开且合法的程序所惩罚时,他的家族和朋友并不会成为人民的敌人或共和国的反对派(*D* I. 7)。

我们可以从马基雅维利此处的论述中推断,被指控的贵族、他们的家族及盟友会发现,由作为一个公共群体的人民在会议中做出的正式决策,比由作为一群暴民的人民所实施的武断报复(或某些可以做到的武断行为),要令人舒坦得多,原因在于:在第一种情况下,人民通过法律行事,也就是根据预先制定的基本规则行事;大多数公民参与了对被指控者命运的判断和决定;人民会同时考虑正反双方的理由;由公职人员而非人民负责有罪判决的实际执行。

简而言之,马基雅维利认为,被赋予裁决政治审判权的人民不能与横行无忌的暴民相提并论;①前者一方面是抵制寡头和君

---

①　例如,就像孟德斯鸠那样(Montesquieu［1748］1989, 203)。

主夺取自由的可靠卫士,另一方面是防范公民动乱的坚实壁垒,而非像一些批评者所说的那样是公民动乱最可能的煽动者。[69]贵族共和国的支持者们通过列举某些特定行为来反对赋予人民政治权力的理念,但这些特定行为恰恰是一种可以通过赋予人民政治权力而被避免的行为类型。此外,马基雅维利还表明,共和国能通过这种大众赋权,在某些方面获得那些由精英支配的狭隘政体难以企及的益处。

马基雅维利把这个逻辑延续到了关于诽蔑和错误指控的讨论中,这种针对个人的诽蔑和错误指控在未经正式审讯又缺乏确凿证据和证人证言的情况下秘密地传播。马基雅维利承认,人民经常受到诽蔑的恶劣影响,所以他们可能错误地反对或支持谣言的当事人(或者谣言的发起者)(*D* I. 8)。但合理的制度安排可以缓解这种趋势:例如,如果佛罗伦萨人像罗马人那样,采用容易使用且参与广泛的制度来区分正式指控和虚假谣言,那么,佛罗伦萨共和国并不会因为针对显赫公民如圭恰尔迪尼、瓦洛里和索德里尼的诽蔑而遭受严重损害(*D* I. 7-8)。马基雅维利痛惜于,佛罗伦萨人民既缺乏正式机会来评估反对这些公民的主张,也没有官方权力来惩罚或豁免这些被私人派系攻击的对象。当人民的作用在政治惩罚过程中缺席时,因为传播有害谣言,显赫公民们彼此之间逐渐怒目相对;又因为人民相信这些谣言,显赫公民们开始敌视人民。马基雅维利认为,接踵而至的阶级和派系冲突最终导致寡头发动政变,政变摧毁了佛罗伦萨共和国,使美第奇家族重新掌权。

因此,虽然马基雅维利承认人民对诽谤和谣言的轻信有害,但他坚称这本身并不构成把人民排除于政治权力之外的理由。恰恰相反,马基雅维利认为,如果通过允许人民公开而正式地裁决政治事实或政治谎言,从而纠正上述倾向,共和国就会获益。很明显,如果共和国把人民排除于政治权力之外,当轻信的民众被狂热的谣言煽动起来以后,他们依然能通过非正式手段来危害政治。但马基雅维利断言,如果一个共和国赋予人民区分谣言和事实的权力,这种赋权不仅有助于启蒙人民,还能使共和国从对党争的迅速解决和对政治犯的权威惩罚中获益。

马基雅维利承认,经常被误导的、报复性的大众意见促使"大多数大人物"密谋颠覆大众政体(D I. 8);但他坚持认为,大众裁决的相对客观性和绝对有效性能保护后者免于前者的损害(如 D I. 47)。归根到底,马基雅维利认为,并不是错误的大众意见最终颠覆了共和国,而是因为共和国没有把人民的原初意见转换为对圭恰尔迪尼、瓦洛里和索德里尼的实质性裁决——这种裁决原本能预先制止富人随后发起的[70]破坏行为。"作家们"蔑视人民的纯粹意见,这或许是正确的;但作家们力图把人民的政治裁决排除出政治之外或对其进行严格限制,则是不明智的。在马基雅维利对一个秩序良好的共和国的选举政治所作的分析中,人民的纯粹意见与政治判断的区别至关重要。①

分配职位和荣誉

请回想本书第 1 章中的一个片段,这个被马基雅维利详细论述过的片段出自李维的罗马史。显贵对执政官的垄断使平民感到了压迫(D I. 39),平民认为自己理应掌握最高权力,因为"平民之辈"在共和国初年频频表现出军事德性(D I. 47)。然而,当人民有机会选举平民担任执政官时,却认为自己的候选人不如贵族的候选人有能力和称职,所以仍然选择由显贵担任这个职位。马基雅维利注意到,虽然人民普遍认为自己应该与贵族共享官职或取而代之,但在对特定候选人进行具体选择时,平民尊重个人的卓越和经验,并选择了显贵。此外,虽然批评者可能会蔑视人民

---

① 对此区别的近期讨论,参见 O'Leary 2006, 22-26。

的普遍意见,但是马基雅维利却令人很难对人民在受约束的情况下作出的裁决提出质疑,而这种约束源于对具体而有法律效力的决策的需求。

为了更好地说明这一点,马基雅维利列举了一个来自卡普阿共和国的选举政治的特殊事例。当帕库维乌斯·卡拉努斯担任共和国最高行政长官时,一支迦太基军队威胁着卡普阿的安全,同时平民与贵族之间的冲突还扰乱着这座城邦(*D* I. 47)。通过诉诸迫在眉睫的内外危机,帕库维乌斯说服卡普阿的元老们允许他把他们锁在议事厅里。我们已经考察过马基雅维利此前对其他人——尤其是赫拉克勒亚的克利尔库斯——的论述,这些人都利用类似的情况为自己夺取了绝对权力。然而,帕库维乌斯把贵族们监禁在元老院内以后,并没有在感恩戴德的人民面前屠杀他们并使自己登上君位。相反,帕库维乌斯采取了一种更有利于维持共和国而非建立君主国的策略:他增加了选举竞争的风险,让人民成了共和国最终的政治裁决者。

在把元老们监禁在市政宫的同时,帕库维乌斯召开了一次民众预备会议,让人民有机会通过有序而正式的合法手段消灭贵族(*D* I. 47)。他邀请人民在逐案审查的基础上,裁定某个特定的元老应该被处决还是免罪。帕库维乌斯还建议,人民应该用他们自身阶层的人取代那些被他们谴责的元老。他声称,人民终究不愿意生活在无政府状态下;[71]尽管人民可能被激怒,但并没有质疑帕库维乌斯的主张。

最初的静默过去后,围绕选谁担任元老和死刑执行人,人民陷入了喧闹的争执中。① 有些民众提名某些平民担任元老,但其

---

① 马基雅维利对卡普阿的审议——包括嘘声、叫喊与嘲讽——的描述,的确不同于当代"审议民主"的那种冷静、理性主义和有序的商谈。参见 Benhabib 199;Gutmann and Thompson 1996 and 2004;Habermas 1996。关于商谈之替代形式的重要性,参见 Garsten 2006 和 Krause 2008。

他人却质疑这些候选人的称职性。眼看漫长的商议难以就任何平民——根据他们自己的裁决——有资格担任"元老职位"达成共识,帕库维乌斯得出结论:人民似乎认为当前政府仍然是最有效的。如果平民愿意搁置他们对贵族不共戴天的怨恨并让后者继续当权,他们就必然——事实上正是如此——更想要好政府而非复仇。

诚如马基雅维利的建议,帕库维乌斯让人民考虑在会议的正式权限内行事的细节。人民权衡了他们多种欲望所包含的利弊得失:他为他们提供了多种可能选项,请他们考虑更偏爱哪个,并评估他们的多种偏好可能带来的利弊得失。人民是想要完全排除了贵族的自治,还是想从此刻最可取的最佳政体中获益?他们是真想杀死每位元老,还是只想不受贵族阶级压迫?帕库维乌斯预计,被大众宣判死刑的前景已经在元老中引发恐惧,这种恐惧将在今后约束贵族的行为,削弱他们对人民的压迫。

或许有人会像我之前讨论的那些人那样,从这个事例中得出如下结论:马基雅维利事实上更偏爱贵族统治的政体;像一个好的贵族共和主义者或熊彼特式的民主主义者那样,他实际上只想让普通公民认可寡头统治。他支持选举制度和帕库维乌斯式领袖,这些机制有利于贵族垄断官职。然而,马基雅维利在别处明确支持个体平民升任最高领袖:例如,他写道,"一开始应当给予平民得到执政官的希望……当仅仅是希望已经不够的时候就应该让希望如愿以偿"(*D* I. 60)。马基雅维利认为,把执政官职位开放给平民,使罗马得以利用自身的德性,无论这些德性在"贵族和出身低贱的人"谁身上(*D* I. 30)。此外,马基雅维利称赞罗马人民对行政长官任命作出的裁决,这种称赞并不仅仅适用于常年被显贵支配的执政官之职。马基雅维利所说的还包括保民官,罗马人民一贯任命卓越之士担任该职:"在好几百年的时间里,在如此多次执政官和保民官的选举中,令人民感到后悔的选举不超过四次"（*D* I. 58）。马基雅维利借此同时含蓄地称赞了担任保民官的平民和选举保民官的平民。在下一章中,我将探讨共和国——如罗马——的政治后果。[72]罗马坚持执政官和保民官的区别:所有公民都有资格当选执政官,但贵族在其中居于支配地位;保民官则被排他性地留给了不属于元老阶层或上层阶级的普通公民。

我认为,马基雅维利想用卡普阿事件说明的最终结论,并不是普通人民应该接受显贵行政长官的绝对统治。诚然,当人民被寡头的压迫激怒时,可能需要审慎的行政长官和德高望重的公民使他们平静下来（*D* I. 13、*D* I. 54）;同时,正如我们研究的片段所证明的那样,富裕和显赫的公民总在选举中占据优势,即使选举经过了限定阶级或某些随机要素的调和。尽管这个事例产生了一个特殊的、在某种意义上有利于贵族的结果,但它强化了一条普遍原则,那就是马基雅维利对大众的审议和裁决的肯定。这个片段认可了针对候选人的相关德性——以及大人物的性命——而展开的、程序正式的大众审议和裁决。一群愤怒的暴民或许会像科西拉人民那样,不假思索地消灭全体元老（*D* II. 2）。但是,当公民有权通过正式决策程序——如同马基雅维利所说的"受到法律的约束"（*D* I. 58）——来思考贵族的命运时,可能会得出截然不同的结论。

然而,当这个事件的结果——赦免元老们——似乎不可避免时,我们应该如何理解马基雅维利在该事件中对大众裁决的认可?如果帕库维乌斯早已认定某个结果具有优先性,那么我们确实不能认为人民进行了真正的自由选择。然而在这个事件中,卡普阿元老们的安全真的获得了保障吗?帕库维乌斯或许会假设,平民在面临选择时会服从于特定贵族的权势——但他确实无法确定。考虑到当时弥漫于平民和大人物之间的强烈敌意,情况其实充满了不确定性。① 或许是马基雅维利所强调的敌军逼近使卡普阿平民低估了他们未经检验的能力,选择继续依靠现任元老们的技艺。可想而知,如果没有外敌威胁,卡普阿平民或许会作出决定,让他们阶层的某个、某些或很多人取代某些贵族的位置——只要这样能消灭大人物中最具压迫性的成员。我们将在本书第5章看到,马基雅维利并不认为大人物总能从人民裁决的政治审判中免罪。我将展现马基雅维利如何强有力地暗示,如果萨沃纳罗拉或索德里尼在大议会中召集冒失鬼审判佛罗伦萨开放政体的贵族敌人,集合起来的人民会很乐意判处他们死刑(*D* I. 45、*D* III. 3、*D* III. 30)。顺从似乎总是有限度的。

因此,针对大人物性命的、受法律约束的大众裁决并不必然构成对大人物的安全——更不必说其公职任期——的保障。[73]其次,这个裁决必须由集体通过正式程序作出,而不能通过群氓的暴力或像克利尔库斯那样有可能成为君主的人的单方行动而作出——倘若如此,就会宣告公民的生活方式的终结。压迫确实会使人民暂时无视专横暴虐的非道德性或长远的不利性,就像它通常会使人民暂时忘记或低估优良政体的价值或一般政体的必要性。但审判和决策的正式程序迫使人民思考致命暴力和劣质政体的全面影响。此外,请仔细留意帕库维乌斯如何偏离了克利尔库斯的事例。帕库维乌斯结合了处决大人物的前景和大众对政治职位的裁决,并使二者制度化;他借此创立了一种选举与死刑审判相结合的新政治形式。当候选人参与常规选举时,其结果要么是成功当选,要么是继续保持公民身份;但在这种新政治形式中,大人物面临更极端的选择:要么为官,要

---

① 当代民主理论强调程序的益处,尤其认为支持大众裁决会导致不可预知的后果。然而,这种程序仅仅能预知体现权力和资源的不平等现状的结果。参见 Dahl 1971；Przeworski 1991；Tilly 2007。

么赴死。①

让我们回到更寻常的传统选举领域。在马基雅维利那里,人民在选举候选人担任公职时究竟秉持着怎样的标准? 如前所述,在卡普阿事件的特别情况下,军事技艺和经验似乎成了重要因素。罗马显贵们当然表现出了一种对该因素的深刻理解:可以利用真实的和虚构的军事威胁,使他们在选举和经济方面对平民的优势最大化(*D* I. 13、*D* I. 37、*D* I. 39)。然而,马基雅维利更明确地指出了"人民用来评判人的方法",换言之,当人民分配公职时考虑的因素(*D* III. 34)。

马基雅维利认为,人民在评价政治候选人时,家族血统、交往对象以及成就有重要意义(*D* III. 34)。在不能满足最后一个标准——人民可以亲自观察到的私人行为或公共行为——的情况下,马基雅维利默许人民根据前两个标准——某个人从他的家族遗产和/或人际交往中获得的声望——来评价一位候选人。马基雅维利指出,如果有确凿证据表明某人并不像人民开始所认为的那样富有德性,人民就会适当调整他们对他的评价。在马基雅维利看来,对于人民而言,事实和行为远比最初影响人民对某位候选人看法的声望更有说服力。那些促使人民选举某个人的具体行为包括:支持有利于公共利益的法律,控告犯错的权势公民,严格遵守战场军纪,尊敬家族长辈。马基雅维利的结论是:当人民根据这些行为"把公职分配给某个公民时",他们"几乎从不可能弄错"(*D* III. 34)。②

[74]如同前面的事例,马基雅维利在此区分了人民在任命"城邦最高官职"时粗浅而下意识的意见和深思熟虑的判断(*D*

---

① 我曾从帕库维乌斯和贵族的视角,更充分地研究了卡普阿事件的后果(McCormick 2008b)。

② 对人民选举公职人员时试图选择有能力的人而非特定政策支持者的讨论,参见 Fearon 1999, 55-98。

III. 34）。人民在参与会议（consigli）——尤其是审议性会议（民众预备会议）——的过程中形成了恰当的判断（D III. 34）。马基雅维利认为，在罗马那样秩序良好的共和国里，人民并不会"自己犯错"而选举"不合格的人"，因为在这种会议中，"任何公民都有权在民众会议上公布某位候选人的缺点，并以此为荣，以便人民因为拥有关于他的全部信息而能够作出更好的判断"（D III. 34）。马基雅维利强调，正如君主让内阁顾问辅佐自身，当人民在会议中自我建议时，他们实际上更少犯错，对官职的分配也比君主个人做得要好："在选举公民担任官职时，人民是根据所能掌握的关于那些人的较为真实可靠的迹象进行判断的。"君主可能出于隐秘的动机而让腐败者担任公职，但人民却很反感这种事情："绝不可能说服人民让一个声名狼藉、品德败坏的人担任公职"（D I. 58）。

但这个"绝不"只适用于共和国还未腐败之时。如果我们仔细考察马基雅维利对人民选择卓越行政长官的能力如何随着罗马帝国的腐败而衰退的讨论，我们会发现帝国为害甚广。马基雅维利控诉道，一旦罗马征服了大片疆土并且不再害怕外敌威胁，人民就变得松懈，并开始选举那些知晓如何"取悦"和"满足"支持者的人，而非那些"更懂得如何战胜敌人的人"（D I. 18）。然而，在马基雅维利看来，导致行政长官才能衰退的最重要原因并非人民里面愚蠢之徒的增加，而是公民阶层日益扩大的权力不均衡：杰出人物（degni）、贤明的人（buoni）或有德性的人（virtuosi）不再担任公职，而仅仅"拥有较多权势的人"却越来越多地当选。

在这些篇章里，马基雅维利敏锐地区分了纯粹的力量（raw power）和真正的德性（real virtue），并且断言，一旦罗马共和国开始腐败，对权势公民的恐惧就会阻碍有德性的人获得公职（D I. 18）。这些言论似乎不像出自一位被认为主张"强权即公理"的思想家之笔，据称他把道德德性降低成了纯粹的狡诈与赤裸的暴力。当帝国消除了所有针对共和国安全的外部威胁以后,权贵又是如何控制了罗马的选举和立法过程的呢?本章随后会详细地讨论,马基雅维利描述了帝国扩张所引发的军事指挥权的延期和公民兵的贫穷,是如何使将军们对海外的士兵产生了过大的影响,从而在政治上被用来侵害国内的公民(*D* I. 37、*D* III. 24−25)。

让我们回到马基雅维利的主要论点。马基雅维利认为,在选择行政长官时,多数人优于少数人:"一个聪明的人永远不应[75]背离大众的裁决,比如对公共职位和荣誉的分配;因为只有在这方面人民不会犯错,即使偶尔犯错,这也很少发生,相比之下更多的时候是进行这种分配的少数人犯错"(*D* I. 47)。由罗马平民选举产生的行政长官,不但好于由公职候选人互选产生的官员,而且必然优于由他们的显贵支持者任命的官员。马基雅维利的罗马例证表明,贵族可能确信,只要他们具备任职资格,就会被人民授予公职,即使平民自身同样有资格担任相同的公职(*D* I. 47)。毕竟马基雅维利证明,大人物在评价他们的统治才能时并不谦逊:个别地看,显贵很少服从其他显贵家族的成员;整体来看,他们从不服从那些来自人民阶层的人。共和国必须强迫贵族如此,其方式是把分配公职的权力赋予某种裁决主体(arbitrating entity),比如普通公民——在罗马,百人团大会选举执政官,而平民会议则选举保民官。

马基雅维利主张,人民能比君主更好地分配公职,因为他们支持名誉良好的候选人,直到后者的行为证明这种声望只是假象。脱离群众的行政官员往往害怕成为那些声望良好的人的对手,并试图顽固地坚守他们对这些事务的最初裁决;相反,当人民偏爱某种不当选择时,好的论辩和一个值得信赖的演说者就可以劝阻他们(*D* III. 34)。马基雅维利还表示,好的民众不会仅仅因为公职人员曾经恪尽职守,就允许他们的不良行为逃脱惩罚。这种"你最近做了什么?"的态度防止了某些潜在的危险人物变得过

分傲慢。最后，马基雅维利强调，人民喜欢实质地奖励那些为共
和国尽忠职守的人，即使这些奖励出自他们自己微薄的积蓄（*D*
I. 24）。因此，行政长官也许会因为期待获得来自心存感激的人民
的经济奖励或荣誉奖励而举止端正。

在对人民裁决行政长官任命的反思进行总结时，马基雅维利
建议，共和国应当在人民审议某位候选人的资格时设立"使他们
不得不转而考虑具体问题的办法"，即在个体公民的称职性方面
能够"使人民清醒"的程序（*D* I. 47）。① 这些方法无疑包括一个
论坛，人民可以在那里自由地讨论和评价潜在候选人的优缺点
（I. 47、III. 34），并通过"自由投票"亲自选出担任公职的人（*D*
I. 20）。②在确立了一个论辩方法——他随后在为人民通常的认知
能力辩护时就使用了这个方法——以后，马基雅维利认为，虽然
人民对官职和荣誉的裁决偶尔有错，但少数人或君主在亲自分配
官职时裁决失误则更为经常（*D* I. 47、*D* III. 34）。马基雅维利承
认，而且事实上经常论证，人民的判断并不是完美的（如 *D* I. 35），
但他着重强调，它通常优于君主和寡头的判断。[76]认为人民的
判断"相对最好"，这个明显不是基于哲学上的"完美"标准的理
由，在《李维史论》最关键的章节发挥着核心作用，这个章节讨论
的是民众的智慧。

立法与人民的智慧

在致力于讨论"群众的智慧"的章节中，马基雅维利直面"所

---

① 关于在投票前进行讨论的重要性，参见 Goodin 2008，122–124。
② 这个洞见支持下列观点：审议本身——尤其是把它与决策行为分开以后——并不
   必然有利于民主政体。参见 Elster 1986，115；Goodin 2008。在马基雅维利所举的
   事例中，审议对于人民随后所作决策的公平至关重要，而决策在即的压力会迫使
   大众审议"逐渐深化"。

有的"史学家乃至"所有的作家"的反人民偏见(*D* I. 58)。马基雅维利指出,史学家和哲学家们惯于谴责人民的反复无常;谴责他们过去支持某人,随后对他进行非难;指责他们前一刻刚刚对一位君主宣誓效忠,后一刻就为自由欢呼。① 但马基雅维利强调,作家们评判人民的标准是扭曲的:他们一向把"不受法律束缚"的民众的事例和那些罕见的因为守法而"善良且明智"的君主的事例相比较。在马基雅维利看来,无法无天的人民和君主"都会犯下不受约束的人所犯的那些相同的错误"。至少在这个意义上,人民和君主应该平等地受到指责,"因为当所有的人都能够犯错而不惧怕法律时,所有的人都会犯同样的错误"。②

马基雅维利断言,最恰当的比较是"受法律束缚的人民"——比如罗马人民——和同样"被约束的"君主——比如统治着古埃及、斯巴达和当时的法兰西的那些君主——之间的比较。从这个更贴切的分析来看,人民并不只是与君主势均力敌,而且还会优胜于君主。在《君主论》中,马基雅维利通过把包括他本人在内的所有政治观察者下降到"群氓"的位置,从而颠覆了"作家们"的权威(*P* 3、*P* 7、*P* 18)。在《李维史论》中,马基雅维利通过将"作家们"(他们自认为智慧而博学)充满贵族偏见的观点视为"一般看法",把高傲拉回到了地面(*D* I. 58)。马基雅维利据此努力反驳这些自视甚高的贵族代言人所持的惯常看法。事实上,马基雅维利通过一种极富常识性的方式来达到这个目的;尤其是通过简单地把同类事物进行比较:"因为人民如果掌握权力并得到很好的组织,他们的坚定、审慎和感恩就会无异于一个君主,或者比一个君主更好,即使是一个被视为明智的君主;另一方面,一个不受

---

① 圭恰尔迪尼对马基雅维利《李维史论》的评论同时认可了两点:"所有讨论共和国的作家"都偏爱"精英政体而非民众政体";精英的偏爱是正确的。参见 Guicciardini [1530] 2002, 395。

② 参见霍尔姆斯对马基雅维利法律理论的讨论(Holmes 2003)。

法律约束的君主会比人民更加忘恩负义、变化无常和轻率鲁莽……[因此]我认为人民比君主更加审慎、更加坚定并且有更好的判断力"(*D* I. 58,楷体强调为引者所加)。

　　马基雅维利最初不太想宣称人民的优越性源自一种与君主完全不同的本性:他首先表示,群众和君主有不同的本性;他接着又指出,他们的本性并无"不同";但他随后又说,人民比君主有更多"良善"(*D* I. 58)。① 然而,马基雅维利最终通过描述他们的不同偏好和后续行为,解释了人民和君主的根本不同:人民倾向于尊重[77]统治他们的法律,君主却并非如此;那些倾向于摆脱压迫的人支持和保护法律,那些倾向于压迫他人的人却力图用法律促进其不良企图,即使他们最终失败,也早已打破了法律。

　　不受支配的欲望和对法律的尊重之间的联系,使马基雅维利得以挑战"所有作家"的反人民性情,这些作家坚持认为,人民就像一个恶人,迫于形势,他可以低声下气地乞哀告怜,但只要条件允许,他就会傲慢无礼地支配他人(*D* I. 58)。在反驳过程中,马基雅维利断言,罗马的例证表明,被法律合理管理的人民能恰如其分地"命令"和"服从":担任官职的罗马人民既能体面而公正地惩罚那些威胁自由的人,还会因为"公共安全"而忠实地服从行政长官的指令。此外,这些洞见令人回想起亚里士多德对原则上和实践中的公民身份的描述:人民的成员心甘情愿且恰如其分地在行使统治和经受统治之间轮替。

　　在转向讨论人民的立法能力时,马基雅维利比先前更加热烈

---

① 考虑到马基雅维利在《君主论》和《李维史论》中区别了人民和大人物的本性,即"脾性",此处的犹疑令人好奇。我们在前文中注意到,马基雅维利甚至用一个词——正派(诚实、良善乃至荣誉)——来指称人民的本性,继承了西塞罗的人文主义传统则把这个词留给了贵族,虽然这种贵族的品质并不必然与出身或血统相关(Cicero 1991, 9)。这就进一步提出了与大人物相对的君主的本性问题;尤其是——正如我们在上一章中注意到的——马基雅维利经常用复数君主来指称大人物的成员。

地赞扬人民的判断力：他将其归因于他们的"普遍意见"(universal opinion)，即那种他们正式授权、共同产生的意见，一种近乎神赐的"隐秘德性"(hidden virtue)，即一种预知祸福的不可思议的能力(*D* I. 58)。在传统观念中，这种能力往往与政治体中的社会贤达而非卑微平民有关。大众是如何行使这种预见力的？《李维史论》开篇不久，马基雅维利就描述了罗马会议中的立法情况：

> 一位保民官，以及其他任何一个公民，都能够向人民提出一项法律议案，对此每个公民都能发表赞成或反对的意见……每个人只要想到办法给城邦带来某种利益，他都会提出这个建议，这总是好的；而每个人都能够对此发表自己的意见，以便人民在听取每个人的意见之后可以选择最好的，这也很好(*D* I. 18)。

在马基雅维利看来，罗马立法实践中的平民主义和互惠主义特征，有助于在客观上达致有益的结果；如果所有公民都有权提出法案，尤其是那些与"公共利益"相关的法案，并且任何公民都可以发表赞成或反对这些法律的意见，那么罗马立法实践就汇集了比来自个体君主(虽然审慎但几乎完全同质化的)或精英小团体的观点更多元的观点。① 马基雅维利认为，会议中的人民能在公开演讲中辨明真理，并且在此基础上作出正确裁决，这种观点意味着人民有能力选择更好的议案，无论是执政官在贵族主导的百人团大会上提出的议案，还是保民官在平民会议和部落大会上提出的议案，又或是这两种行政长官在民众预备会议上提出的

---

① 当代的"民主理性"(democratic reason)理论家利用简单的证据，在大众机构(large bodies)的认知多元与其通常作出的最优决策之间建立了联系。参见 Estlund 2007, Landemore 2007 和 Page 2006。异议参见 Caplan 2007 和更温和的 Sunstein 2006。

议案。①

马基雅维利认为人民有能力辨别更好的政策,很大程度上是因为他们有不受压迫的欲望,并且[78]这种欲望与公共利益有关联。提出法案的大人物可能包藏祸心,但只要人民对其进行评估,也就是公开讨论,此类法律就只有在人民认为它符合公共利益的情况下才能被通过。此外,马基雅维利通过让每个公民都有权发起立法,使显贵以外的声音更有可能反映到共和国法律中。然而如前所述,马基雅维利痛惜于逐渐破坏了罗马立法实践的腐败:最终,"权贵"利用恐吓手段成功地使其他公民不敢发声,然后开始垄断议题设置,通过只对他们有利的法律(*D* I. 18)。马基雅维利谈到了在不平等和压迫日益加深的情况下,人民如何在立法过程中逐渐"或者被欺骗、或者被强迫地做出使自己毁灭的决定"。我将在本书第 5 章中详细讨论,更完善或更持久地利用公民指控和大众裁决的政治审判,或许能防止精英对罗马立法过程的支配;马基雅维利主张,一个有活力的共和国的立法过程应当具有广泛的包容性和实质的参与性。

就我们所知,罗马的制度主要是贵族性和非审议性的,而马基雅维利对它们的解释带有更多的审议性和民主性色彩,两者之间存在重要差异;这种差异凸显了他对更广泛包容人民的共和国的惯常偏好,这种共和国是允许大众对政策制定、立法和行政长官行为进行更大规模讨论和更强有力控制的民主共和国。不论马基雅维利是否意识到了这一点,他都从未提及罗马在百人团大会上通过偏袒有产公民的方式衡量和计算选票。此外,与罗马会议相比,他还给予了普通公民更多的提出法案的空间和审议法律的机会。在罗马,即使那些没有等级结构的重要立法会议,如部

---

① 坦仔细评价了罗马民众预备会议的民主特征(Tan 2008),丰塔纳则讨论了它们在马基雅维利自由理论中的地位(Fontana 2001)。

落大会,也同样不允许审议;公民通常只能在通过官方投票性会议进行正式裁决的前几天,在非正式的民众预备会议上讨论法律。①

因此,虽然在马基雅维利笔下,保民官可以提出法案,任何公民都可以通过立法性会议(百人团大会和平民会议)和审议性会议(民众预备会议),对法律、公共政策、政治和军事的任命发表意见,但这些论述其实在根本上背离了罗马的实践,后者使审议远离实际投票。更准确地讲,在罗马,保民官在民众预备会议中引导大众审议,在部落大会和平民会议(如果这真的是两个不同的会议的话)中主持立法。此外,在马基雅维利的论述中,平民会议创制的平民会议决议(*plebiscita*)似乎在罗马总是普遍适用的。但实际上,平民会议决议最初仅仅适用于平民,因为显贵很可能被排除在平民会议之外;平民会议决议的管辖权[79]扩展到全体罗马人相对较晚(具体而言是公元前 287 年)。

然而,下面这一点或许才是马基雅维利笔下运转完美的罗马立法程序最令人诧异的地方:精英不会单方面制定随后会在没有任何集体商谈的情况下被提交人民公决的政策建议。② 贵族共和主义者如圭恰尔迪尼会强调,只有在人民被正式阻止全面参政的情况下,人民才能发挥识别优良论辩的能力;人民之所以能增强他们选择合理政策的能力,恰恰是因为他们被禁止制定政策。③人民一旦无法聒噪地提出和争论那些在圭恰尔迪尼看来必然不够成熟或出于低俗本性的政策,他们就能正确地裁决那些由明智

---

① 关于罗马会议的结构,参见 Taylor 1990 和 Tuck 2008, 39-40,他们指出了罗马会议的结构如何防止"偏好循环"(preference cycling)问题和"投票悖论"(voting paradox)问题——例如多数愿意彼此矛盾的倾向。

② 关于该实践在罗马的广泛性,参见 Taylor 1990;关于佛罗伦萨贵族对它的渴望,参见 Pocock 1975, 129, 253, 255。

③ Guicciardini [1512] 1998, 123-124;[1524] 1994, 99-100;[1530] 2002, 390.

而审慎的行政长官提出的相当成熟且深思熟虑的政策。

如前所述,马基雅维利和圭恰尔迪尼的根本分歧在于:马基雅维利虽然赋予行政长官——如保民官(圭恰尔迪尼想把它从共和宪制中剔除①)——在人民面前提出法案的权力,但他同时强调,共和政体要使每个人民都能提出和讨论这类法律,然而如我们所见,他年轻的显贵对话者们选择沉默以对。② 总而言之,在马基雅维利式民主中,大众裁决的表达并不总是必然以行政长官的裁量为媒介,或者被非审议性的程序所削弱——这两种方式都是贵族共和主义者和随后的精英民主理论家所偏爱的。

这些讨论当然不是意味着,在马基雅维利那以大众的提案、审议和裁决为特征的立法模式中,精英无法发挥任何作用。正如马基雅维利在《李维史论》开篇所说,当人民面临"错误意见"时,如果某位被人民所"信赖"的"贤明的人"在民众预备会议上直言不讳,那么人民通常可以被说服接受"真理"(D I. 4)。在马基雅维利时代的佛罗伦萨,"贤明的人"这个词毫无疑问有着贵族内涵。同样,可能有人会说,马基雅维利在探讨群众智慧的章节里叙述人民如何听取演说家的意见时,提到了精英阶层的发言者:"关于判断事情,如果人民听到两个演说家各执一词,而这二人又德性相当,那么极少会看到人民不接受更好的意见或者不能明白真理在哪一边"(D I. 58)。他在该章的结尾重申,即使趋于肆无忌惮和骚动不安的人民,也可以被"某个贤明的人"用"言辞"纠正(但"刀剑"是对付一个滥用权力且无法无天的君主的唯一方法)。

让我们回到马基雅维利对人民和君主的总体比较,他指出共和国会享有更大的繁荣和帝国:像雅典和罗马那样"人民就是君

---

① Guicciardini［1524］1994, 151;［1530］2002, 397.

② 在评论者当中,乌尔比纳蒂非常奇特,她在共和主义传统内部理解马基雅维利政治思想这方面的新颖性,参见 Urbinati 2002, 65。

主的城邦",亦即民主政体和开放政体,一旦摆脱了君主统治,就会繁荣兴盛[80](*D* I. 58)。下面这句话更好地体现了马基雅维利的观点:"公共利益只有在共和国里才会受到尊重"(*D* II. 2);而且该章更清晰地表明,他认为大众政体或开放政体使人民的后代有可能成为君主,这种共和国有利于家庭安宁和财富增长(*D* II. 2)。修正了前述作家和史学家歪曲的比较研究以后,马基雅维利得出结论:"考虑到人民的所有错误和君主的所有错误、人民的所有荣耀和君主的所有荣耀,就会看到人民在善行和荣耀方面远远超过君主"(*D* I. 58)。

为什么所有作家都如此不公正地对待人民?因为他们不必害怕人民:在马基雅维利看来,作家们使对人民的负面看法在寡头和宫廷当中广为流传,"因为对于人民,每个人都可以无所畏惧地和随便地讲坏话,即使是在人民掌权的时候"(*D* I. 58)。共和政体——尤其是民主政体(比如公元前4世纪的雅典)和开放政体(比如16世纪早期的佛罗伦萨)——是仅有的为知识分子和政治评论者留足批评余地的政体;只有这种最广泛、最自由的政体才允许他们友好的评论者和坚定的批判者享有研究哲学和写作历史的自由,但他们却用作品诋毁这种政体,并且常常煽动和卷入反对这种政体和生活方式的阴谋。① 毕竟作家们抨击人民的缺陷和错误所面临的风险,比他们批判君主和贵族的放纵无度所面临的风险要小得多。人民没有兴趣或能力反驳批评他们的作家。相反,君主们和显贵们一方面赞助作家(*scrittori*)和文人(*literati*),另一方面还掌握着残酷的强制和报复手段。马基雅维利认为,这导致哲学家和史学家容易无缘无故地批评人民,却要谨小慎微地对待精英。相比像苏格拉底审判那样的个案,还存在大量不为人知的事件,在这些事件中,精英们逼迫作家和文人口是心非,或恐

---

① Finley 1985, Najemy 2006, and Stone 1989.

吓他们保持沉默。

总而言之，马基雅维利对人民良好判断力的辩护得出了如下结论：当人民处于恰当的制度边界内时（*D* I. 35），他们能做出比寡头或君主更明智的判断（*D* I. 58）。在马基雅维利看来，当人民审判政治犯时，他们能正确地分辨指控和诬蔑、事实和谎言；当他们讨论和制定法律时，能敏锐地考虑到未来的利弊；当他们斟酌高级行政官时，能准确地评估候选人的腐败和德性。君主或少数人则因其天生的压迫欲，对法律的整体蔑视，以及结党营私、巧取豪夺的惯常倾向，无法有效地惩罚威胁自由的人，无法制定有利于公共利益的法律，无法任命有德性的行政长官。①

[81]需要重申的是：人民的判断力或许是最好的，但仍然是不完美的。马基雅维利认为，人民比他们的对手更明智，也就是说，他们的选择通常更有利于公共利益。但他并没有忘记，人民有时也会做出糟糕的选择，而且经常被他们的政治对手——他们知道什么对自己有利以及如何取得它——所打败。下面让我们根据一些马基雅维利笔下相对消极的群体性事件，思考一些与他为群众智慧的辩护相关的问题。

大众的错误判断和精英的劝说（或操控？）

虽然马基雅维利为人民的良好判断力辩护，但他同时认为，他们既不能在所有情况下都清晰地明辨政治现实，也不能一直带着必不可少的审慎面对政治现实。在某些情况下，他们的确很容易被狡诈的贵族所操控。贵族有时会利用人民对神的恐惧，威吓

---

① 此外，马基雅维利的观点还是当代"认知"（epistemic）民主的先声，这种民主理论的捍卫者认为，大众机构比（a）包容性更低的、精英组成的机构，以及（b）更大群体中的普通成员，更可能作出本质上正确的决策。参见 Cohen 1986, Estlund 2007, Landemore 2007, Ober 2009, Surowiecki 2004，尤其参见 Page 2006, 197。

他们选举显贵担任公职(例如 *D* I. 13)。还有一次,当贵族迫于必然性而为平民发放津贴以使平民愿意长期远征和围城时,他们把这笔酬劳归功于自身的慷慨(*D* I. 51)。在这个事例中,当人民出于对贵族的错误感激而欢呼雀跃时,保民官却正确地指出,这个政策必然导致将来征收更高的赋税。① 我们之前讨论过,当平民要求亲自担任执政官时,元老院如何通过支持最好的显贵或平庸的平民担任执政官的手段来操纵人民,使他们允许显贵把持执政官之位。在这种情况下,平民尊重前者的卓越,并且羞于把职位授予不称职的后者(*D* I. 48)。

　　考虑到马基雅维利通常认为大人物有着残酷和狡诈的性格,他所列举的某些事例会令人深感诧异:在这些事例中,某些贵族告诉人民什么最有利于他们的利益,或者什么最有利于公共利益。此外,马基雅维利还提到,在缺乏大人物的任何提示和控制的情况下,人民有时多么喜欢自取灭亡,尤其是当他们被错误的美好想象所蒙蔽时(*D* I. 53)。例如,平民曾经希望把罗马的一半人口移居到维爱,认为这是一种更公平地增加城邦财富的方式(*D* I. 53)。马基雅维利写道,罗马的元老们宁愿一起赴死也不愿接受这个选择——很可能是因为这个方案不仅确实会导致对财富的重新分配,而且还会创造一个最终在军事方面与罗马势均力敌的城邦。然而人民如此热衷于这个想法,以致贵族如果不用一些最为人民所尊重的、年高望重的公民做“挡箭牌”的话,人民就会杀死他们。尽管人民屡次对全体大人物表示厌恶(比如 *D* I. 4、I. 47、I. 48、I. 58),但人民还是对他们当中某些人怀有深厚的信

---

① 这个片段非常类似巴特尔斯从普通美国公民身上发现的关于财政政策和税收政策的洞见。他指出,他们极易受社会经济和政治精英开出的虚假承诺(false claims)的影响;参见 Bartels 2008, chap. 6。在更广阔的背景下,参见 Cheibub and Przeworski 1999。然而,马基雅维利笔下的平民确实表现出了一种从他们最初的错误中吸取经验教训的能力。

赖和[82]极大的尊重。显然在马基雅维利看来,贵族并非只有鲁莽、不公和危险的意图。

马基雅维利还表示,人民不仅会被眼前的利益所误导,还会被宏伟的计划所诱惑,尤其是鲁莽的军事计划(D I. 53)。例如,罗马人民把法比乌斯的节制谴责为怯懦,并在布匿战争期间支持西庇阿的冒险之举。虽然他们的判断最终在西庇阿摧毁迦太基时得到了验证,但人民的鲁莽还促成了臭名昭著且损失惨重的坎尼败绩。马基雅维利还援引了雅典的事例,如同雅典人民在伯罗奔尼撒战争期间入侵西西里的决定,大众对于与汉尼拔在坎尼直接交战的支持同样有毁灭罗马共和国的危险。在这个背景下,马基雅维利指出元老院之所以常常勉强接受人民支持的激进政策,如佩努拉提出的有着明显缺陷的政策(D I. 53),是因为它害怕人民暴动,人民总是对元老院面对汉尼拔时表现出的任何犹豫或软弱的迹象充满疑虑。换言之,人民有时能迫使元老院的决议符合人民意志,但这种强迫未必会获得有益结果。这些来自布匿战争和伯罗奔尼撒战争的事例,为那些煽动家提出的、旨在取悦人民的诱人但危险的方案敲响了警钟。然而,西庇阿对迦太基的胜利又证明了人民的良好判断力,虽然这种判断力在最后的事例中才被证明。①

对于马基雅维利而言,罗马的坎尼败绩并不能证明大众在战事方面的不审慎,而是使他有机会强调贵族糟糕的军事判断力,尤其是迦太基元老院在后续战役中的致命误判。马基雅维利叙述了迦太基元老院如何拒绝了汉诺的审慎建议——他建议凭借汉尼拔的坎尼大捷,以有利的条件与罗马议和(D II. 27)。但迦太基的元老们决定继续作战,最终导致这座城邦被彻底毁灭。因

---

① 同样,修昔底德本人避免让大众裁决的反对者利用西西里远征反对人民:作为民主政体的重要批判者,修昔底德抨击雅典人民的决定;但作为将军和军事战略家,修昔底德承认,如果没有不可预知的因素介入,雅典人民投票同意的人力和物力已经足以保证胜利。参见 Thucydides 2009, IV.31;也参见 Finley 1985, 20-23。

此,马基雅维利对坎尼战役和西西里远征的援引并没有违背他对大众判断力的支持,也没有拔高元老们的判断力。迦太基对坎尼大捷的应对确实可能是在提醒读者,在《李维史论》中,马基雅维利把这个军事误判的事例推广到了斯巴达和威尼斯等贵族共和国(*D* I. 6)。马基雅维利指出,伯罗奔尼撒战争以后,斯巴达因为决意获取一个根本无法统治的帝国而"完全垮掉了"。同样,当贵族式的威尼斯在维拉试图用武力保护完全用金钱取得的领土时,它"在一天之内失去了一切"。马基雅维利后来批评道,威尼斯对自身德性的高估导致了毁灭性的战败(随后又体现出了可鄙的威尼斯式怯懦)(*D* III. 31)。

[83]为了避免人民在民主共和国中从事有勇无谋的军事冒险,马基雅维利提高了人民自己解决这一问题的可能性:他们也许从一开始就能制止野心家提出这种计划。马基雅维利指出,当这些宏伟计划失败时,人民往往并不将其归咎于命运或无能,而是归咎于传闻中的领袖恶行。他强调,人民会严厉惩罚那些提出鲁莽计划但在实践中失败的人,尤其是当后者招致了毁灭性的失败时。他们可能像迦太基或雅典的公民那样,不顾这些倡议者的过往成就而囚禁或处决他们,尽管佛罗伦萨人似乎更加宽容(*D* I. 53)。马基雅维利并没有试图用被动和仁慈来调和报复性的残酷,乃至应激性的或防御性的暴行——他在《李维史论》别处把这种品质归于了人民。乍看之下,所有这些事例都不能与马基雅维利在别处用来为大众的报复辩护的事例——即复仇心切的人民刚刚从一个僭主或寡头政体那里恢复了自由以后的所作所为——混为一谈。然而,马基雅维利提到,人民倾向于指控那些在渎职的情况下招致失败的人,而非那些仅仅缺乏能力的人,这表明人民感受到了某些公民的背叛,并因此在某种程度上感受到了他们的压迫,这些公民可能把取得军事胜利想得过于简单了。马基雅维利暗示,在这种情况下实施暴行可能并非一无是处,而

且如果把暴行制度性地导向规范的政治实践,那么往往可以从一开始就防止那些不负责任的人提出这种方案。

让我们再次提出这个部分的核心问题:这些仅仅记录了人民服从于贵族、被贵族操控或者亲自实施破坏性政策的事例,是否足以消解马基雅维利对人民智慧的辩护?答案当然是否定的,因为这位佛罗伦萨人对人民判断力的认可并非基于完美主义的标准。马基雅维利强调,人民的判断力在绝大多数时候优于其他政治角色;他从未强调人民的裁决总是或一定有利于自由。我们应当记住,马基雅维利的参照系并不是那些可能源于某种空想的哲人王式寡头政体的教条(P 15)。因此,在马基雅维利看来,任何政治角色或政治集团都无法拥有完备的智识,也不能以一种在任何情况下都能避免批评的方式行事。在理论上,一种虚构的哲人王式贵族政体或许可以作出完美的政治裁决。但在现实经验中,并不存在这种能作出完美政治裁决的主体。①尽管人民会犯错,某些错误还被柏拉图、色诺芬和修昔底德等人浓墨重彩地记录了下来,但马基雅维利坚持认为,人民通常会以一种能产生良好后果——亦即有利于公共

①　尤其是施特劳斯学派的解释者会继续前进,似乎马基雅维利笔下有关顺从、操控和判断失误的事例使人民有着良好判断力这个总体观点失去了力量。例如,在谈到人民选举显贵担任他们曾经要求亲自担任的公职时,施特劳斯认为,"在为罗马人民不受自身意见所影响的德性做辩护的同时,[马基雅维利]质疑了罗马人民的明智"(Strauss 1958, 137)。但施特劳斯的观点预设了马基雅维利框架内的某些政治角色完全认识到了他们自身的智识水平。恰恰相反,马基雅维利表明,罗马元老院——曼斯菲尔德坚称马基雅维利认为它是全知全能的(Mansfield 1996, 235-237)——明显不像其自认为的那样明智;例如,元老院因为偏爱屋大维而非安东尼,致使自身被篡权(D I. 52),最重要的是,元老院通过指挥意大利半岛外的帝国征服,导致共和国因贪婪而毁灭(D I. 37, D III. 24)。马基雅维利的确表示,即使像罗穆卢斯一样的创建者——施特劳斯坚称马基雅维利认为他有着"超人的"品质(Strauss 1958, 127)——也会误判他们自身动机和行为的最终后果:罗穆卢斯原本打算建立一个永久的君主国,但却在不经意间为一个共和国奠定了基础(D I. 2)。我们不能说《李维史论》中的任何人物拥有施特劳斯眼中的马基雅维利、柏拉图等人所拥有的那种绝对的(当然是被描述为"苏格拉底式的")自知之明(self-knowledge)。

利益的后果——的方式作出决策，[84]而且他们会比那些被赋予了同样权力的君主精英或寡头精英更频繁地这么做。

然而值得注意的是，马基雅维利还援引了很多片段，这些片段中的人民和贵族都在危机时刻展现了他们的德性：受人尊敬的元老们常常恳求人民不要践行某种会给他们和共和国都带来毁灭的方针，而人民在此情况下会转而改变那个误入歧途的行动方针（比如 *D* I. 54）。马基雅维利经常通过古代和当代的事例来强化对民众良好判断力的辩护，这些事例中的人民都改善了他们的观点：罗马和佛罗伦萨人民把战事不利错误地归咎于某些制度，并且取消了这些制度，但这两国公民随后都通过恢复这些制度而表现出了学习能力（*D* I. 39）。马基雅维利还指出，罗马平民最终拒绝了斯普里乌斯·卡西乌斯那令人生疑的企划，他试图通过把敌人的财产分给平民，来换取平民对他勃勃野心的支持（*D* III. 8）。平民还出于相同的理由判处曼利乌斯·卡皮托利努斯死刑；事实上，在那时候，人民、保民官和元老院都抵制住了强大的诱惑，而没有支持他（*D* III. 8）。

鉴于这些事例，共和国面临的一个显而易见的危险就是，富裕和显赫的公民可能把他们的资源和技艺用于与公民利益无关的目的。然而马基雅维利认为，“一个共和国如果没有有声望的公民，它就不可能持续，它无论如何也得不到好的治理”（*D* III. 28）。但这种声望恰恰可能推动僭主的产生。马基雅维利提出的解决方案是：支持因为公共利益而获得的声望，反对因为私人利益而获得的声望（*D* III. 28）。然而我们并不清楚，这个标准如何排除像尤利乌斯·恺撒那样的人，他因为“公共”利益——比如军功和经济再分配——而获得的声望和因为私人利益而获得的声望一样多。的确，当马基雅维利审视人民有利于捍卫自由和反抗压迫的精神时，他对一条多少被大众认可的道路的忧虑必然会随之增加，这条道路就是最终摧毁了罗马共和国的恺撒主义。

马基雅维利通常认为,对精英的合理厌恶应该止步于通过征募大众参加恺撒或外国的军队来抑制和处置大人物。罗马人民从不求助于外国,但最终屈服于恺撒。接下来的部分将讨论《李维史论》中预示了恺撒崛起的转折点;在这些事件中,罗马人民并没有认真考虑过抛弃保护自由的制度的可能后果,他们似乎在反抗大人物压迫的过程中走得过远了。十人立法委员会的危机提出了制度问题,针对土地法的争论则与社会经济议题相关。每件事都创设了某些先例,而这些先例使恺撒崭露头角,他夺取了罗马的自由,并摧毁了共和国。非常需要注意的是,在每个事例中,罗马人民之所以放弃他们促进精英问责的能力,恰恰是因为他们对显贵的厌恶,而后者的行为正当化了这种厌恶。[85]当代选举民主的公民文化或新共和主义的评论者抱怨大众对公共事务的冷漠最终侵蚀和败坏了民主制度。① 但恺撒主义的相反问题不应被随意消解:且不论托克维尔的预言是否已经被充分证实,他曾经明确担心现代人对平等的渴望会变得过于贪婪,以致支持在军事上或民意上获得了正当性的僭主帮助他们实现平等。②

十人立法委员会和保民官的临时废止

马基雅维利叙述了一个令人震惊的事例:罗马人民临时废止了有利于自由的重要制度,尤其是保民官和指控某些公民并使他们在全体人民面前正式受审的权力。因为贵族和人民之间发生的"争议和冲突",罗马人希望通过仿效雅典法律的清晰性来减少争执,他们创设了十人立法委员会,让他们用类似的方式编纂罗马法(D I. 40)。在起草《十二表法》时,十人立法委员会取代执政

---

① See, e.g., Barber 2000, Putnam 2000, and Sandel 1996.

② Tocqueville [1848] 2000; cf. also Baehr and Richter 2004.

官和保民官进行统治,而且正式暂停把刑事指控直接上诉到人民(*D* I. 40)。从共和主义原则的视角来看,这种制度简化似乎是一种退步:它破坏了罗马混合政体的制度多元性,并回到了被波利比乌斯大力批判的、内在于单一政体类型的政治腐败。从一种古典视角来看,这种对制度单一性的复归通常预示着僭政的崛起。

在马基雅维利看来,当国内存在"人民对自由的过多欲望和贵族对统治的过多欲望",而二者间随后发生的冲突并没有使他们"同意制定一项有利于自由的法律"时,僭政就会出现(*D* I. 40)。在罗马,元老院和平民的不同脾性的冲突经常产生有益的法律,如在共和国初期创设了保民官,后来还把执政官开放给了平民。但在共和国历史的此时此刻,随着元老院持续利用宗教和不必要的战争来转移人民对国内改革的要求(I.13),人民开始把执政官的军事职能和宗教外衣与压迫本身联系到一起——他们的这种想法并非毫无理由。

虽然人民感觉受到了执政官的压迫,但贵族同样对保民官这个旨在制约他们并由平民独任的官职感到厌烦。当十人立法委员会开始改革罗马法律体系时,委员会领袖阿皮乌斯·克劳狄乌斯成功利用了元老院和平民对这两种官职的厌恶,完全暂停了它们的运作,从而为他自身的权力消除了关键的制度障碍。通过这种方式,阿皮乌斯把一个承担法律改革职责的机构巧妙地转换成了"明确的罗马君主"(unequivocal prince of Rome)(*D* I. 40)。马基雅维利记述了阿皮乌斯如何[86]经过人民的同意而成为了十人立法委员会的领袖,纵使他过去曾经蔑视人民。贵族们曾试图抑制他日渐增长的权力,直到他们明白他的主要迫害对象是平民而非贵族。马基雅维利认为,元老院原本能除掉十人立法委员会,但它却为了无限期地阻止保民官的恢复,而尽力维持阿皮乌斯的僭政。马基雅维利指出,只要平民被阿皮乌斯和年轻贵族——他们被成功培养起了对僭主的拥护——所大力侵害,年老贵族就非常乐于看到僭政继续存在。

战争和阿皮乌斯的罪行——尤其是强暴公民妻女这个致命的马基雅维利式罪孽——最终导致他的僭政垮台。当阿皮乌斯试图侮辱平民百夫长维尔吉尼乌斯的女儿时，已经被集体动员参战的人民被激怒了，他们终结了僭政并恢复了保民官。平民第二次撤离城邦后，阿皮乌斯被捕，随后自杀身亡。马基雅维利记述了平民如何与贺拉提乌斯和瓦勒里乌斯协商恢复保民官和废除十人立法委员会。在平民看来，这两位元老在阿皮乌斯恐怖统治期间的表现证明他们比较值得信赖。

马基雅维利认为，十人立法委员会的事例告诫人们：任何被人民推上权位的人都必须面对某些约束他们的制度——使其免于沦为罪犯、僭主或其他不良分子；人民和其他政治角色必须时常依靠执政官、保民官、公开指控和大众审判等问责方式（*D* I. 40）。贵族和人民由于沉溺于撤销对方的制度代理人的强烈欲望，临时取消了这些阻止共和国出现僭政的缓冲措施。执政官和保民官被撤销以后，除了凭借一支大众军队的政治影响力孤注一掷以外，再也没有了制约阿皮乌斯之辈的有效方式，阿皮乌斯却可以利用人民和贵族之间的互相厌恶。马基雅维利指出，阿皮乌斯死后，双方都认识到，以后不应如此轻易地暂停或抛弃罗马的基本制度。然而，虽然苏拉和恺撒在行使独裁官的紧急权力时允许传统官职继续运作，但这并无助于抑制他们的僭政行为。[①] 不过，在马基雅维利对罗马土地法之争的叙述中，使这些独裁官得

---

① 在罗马历史的多数时期，独裁官都是一个在紧急状态下确保共和国存续的临时机构，而不是一个任期无限的独裁机构（*D* I. 34）。个中差别，参见 Lazar 2009, McCormick 1998 和 Rossiter 1948。研究罗马独裁官的 20 世纪学者强调元老院和执政官利用独裁官来慑服平民（Fraenkel 1969, 10, 213; Kirchheimer 1969, 42）。这个挑战必须被严肃对待，因为独裁官的任命并不需要大众会议的审议，它在实践中还可以临时取消公民上诉到人民的权利。

以继承阿皮乌斯的社会经济状况还没有露出端倪。

土地法与罗马共和国的垮台

通过前面的事例，马基雅维利实际上表明了，人民不会经常表现得那么被动，他们的欲望也不会一直那么温和，而对《君主论》和《李维史论》的肤浅阅读[87]可能会产生这两种误解。这就引出了几个问题。这些事例否定了马基雅维利所谓的人民那温和被动的性情，还是说它们只是一些人民必须从消极防御转向极端狂暴的特例？马基雅维利之所以展现区别合理防御和危险侵害是多么困难(如 *D* I. 5)，是为了使问题复杂化。人民不受大人物支配的欲望最终会引发极端行径吗？它是否像贵族共和国的支持者们所坚称的那样，必然会导致恺撒主义的崛起和自由政体的衰败？

请回想前面的章节中，马基雅维利如何通过一位显贵代言人之口，谴责平民对决心打败贵族的人——如盖尤斯·马略——的"狂暴"偏爱为恺撒铺平了道路(*D* I. 5)。在同一章中，马基雅维利还记录了一个片段：两位平民行政长官马尔库斯·墨涅尼乌斯和马尔库斯·孚尔维乌斯(分别担任独裁官和骑兵长官)被人民授权调查贵族在执政官选举中的舞弊行为(*D* I. 5)。罗马人民无疑并不满足于不受压迫的单纯自由；更确切地讲，如果不能通过公职行使某些"积极"自由，就无法保障不受贵族支配的"消极"自由。① 平民力图用保民官、执政官乃至独裁官的权力抑制大人

---

① 这凸显了在罗马语境中区分消极自由与积极自由的理论工作在本质上有些误入歧途。例如，当皮特金进行这种研究时，她隐含着一种自我矛盾。一方面，她断言大多数罗马人的自由(*libertas*)有着"被动"、"防御"和"消极"的品质："罗马平民进行斗争并不是为了民主政体，而是为了受到保护，并不是为了公共权力，而是为了私人安全。"然而另一方面，她又承认"他们当然会为这种安全寻求 (转下页)

物的压迫行径。此外,正如马基雅维利所指出的那样,最高的政治职位并不足以保护平民免受压迫:马基雅维利讨论土地法的章节(*D* I. 37)表明,平民同样意识到,若想自由,就要分享由贵族控制的巨额财富。格拉古兄弟——提比略·格拉古和盖尤斯·格拉古——因为支持平民寻求经济平等而崛起,并成为贵族对——意图夺取元老院权力的——平民主义"僭主"的恐惧的化身。

从共和国初年开始,平民和很多保民官就试图批准土地改革。从一开始,显贵就把原则上属于共和国全体的公共土地和通过征服敌人而取得的领土置于他们的"监管"之下。马基雅维利指出,当人民和保民官寻求法律救济时,元老院就派遣军队远征,以获取平民并不垂涎或无力耕耘的行省(*D* I. 37)。元老院的策略增加了贵族独占战利品的可能性。通过这种自利政策,贵族们加重了共和国的社会和经济问题;他们不仅维持了经济不平等的状况,而且使得军事统帅变得异常强大(III. 24)。

在马基雅维利的论述中,这两方面的发展是纠缠在一起的:元老院主导获取的领土远离罗马,继而远离[88]意大利半岛,这必然需要延长军事统帅的任期(*D* III. 24)。有军事经验的官员越来越少,迫使共和国必须依赖一个越来越小的统帅群体。同时,罗马公民兵在经济上日益依赖于带领他们长年驻扎在外的将军们。的确,当元老们把军队派往离罗马更远的地方时,他们鼓励债权人当中他们的门客(clients)租赁平民的土地且规定不可赎回

(接上页注①)公共性、制度性的保障",而在寻求这些保障的时候,他们积极而广泛地参与到了政治体的政治中。参见 Pitkin 1988, 534-535。在本书第6章中,我围绕菲利普·佩蒂特的哲学工作讨论了这个问题,我试图提炼出一个共和主义自由的消极概念,并总结出一个同样适用于斯金纳的概念工作的批评。最近的历史研究表明,罗马人民在政治抱负和政治实践中都处于消极状态的观点,在很大程度上是亲寡头的作品——尤其是西塞罗的作品——的产物。参见 Flaig 2003; Millar 1998, 2002; Wiseman 2009。关于罗马共和国在多大程度上可以被划为民主政体的争论,参见 Ward 2004。

(foreclose)，并通过雇佣奴隶而非公民进行耕种使这些土地更有利可图。① 不久以后，"统帅兼僭主"（commanders-cum-tyrants）开始利用他们延长的任期培养士兵的个人忠诚，这些士兵回国后因为无法赎回土地而变得日益贫困。统帅则变得越来越像军阀而非共和国官员，他们开始负责士兵的生计，因此赢得了士兵的绝对忠诚。② 此外，随着有统治经验和指挥经验的公民越来越少，共和国的整个公民兵文化都深受其害：统治与被统治的轮替不再是罗马公民兵的普遍经历；相反，他们本身习惯于被统治，并且通过把劫掠作为公民生活受损的补偿来获得安慰。③

格拉古兄弟试图在保民官任期内，通过复兴土地法，解决日渐浮现的经济、军事和公民危机（公元前 133 年）。这些法律因为限制公民所能拥有的土地面积和分配来自被征服敌人的领土而激怒贵族。正如马基雅维利所说，这个法律触怒了元老院，因为它力图夺走他们的财产，并禁止他们使用敛财手段（*D* I. 37, III. 24-25）。马基雅维利强调，围绕土地法而涌现的争议和丑闻导致了一系列的混乱无序，并最终摧毁了共和国：平民与贵族在国内的冲突助长了"私力救济"之风（想必是指元老们谋杀了提比略·格拉古），致使手握兵权的党派领袖（马略支持人民，苏拉支持贵族）崛起，最终引发更多流血冲突，其数量远远超出了秩序良好

---

① See Livy 1919-1926, e. g., IV.49, 51, VI.5, 35; cf. also Plutarch 1921, X.145-241.

② 贝尔详述了使恺撒得以成功篡夺共和国的社会经济变迁，虽然之前的卡西乌斯、马略、阿皮乌斯等人的尝试都以失败告终。因为在城市和乡村——尤其是乡村——平民的债务日益增加，而财产又逐渐减少，这促使他们只能通过军事冒险来谋生（Baehr 1998, 287ff）。与马基雅维利一样，贝尔也指出，如果元老院接受在他们考虑后被抛弃的债务减免和土地分配计划，就可以减少或预防随之而来的腐败（Baehr 1998, 289）。但元老们坚持维护自身的物质利益，担任平民通过战争赢得的公共土地的保管人，并充当共和国的债权人和地主的庇护人。

③ 在《战争的技艺》这对对话录中，马基雅维利的主要代言人法布里齐奥·科隆纳要求他年轻的显贵对话者铭记，秩序良好的君主国和共和国要提供适宜的国内环境，以确保士兵能按期回国。参见 Machiavelli［1521］1997, I. 9-11。

的共和国里正常冲突的数量(*D* I. 37)。最初,通过残酷杀害格拉古兄弟,并纵容苏拉的长期血腥独裁,贵族占据了上风;但这创设了一个先例,反过来又使平民的拥护者——比如恺撒——作为僭主崛起。考虑到这些复杂情况,在马基雅维利看来,贵族与平民谁真正奠定了恺撒主义崛起和共和国崩溃的基础呢?

　　在讨论土地法的章节开篇,马基雅维利重申了他在 I. 5 所演绎的辩论当中的显贵批评者对人民的指控:野心与贪婪,权力与获利,而非自卫的必然性,驱使人民在围绕土地法展开的斗争期间质疑贵族的权威(*D* I. 37)。然而,为了避免有人认为他是在通过这些表述明确地谴责人民,马基雅维利在该章的结尾[89]强调,是贵族引发了土地法危机,因此他们应该对危机所引发的衰亡负责(*D* I. 37)。贵族的野心与贪婪需要抑制,如果人民没有力图通过保民官的权力、担任执政官以及像土地法这样的再分配计划来消灭它们,它们会更快地摧垮罗马。正如马基雅维利所断言的那样,"治理良好的共和国必须使国库富有,而使公民贫穷"(*D* I. 37;对照 *D* III. 16)。① 在马基雅维利看来,正是大人物压迫性的贪婪行为才促使人民支持格拉古兄弟并制定了必要措施——比如土地法。

　　因此,马基雅维利请我们把大众的狂暴当作惯常被动的人民在受到侵犯、虐待和威胁时产生的正当义愤。人民的侵犯行为被视为对精英的傲慢和贪婪本性的一种正当乃至必要的回应:"大人物的野心是如此之大,如果在一个城邦里不通过各种手段和方

---

①　这消解了瓦特尔对马基雅维利的看法,他认为马基雅维利是一个坚定反对再分配政策的人,一个严厉批判有害的"封官授爵"(ennobling)——这种"封官授爵"可能出于大众对再分配的需求——的人(如 Vatter 2000, 229, 231, n. 30)。此外,马基雅维利并没有因为提比略和盖尤斯·格拉古追求再分配,就抨击这两位保民官;他只批评格拉古兄弟在引入这些法律时没有审时度势,而没有批评他们提议这些法律的"意图"(*D* I. 37)。关于一个更细致的解释,参见 Nelson 2004, chap. 2。

法摧毁之,它很快就会使那个城邦毁灭(*D* I. 37,楷体强调为引者所加)。换言之,对一个城邦而言,贵族的野心比平民的野心更有害,除了担任公职之外,后者还需要其他手段抑制贵族的傲慢。马基雅维利认为:"如果关于土地法之争花了 300 年的时间使罗马陷入奴役,那么,如果平民不是通过这个法律以及他们的其他欲望一直抑制着贵族们的野心,那么罗马陷入奴役可能会快得多"(I. 37)。马基雅维利在这里和别处都暗示,相较于人民对有能力和意愿打倒贵族的"独夫"的推崇倾向,元老院自私自利的经济军事策略才更直接地导致了恺撒主义。

在讨论十人立法委员会和土地法的片段中那些预示着罗马共和国衰亡的事例里,人民和贵族的表现都很差。但马基雅维利认为,大人物毫无疑问要比人民负更大的责任:也就是说,大人物应该为共和国的灭亡负责。

现在回到我在本章前些部分所探讨的主题,虽然在充满贵族偏见的西方政治思想史上,马基雅维利关于人民裁决的有效性和优越性的主张在整体上应属史无前例,但它结合了某些由其他著名作家迟疑地提出的要素。例如,亚里士多德首次猜想人民可以在多元社会的基础上作出良好的决策:广开言路的群众可以选出良好的结果,好比混合了不同种类、哪怕品质参差不齐的食材的食物比只包含了一种美味但单调的食材的食物味道更好(参照 *D* I. 18)。① 孔多塞则强调集体决策的认识论价值:当人民的[90]个体判断被汇聚起来以后,多数人的决策可能比该群体任何个人的决策都更正确(参照 *D* I. 7-8;I. 57)。② 洛克认为,人民的政治经验有助于他们对政府的正当性作出更好的判断:因为人民以一

---

① 　Aristotle 1997, III. II. 11, 1281b, 34-38.

② 　Condorcet 1994, 95, 256.

种独特而直接的方式经受了压迫,所以他们以一种非精英的方式理解自由,故应由前者而非后者来担任这个问题的最终裁决者(对比 *D* I. 4–6;I. 58)。[1]

就最后一点,我们注意到了马基雅维利的下列坦率主张:大人物的行动比人民更敏捷;贵族能更直接地预见到何种手段能达到他们的目的,而且他们还拥有支持这些手段的物质资源(*P* 9,*D* I. 5)。不幸的是,他们想要的东西通常并不像人民的欲望那样有利于共和国的公共利益。这就提出了一个特殊的问题:虽然马基雅维利赞扬人民的先见之明(*D* I. 58),但他们明显无法迅速地预见什么有利于或不利于公共利益——像大人物预见什么有利于自身利益那样。

因此,马基雅维利式民主的宪制必须确保人民更长的学习曲线能随着时间的流逝而产生有益的智识,它还必须提供在这种智识的基础上制定法律或推动制度变迁的手段。[2] 当大人物在某些竞争中战胜人民时,共和国必须存续下来,以便人民——也就是共和国——能够赢得内战。此外,马基雅维利还明确展示了人民何以输掉了执政官选举:元老院利用宗教信仰、军事冒险和选举舞弊来阻止人民选举平民担任最高行政长官。但人民最终识破了这些伎俩(*D* I. 39),并争取到了担任执政官的资格——马基雅维利明确对此表示认可(*D* I. 60)。

人民从来没有赢过内战,至少在罗马如此。内战是对经济不平等的抗争:在元老院通过持续制造军事冲突拖延审议土地法的过程中,人民输掉了很多小战役(*D* I. 13、*D* I. 37、*D* I. 39)。到格

---

[1]　Locke 1989, 406–428.

[2]　阿克曼(Ackerman 1991)详细讨论了宪制如何对知识进行实例化,以使其适应民主政治的特性——长波学习曲线(long-wave learning curve)。然而,阿克曼毫不掩饰地把人民视为一个同质性的整体,从马基雅维利的视角看来,这使精英能轻易地曲解人民意志的表达。

拉古兄弟真正颁行这个法律的时候,贵族已经从帝国的成果中积累了很大的经济权力,而公民兵则沦落到了赤贫卑屈的地步,除了彻底重建共和国之外,并没有其他有效手段可以被潜在的革新者利用。① 元老院或许赢得了两场著名的战役——谋杀了格拉古兄弟(以及他们的很多支持者);但整个罗马共和国注定会输掉这场战争:元老院失去了权威,而人民则失去了自由。虽然对于这个特定的共和国而言,元老院的经济和政治选择均已宣告破产,但是,马基雅维利对罗马的反思有利于未来的公民阶层从这个事例中吸取经验教训,并更好地限制他们共和国中的元老阶层。

---

① 马基雅维利暗示"审慎"要求格拉古兄弟应该通过"使国库富有,使公民贫穷"来重建共和国,参见 McCormick 2009b。

第4章　选举、抽签和限定阶级的制度

> 罗马人设立的保民官，具有如此的特权和威望，以致后来他们能够总是成为平民和元老院之间的中间人，并阻止贵族的傲慢无礼。
>
> 马基雅维利，*D* I. 3

> 在我看来，设置保民官对罗马来说弊大于利。
>
> 圭恰尔迪尼，《对话录》II

[91]现代共和国宪制普遍采用三种途径来保证公职人员负起责任并积极作出回应：选举与预期连任的奖惩机制；机构之间分权制衡；以及极端情况下，由其他公职人员启动正式的罢免程序。该制度框架下，所有公民在形式上都有担任公职的资格，所谓的"精英"仅仅意味着某些人愿意从事这项事务。这种制度设计假设存在一个社会学上无特指的政治主体，即"拥有主权的人民"，由他们经过普选选举政治精英，或者将他们选下去。

这些制度安排及其背后的原则，一定会让许多前现代大众政体的追随者感到惊奇、不公正且危险。依据他们的观点，如果富有的公民可以自由担任所有的官职、参与每一个公众会议，或者由不受限制的选举来决定官员任职以及由谁来参加会议,那么富裕公民比起贫穷公民就会拥有明显且持久的政治优势。富裕公民将会轻而易举地掌控政治过程。也就是说,这些富裕公民能够借助财富培植更大的声望、获得更为优异的外在表现和公开讲话的技巧,以致选民们几乎不可避免地在竞选活动中投票给他们。①此外,富人借助雄厚的财力可以资助、培养和/或收买不富有的候选人,要求他们在更宽广的选区为其服务。简而言之,选举是这样一种产生行政长官的方式,这种方式确保官员们直接或间接地为富人服务,[92]并且可以维持着由来自各种社会经济背景公民担任公职的表象。

古代民主论者认为,必须保证有大量非富裕的人担任公职,否则法律和公共政策就不可能服务于公共利益。他们认定尽管富裕公民常常嘴上说的好听,但其目的却在于追求自身利益,是他们而非普通公民出身的官员存在更大的垄断公职选举的风险。古代民主派为了规避选举中"贵族的影响",②主张采用广泛抽签或抓阄(wide lotteries or sortitions)的方法委任大部分官职,而且规定官员要进行频繁的轮换。③为了在这样的政体中保证平等、防范出现寡头统治,就要求担任公职的人必须心甘情愿为公共利益服务并轮流任职,以便降低富人和有声望公民在公职中过高的比例。抽签则可以保证所有阶层的公民都可以相对公平地随机分配到职位。④此外,所有公职人员定期和频繁轮换可以确保富裕的行政长官不能利用强大的财力长期担任某一职位,同时降低长

---

① Manin1997, 132-160.

② Manin1997, 42-93.

③ Hansen 1991, 230-231; Ober 1993, 8, 76-80, 97-103.

④ 关于当代公共政策中抽签(lotteries, sortition)或者随机方式(randomization)的应用,参见 Bennett 1999, Duxbury 1999, Harcourt 2007, Samaha 2009 和 Stone 2007, 2009。

官在选任继任者时的影响,防止重要职位长期被富人霸占。

伴随着简单抽签制度在地中海地区的大众政体中越来越少,意大利半岛的共和国试图使用以下方式降低贵族对选举的影响,以确保公职更广泛地分配:在选举中限定候选人的阶级,即规定特定职位只能由特定类型的人担任;和/或将选举与其他类似于抽签的随机方式结合起来。本章的第一部分讨论第一种办法(马基雅维利更加青睐这种方法),以在罗马限定只有民众才可以担任的保民官为例。本章后面的部分考察第二种方法,选择佛罗伦萨共和国任命其最高执行委员会即执政团或首长会议(*Signoria or Priorate*)的官员(执政团成员)的各种具体做法为例,弗朗切斯科·圭恰尔迪尼(16世纪早期马基雅维利年轻的显贵对话者)曾经对这种方式进行过多次分析和批评。

限定阶级的行政长官——平民保民官

从前面的章节中,我们已经知道,马基雅维利的《李维史论》对古代罗马共和国的历史和制度进行了重构,其复兴和修正罗马历史和制度的目的,在于为当时和未来的大众政体树立模板。马基雅维利尤其关心共和国中最富有和最有权势的群体,即大人物的野心和行为,认为他们持续受到对他人实施压迫之欲望的驱使,竭力维持社会经济和政治上的优势地位(*D* I. 5、*P* 9)。在罗马,大人物都是共和国中富有的贵族,他们组成元老院,垄断着罗马大部分的公职,尤其是执政官(有两名,每年重选)。我已经强调,[93]在反思共和国历史的思想家中,差不多只有马基雅维利表达过对罗马体系和实践中防范富裕和杰出公民的制度的赞赏之情。罗马共和国在运行过程中尽可能地规避着他们的影响力,或者直接对抗他们的权力和特权。

马基雅维利把最高的赞扬赋予了普通人民的行政长官——

平民保民官,赞扬他们在抑制罗马大人物的"傲慢"和贵族的"野心"上的成就(*D* I. 3、*D* I. 39、*D* I. 50、*D* III. 11)。① 在马基雅维利看来,大人物的傲慢以及对支配权的渴望,威胁着所有共和政体的稳定与公民自由:大人物将会最终成为君主,或者寻求外国势力竭尽全力压迫人民;也有可能出现相反的情形,人民会采取类似的方式保护自己,或者报复贵族长期的滥用权力。保民官以拥有着"巨大而必要的权力"的角色代表着罗马平民和较贫困的公民,马基雅维利称赞保民官在保证罗马自由和荣耀方面的作用远胜于国内的其他制度设计(*D* I. 3、*D* III. 11)。如前面所述,马基雅维利认为平民军队——另一种间接制约精英的手段——是保障共和国自由与安全的对外制度。

　　在整个罗马历史上,曾有过多达十位平民一道去担任一年期的保民官的情况。平民通过他们自己的平民会议(*concilium plebis*)——很可能就是没有显贵公民参与的部族大会(*comitia tributa*)——选出保民官。② 尽管保民官须通过选举产生,但是只有平民有资格参选,这种限定候选人阶级的方法最大程度上降低了贵族在选举中的影响力。③ 民众中最富有的或者最有名望的公民在同样情况下当然最有可能成为保民官,但是总体来说,那些有名望的平民不太可能同时也是共和国里最富有、最显赫的公民。④ 令显贵们无比懊恼的是,平民常常会让那些在反抗贵族压迫上很成功的保民官再次当选。但是,在马基雅维利看来,这种行为比起元老延长执政官任期致使军队远离罗马的危害也要小

① Cf. Coby 1999, 25-31, 60; Lintott 1999, 11-15, 121-128, 205-211; Nicolet 1980, 325, 340-359.

② See Lintott 1999, 43, 53-54, n. 67; and Taylor 1990, 60-64.

③ Lintott 1999, 120.

④ 关于想要通过群体代表以某种形式增进弱势群体的利益而产生的持续支配问题,参见 Williams 2000, 231。

得多(*D* III. 24)。

　　如前所述,马基雅维利对限定只有平民才可担任保民官制度的认可,呼应了他认为平民在行动中具有被动性的观点。平民行动的被动性与贵族行动的主动性形成了对比(*D* I. 40、*D* I. 44)。本着这种精神,马基雅维利想要恢复的保民官,其权力是回应性的(依靠各种方式),而不是主动性的。保民官可以通过否决权(*intercessio*)否定大部分公务行为,尤其是贵族支配下的元老院及其代理人执政官的决策。保民官的人身是"神圣不可侵犯的",也就是说显贵不能侵害他们的人身;实际上,平民发誓要杀死任何胆敢侵害保民官安全的显贵。与此相关,保民官可以行使一项救护权(*auxilium*)——类似于人身保护令(*habeas corpus*)——依据此权力可以下令释放[94]个别由于诸如无法还清债务或其他什么原因被贵族或行政长官逮捕的平民。用马基雅维利的话说,这表现了保民官拥有"卓越地位"和"声望";这些功能(马基雅维利将此总结为对"傲慢"贵族的"抑制")对抗贵族或行政长官的侵犯行为或政治侵害,或者起到重要的补救作用(*D* I. 3)。①

　　然而如前所述,贯穿于马基雅维利的整个论述,保民官从最初消极被动的应对逐渐变得更具积极性意味。民众从忍受贵族和元老院的持续虐待逐渐得到保民官的保护,进而走上一条积极为自身谋利的道路。的确,马基雅维利强调保民官在专门的应对职能之外,业已明确地得到人民授权的以下职权:保民官有权对行政长官和杰出人物的政治犯罪提请控告、进行检举(*D* I. 7-8);保民官有权提前提出预备法案,并在会议上进行论辩(*D* I. 18)。历史证据表明,授权给保民官的权力有益于人民自己,其中包括:控告执政官以残酷的方式招募军队,通过立法允许公民进行匿名

---

① 李维或马基雅维利记述中关于罗马法律和制度细节不够清楚的,我会借助 Jolowicz 1967, Lintott 1999, Loewenstein 1973 和 Nicolet 1980 加以说明。

投票。① 正如我已经得出的结论,如果想要牵制或控制狡猾的、财力雄厚的、本性上倾向于压迫他人的社会行动者,人民和平民的行政长官必须超越消极被动的方式。对于统治他们的精英,他们必须在单纯消极的约束之外施加更多的约束;除了简单地克制、实施自我统治之外,他们必须采取更多的行动。马基雅维利明确说,民众应该通过保民官和平民的各种会议参与到统治中去。②

根据马基雅维利的观点,保民官不仅保护和帮助平民、参与共和国的"行政管理"(*D* I. 4),同时他们也是贵族与人民之间的中间人(*D* I. 3),以及事实上也是贵族内部的中间人(*D* I. 50、*D* III. 8)。例如:当元老们或执政官们不能达成一致时,毫无疑问他们都会邀请保民官来斡旋。也就是说,民众在两个层面上对精英之间可能的冲突进行调解:一方面亲自在会议上选举行政长官、裁定政治案件,另一方面由代理人适时地对贵族官员之间的矛盾

---

① 分别参见 Taylor 1962 和 Marshall 1997。

② 简言之,马基雅维利的方案所提出的平民对大人物"消极的"制约与人民主动的、"积极的"统治并不相互排斥,后者通过以下方式实现:通过保民官或公民个人的提案进行立法,进而在平民会议或者全体公民的大会上讨论和表决(*D* I. 18)。对人民"统治"的反感和对繁荣的民主政治制度必要性的反感,既是后结构主义民主理论的特征,也是后结构主义对马基雅维利之借用的特征(分别参见 Laclau and Mouffe 1984 和 Vatter 2000, 91–93)。然而,马基雅维利自己关于人民到底应该做什么——积极地和通过法律制度——的看法,既不是从规范的角度看如此纯粹,也不是从实践的角度看如此虚弱无力,就像"激进民主"的读物所认为的那样(也参见 Arendt 1996; Ranciere 2007; Wolin 1994, 1996)。虽然这些理论家支持把"无统治"(no-rule)作为一项规范的政治原则,但是马基雅维利主张,对于一个共和国、开放政体或者民主政治,人们所能够期望最好的便是,在公民之间实现统治和被统治的轮换——在全体公民当中分散统治,但不是取消统治本身。此外,马基雅维利通常把法律理解为来之不易的民主成果的具体实现(如果不是自由的永久保障,那也是自由的必要条件),而不是民主活力的天然对立物。马基雅维利根本没有将大众政体与无政府主义混为一谈。他会哂笑"无统治"的观念,并反对那种认为法律与自由、制度与民主互不相容的观点。依照马基雅维利的立场,那种观点既不会促进真正的大众参与,也不会为精英在大众中的论辩提供一种有效的路径,而很可能只会保证人民对精英的屈从。

进行调解。此外,保民官在整个系统中还起到约束行政长官对自身行为负责的作用,与当代民主政治不同,直接再次当选的前景并不能激励他们行为端正。① 执政官像大多数行政长官一样,任期结束后不能马上连任,需要在卸任若干年之后才可以再次参选上任。然而,尽管保民官没有权力弹劾在任的执政官(除了在极端情况下可以由独裁官罢免),但是保民官有权在执政官卸任后对其在任时的不良行为进行指控,并实施惩罚。②

[95]当然,期待在卸任后进入元老院的愿望可以激励行政长官好好表现,但是此时好与坏的评判标准完全由贵族来掌握,尤其是当显贵们控制了元老院人员资格审查的时候(D I. 49、D III. 1、D III. 49)。被吸纳进元老院的前景,以及与未来的元老院同僚保持和睦的愿望,使得行政长官们倾向于做取悦贵族的行为。(这是毫无疑问的,原因之一就是罗马人民普遍认为执政官是贵族的代理人,而且执政官只需要在人民选举中获得简单多数便可当选。)此外,前任行政长官如果想要在未来担任公职(比如独裁官)或者延长执政官任期,那么赢得任职期间行为良好的声望是非常重要的。

对马基雅维利来说,元老院与保民官的关系是一个更为复杂、更为重要的问题:因为保民官并不是更高级官职的起点,也不存在任期结束后进入元老院的预期。也许有人会说,这正好可以防止保民官与贵族相勾结。允许前保民官进入元老院,其后果就大致类似于扩大平民会议的权力,在这个会议中作为整体的平民

---

① Manin, Przeworski, and Stokes 1999, 34.

② 对公职人员来说,在改选中失败与否是一种可行的制裁方式,诚然,严厉惩罚的努力会带来一些风险:在选举体系中那些一定会失去职位的官员常常会徇私;在传统的民主国和共和国中,行政长官在面临惩罚的时候往往会发动政变,比如罗斯-阿克曼注意到民主责任制取决于那些"担忧自己的前景不安全但是也不太糟"的贵族。参见 Rose-Ackerman, 1999, 127。

已经对共和国产生了相当大的影响。我们可以推测这两种情况都会引起贵族的警惕，因为贵族势必会关注人民大会权力的壮大，他们也会阻止前保民官增补到元老院中。①

　　作为执政官和元老院的对立面，保民官是怎样对平民以及作为整体的共和国负责的呢？马基雅维利强调，没有任何制度能够摆脱被滥用的可能，也不应该有任何政治行动者能够单方面主导或阻塞政府的运行（*D* III. 11、*D* I. 51）。因此，一旦保民官也变得"傲慢、强大以致威胁到贵族和整个罗马"，也就会反过来威胁平民自身。对此，马基雅维利援引了贵族如何成功地"调节"保民官的例子：一旦任何保民官想要从事反显贵或者设置对公民有害的立法议程，贵族们就会强迫、贿赂或者劝说其他保民官制止这位保民官的行为（*D* III. 11）。马基雅维利不需要详细论述对略知罗马历史的人来说都了解的事情：提比略·格拉古通过成功地将动用否决权的同僚上诉至人民的方式，挫败了元老院鼓动、恐吓或贿赂这位保民官同僚否决格拉古土地改革法案的企图。他也由此激起贵族为了保护自身政治和物质优势而动用最后的手段：谋

---

① 西塞罗（Cicero 1999, 166）认为，保民官最终服务的还是贵族的利益：由于作为整体的人民一般不会因错误的行为而受到惩罚，所以，最好不过的是，在这个时候有人民的领袖出来受罚，由此他们也有意愿让人民循规蹈矩。如下这种观点在施特劳斯学派当中非常流行，即保民官制度对贵族有利实际上是马基雅维利对保民官制度最终的辩护。既然这种主张在古典文献中有明确的假定——不仅西塞罗，其他人如李维（Livy 1919-1926, VI. 19）也是如此；那么，马基雅维利会将此作为一项隐秘的、机密的教诲似乎就显得很奇怪，尤其是这些诠释者将马基雅维利理解并指责为对古典传统的一种全盘颠覆。基于前文的讨论和本章即将展开的分析，我认为，无论如何，保民官的存在给普通民众带来的好处都要大大超过其对贵族的潜在好处。这一点在本章后面谈到马基雅维利为佛罗伦萨设计的保民官——监察官——时将变得更加清晰。此外，任何主张保民官首先和主要是为显贵利益服务的观点，都必须面对这样的事实：马基雅维利指出，在十人立法委员会统治时期，罗马元老院容忍阿皮乌斯·克劳狄乌斯的僭政，恰恰是因为贵族希望废止保民官制度（*D* I. 40）；以及公元前 82-81 年，苏拉独裁造成的保守主义革命事实上剥夺了保民官的全部政治权力（参见 Keaveney 2005, 140-142）。

杀(参见 *P* 9)。

在马基雅维利关于显贵利用保民官同僚否决权的叙述中,还有另一个值得注意的方面:也许令人惊讶,被认为是极端犬儒主义的马基雅维利将"对公共利益的热爱"列入特定的保民官自身所具备的因素之一,贵族可以利用它来鼓动保民官否决其同僚的动议(*D* III. 11)。[96] 这就削弱了罗马权贵以及当代许多《李维史论》的阐释者对保民官频繁而严重的指责:批评保民官本身就想要成为大人物——倾向于实施压迫的人——只不过碰巧是平民;或者更加直接的批评,保民官只不过是为了自己,并没有意愿促进平民的事业。① 马基雅维利在论述如下这个问题时极为清晰地表达了他的观点,他说保民官首先支持的是那些就其所知有利于人民的议案,并且如果这些政策不利于贵族,也就说抑制了他们对民众的压迫,那就更好了:"保民官通常总是支持看来对人民有利的事,而且越是对贵族不利他们越是努力推进……"(*D* III. 8)。无论如何,马基雅维利都强调,在他的大众政体样板中,没有任何机构——甚至就像保民官这样一种在很大程度上体现了人民免于支配之欲求的机构——能够免除对其行使否决和提起上诉,即便这些制度性制衡不可避免地为显贵们的阴谋打开了口子(*D* I. 51)。

一般情况下,保民官在保证平民免受显贵的压迫方面效率如何呢?马基雅维利说,非常有效但不完善。马基雅维利一再描述保民官如何成功地遏制了贵族傲慢的行为(*D* I. 3、*D* III. 11)。的确,保民官保护平民在国内免受支配方面非常成功,以致贵族们宁可生活在阿皮乌斯·克劳狄乌斯的僭政之下,也不愿意看到废止的保民官制度再度恢复(*D* I. 40)。马基雅维利还表达了对元老院军事议程的关注:"鉴于贵族们在罗马城内不能处罚受到

---

① See, e. g., Livy 1919–1926, III. II. 19.

保民官权力庇护的民众,所以他们便想借助执政官的领导权,将平民带出罗马城,以便于在平民无法寻求任何援助的地方,对其进行压迫"(*D* I. 39)。前面已经讨论过,除了指出元老院贪婪地将军队派往远离罗马的地方之外,马基雅维利还强调贵族想要在远离城邦的战场上直接压迫人民。

在上一章中我们已经提到,当保民官试图用土地法遏制加剧的经济不平等时,元老院便把军队派遣到距离意大利越来越远的地方,以保证自身经济优势最大化(*D* I. 37)。在前面引用的段落中,马基雅维利提示人们注意,因为在城邦内保民官能够保护民众的人身安全和合法权利,所以贵族把他们带到外面进行伤害。保民官这种国内的政治制度只能在国内而不能在国外制止人身压迫和侵犯公民权利。根据以上观察,我们开始注意到:贵族对人民的直接压迫以及对物质的追求是无限的,这无限膨胀的欲望注定要瓦解共和国;保民官只能够延缓这种注定的毁灭。马基雅维利认为,尽管保民官[97]比如说格拉古兄弟最终并不能解决日益增长的经济不平等(这有损于共和国的社会和军事力量),但是,在整个共和国的历史中,保民官坚持不懈地推进土地改革以及其他作为政治救济的改革,抑制了元老院贪婪的自我膨胀,如其不然的话,元老院本会迅速地毁掉共和国。

因此,如果退一步来分析保民官在阻止大人物的傲慢进而保护罗马自由方面的成就,我们必然会得出结论说,其成功尽管"重大而必要"(*D* III. 11),但终究是不完善的和暂时的。马基雅维利说,没有保民官的共和国,要么由于没有能力武装民众而在军事上遭到失败(比如斯巴达和威尼斯),要么由于没有能力防止大人物对民众的迫害而迅速蜕化为君主国(比如叙拉古和赫拉克勒亚)。有保民官的共和国(在大众政体的历史上独树一帜)获得了军事成功,抑制了贵族对国内直接的支配,从而阻止了共和国的迅速瓦解。然而,罗马的军事扩张把罗马变成了帝国,这就使得大人物对平民的支配间接地转移回共和国国内的生活,其方式是保民官无力加以对抗的,其结果便是在更大范围内最终走向君主制的篡权——恺撒主义。因此,除了保民官之外,想要保证有保民官的共和国的自由与长寿,还需要周边存在其他保民官的共和国,它们具有遏制本国趋向帝国扩张的能力。

毕竟,马基雅维利的写作并不是单单针对个别的共和国,而是针对普遍的共和国。人们可以设想,有保民官的共和国有望无限期地——实际上是永恒地(D III. 1)——维持自身的自由,通过与周边其他有德性的有保民官的共和国势均力敌的对抗阻止其扩张,从而防止出现以下威胁公共利益的情况:对平民的无端压迫,贵族的经济扩张,以及军事指挥官权力的膨胀。

罗马会议中的阶级难题

正如前面指出的,按照马基雅维利的论述,罗马的人民大会比起历史事实中的百人团大会更像雅典的公民大会,因为(1)一人一票,少数服从多数,而且(2)进行广泛的公共审议而不仅仅是表决。马基雅维利似乎承认百人团大会与平民会议之间存在差别:他称前者为 *comizi consolari* (D I. 14)或者简称为 *comizi* (D II. 28),并将它描述为能够选举具有执政官权力的行政长官的会议;另一方面,当马基雅维利把 *publico consiglio* 与元老院并列时(D III. 30)似乎明显是指平民会议;还有就是,当他讨论保民官提出议案由人民进行讨论和表决时,很可能是没有点名地提到这个会议(D I. 18)。[1]

[98]马基雅维利要么对百人团大会上更加倾向于投票给富

---

[1]   科比与米勒抱怨说马基雅维利对罗马制度的描述不够精确,参见 Coby 1999, 56 和 Millar 2002。但是,米勒的批评走得太远,尤其是将卢梭关于罗马人民大会的论述做出了过于民主的解读,参见 Millar 2002, 71, 75, 113。

人的历史事实采取无视态度，要么在按照自己的目的重建罗马的
会议时果断地拒绝这一特征。为什么我会如此认定呢？前面的
章节已经说过，马基雅维利在人民与大人物、多数人与精英之间
建立了十分鲜明的对比（*D* I. 5），而且，这种区分相当紧密地对应
于——事实上，在他的论述中就是等同于——平民与显贵的对
立。马基雅维利在几个场合记叙了平民在执政官选举中尽管平民
也有资格当选却何以纷纷把票投给了显贵（*D* I. 47-48），这一
插曲只有在如下的情况下才有意义，即下层阶级有机会在这种会
议上按照多数原则作出决定。

换言之，除非平民能够将局势控制在自己手中，凭借纯粹的
数量优势，并且排除那些使得显贵或富人当选率大大提高的限制
财产的规定，就能选择自己的一位成员担任职务；否则的话，这种
例子对马基雅维利来说就没有什么用。如果贵族基于财产限制
而获得大多数选票，那么这些例子便不能用来揭示如下事实，即
人民在选举这样的决定性时刻，"不得不处理具体事务时"，他们
会服从出类拔萃的人；相反，它将表明，他们不过是被显贵们利用
财富的优势排除出局罢了。回想一下，马基雅维利对罗马人
民——也就是被等同于人民的平民——的赞扬，赞扬他们在整个
共和国时期的官员选举中始终通过"自由投票"（*D* I. 20、*D*
I. 58）把票投给了最优秀的候选人。如果在马基雅维利的模式中
选举制度被改造成大人物可以通过计票程序就能够选出他们喜
欢的任何人，贫穷的公民很少或者根本没有机会当选，就像在真
实的百人团大会中经常发生的；那么，对平民的这种赞扬恐怕就
无从谈起了。

有必要再次重申：在所有公民都能够参选的选举中贵族总是
获胜，这种情况的教训之一就是有必要设置一个只允许平民担任
的官职，比如说保民官。这是一个共和国尽可能地实现政治平等
的必要途径。当任职人员的资格不受限制时，就算在所能设想的

最为开放的选举中,最常见的结果也是富有的、有名望的人当
选——即便在那些不会特别考量富裕选民之权重的方案——比
如说,卢梭的方案——中也是如此。① 就像已经指出的,尽管有罗
马普通公民担任过执政官,但是贵族的影响确保了富有的和声名
显赫的贵族在广泛的竞选中具有持久的优势。因此,有必要用专
属平民的保民官和/或(后面将要讨论的)随机抽取的方式对选举
进行调节。

马基雅维利关于罗马会议的论述另一个需要澄清的问题是,
他的平民会议、他的平民主导的会议是否实际上将显贵排除在
外。有一次他对一个保民官主持的会议进行了讨论:"一位保民
官,以及其他任何一个公民,都能够向人民提出一项法律议案,对
此,每个公民都能发表赞成或反对的意见,直到这个法律被最终
裁定"(*D* I. 18)。这个句子是含混的:所提到的"任何一个公民"
[99]专指参加平民会议的平民,就像历史上实际情况那样吗? 还
是就像字面意思那样指肯定也包含了显贵的任何公民? 如果是
后者,那么这句话就意味着贵族也参与了平民会议。

或者说,就那个问题而言,马基雅维利的这句话所指的是任
何一次具体的会议? 马基雅维利很可能是想说,一方面在平民会
议上保民官和平民公民可以提出法律议案,另一方面"任何公民"
(包括显贵)都可以在百人团大会上提出法律议案。或许,关于法
律的讨论和论辩并不是发生在平民会议这样的仅限于平民参加
的情形中,而是发生在保留了公共审议的非正式会议,比如说,马
基雅维利常提到的民众预备会议(the *contiones* or *concioni*, *D* I. 4-
5、*D* III. 34),但此处并没有明确说明。然而,如果它事实上就是

---

① 圭恰尔迪尼(Guicciardini[1524]1994 and[1530]2002)赞成普遍的选举——降
低参选资格,扩大投票范围——恰恰是因为它倾向于选拔社会经济精英担任公
职。卢梭(Rousseau 1997, 130)似乎也想要类似的结果,他规定了更加严格的选
举方法,具体地说就是,提高富裕公民选票的权重,参见 McCormick 2007a。

马基雅维利这里所描述的平民会议,那么它很可能由于以下原因排除了显贵:既然社会对抗在马基雅维利论述的罗马中比其实际的历史先例(如果那是可能的话)表现出更为强烈的阶级意识,那么就很难相信骄傲、傲慢的大人物、显贵或权贵会屈身参加一场由"平民的保民官"主持的会议。①

好在,马基雅维利在其对罗马各种会议的重构中,对审议之地位的表述更为清晰。正如前面的章节所指出的,马基雅维利强调——与同时代的圭恰尔迪尼以及几个世纪后卢梭的看法正好相反——公共审议应该发生于靠近投票前的一段时间。从历史上看,主持审议性会议或民众预备会议的行政长官,无论是保民官、执政官,还是稍低一点的显要行政长官,都有权自由地决定他所属意的人来发言,在实践中他们总是不可避免地青睐显赫的人物。但是,马基雅维利强调,任何有权参加会议的人——无论是元老院中的一位元老还是民众预备会议上的一位平民——肯定都有发言的资格(*D* I. 18、*D* I. 58)。在马基雅维利自己的时代,这种看法是存在争议的,当时更为流行的是以圭恰尔迪尼为代表的看法,即人民大会最多只是对提议中的政策进行批准或驳回,而非动议或审议。

简单来说,尽管马基雅维利对罗马各种会议的描述有一些混乱,但他确实主张在大部分这样的会议上为普通公民发表真实的看法提供机会。元老院由显贵和富裕公民构成;按照马基雅维利的说法,所有公民都参加的会议(the *comizi*)由于选举的贵族效应

---

① 历史上的平民会议几乎是将显贵排除在外的。林托特指出,在一个平民为自身制定法律并被描述为"*X…plebem rogavit plebesque iure scivit*"(平民要求不能让显贵知情)的情况下出现显贵是不恰当的,甚至是相互矛盾的。参见 Lintott 1999, 54。他补充的一个注释支持了这一事实,即一直到很晚显贵都没有出席共和国的这类平民会议(Lintott 1999, 54, n. 67),这也得到了泰勒的证实(Taylor 1990, 60-64)。

而支持富裕者(但并不会通过依据财富提高选票的权重而加倍地支持他们);平民出席由他们自己的行政长官保民官主持的会议(the *consilium* or *publico consiglio*),这些会议产生真实的法律,即平民决议。每一位有资格参加这些特定会议的公民都可以自由地发言,就像所有的公民在非正式的民众预备会议上那样。除了马基雅维利的会议,其他所有的会议都正式地、不成比例地偏向财富,最为明显就是卢梭对罗马实际做法的重构。一边是平民和穷人,另一边是显贵和[100]富人,他们彼此都可能会被一些特定的会议排除在外,但是没有人会在任何特定的会议上遭到不公平的对待。

　　卢梭有可能坚持每位公民都有资格参加任何会议,但是其方式在很大程度上被那些借助他的政治哲学来建构激进民主或共和主义政治议程的学者们忽略了,①他还建议较大共和国的公民应该按照等级制组织起来,也就是说在他们内部按照财产状况组织起来。② 相反,马基雅维利建议共和国继续按照不同的社会阶级召开不同的会议。卢梭关于会议的理论在原则上是平等主义的,但在实践中却不是;而马基雅维利的理论明显不是平等主义的,但它却以一种与直觉不符的方式产生了更加平等主义的结果,或者至少可以说,其结果对于权力和特权是更加可论辩的(results that are more intensely contestatory of power and privilege)。在马基雅维利看来,一个共和国、一种混合的政制,必须以恰当的方式进行混合,也就是说,必须存在分别被富人和穷人垄断的机构。如果每一类公民——不管是富人还是穷人——都想行使和享有一种自由的或公民的生活方式所允诺的自由,那么富人就不能支配所有人,无论是公开地还是隐秘地。

---

① See Barber 1984; Cohen 2006; Miller 1984; O'Leary 2006, 29; Strong 2002; and Viroli 1988.

② See McCormick 2007a.

两个政治体，一个共和国?

因此，非常令人惊奇的是，马基雅维利对罗马共和国的重构是一部"双城记"：在一个共和国内部，存在着一个精英的、富人的政治体，而在其阴影之下存在着一个穷人的、平民的政治体；后者是前者的镜像，是其负像（negative image）：大人物在元老院中审议政策，平民在平民会议（同时也在民众预备会议）上审议；元老院影响着执政官，颁布他们喜欢的法律；如有必要，平民会迫使保民官进行否决；执政官行使生杀大权，而保民官则可以将平民从这样一种威胁中解救。人们可能会认为，共和国内部这两个政治体形式上的分离会允许那个危险性较少的政治体——那个仅仅想要避免被支配的平民政治体——来监视另外一个被马基雅维利明确指出更加危险的政治体，即那个试图永久压迫他人的贵族政治体。事实上，罗马显贵常常对构成其共和国的两个政治体表示出惊惧，依据的恰恰也是这些理由。①

在中世纪的佛罗伦萨和整个 13 世纪意大利的其他共和国中，都可以看到类似的"一个国家、两个政治体"的场景：以行会形式组织起来的人民得到信任并参与政治，甚至武装起来对抗其城邦中的传统贵族，即巨头（the *magnati*）或者说大人物，他们在公社内部建立起另外一套机构。在由巨头控制的立法和行政机构——比如说，公社会议和行政官（*Podestà*）——之外，在佛罗伦萨和其他一些地方，以行会形式组织起来的人民建立起人民会议以及人民首长（*Capitano*）这样的职位。② 行政官和人民首长之位由受人尊敬的外国人担任，他们被邀请到佛罗伦萨在各阶级和各

---

① See, e. g., Livy 1919–1926, II. 44.

② Martines 1979, 34–62.

家族之间不偏不倚地主持正义,但在马基雅维利看来,其后果是很成问题的。① ［101］大人物和人民都在执政团中竞争席位(我将在本章后半部分详细探讨),就像罗马对应的情形:一旦平民意识到保民官在对抗贵族、保卫他们的自由方面是必要的但并不是充分的,他们就会在执政官职位的任期上与显贵展开竞争(*D* I. 37、*D* I. 47)。

　　然而,普选并不能决定佛罗伦萨执政团或首长会议成员的人选,限定阶级——确切地说,限定职业与随机方式(randomization)——构成了任命程序的特征。在最具广泛性和真实参与性的时期(1343-1348 年以及尤其是 1378-1382 年),共和国甚至将六个执政团席位中的两个保留给了来自三组在政治上被认可的行会成员:行会按照财富和地位,降序排列为主要、次要和小行会。如果没有这种分配给中层和底层行会成员的规定,那么主要行会的富裕平民和显贵巨头(当他们被允许进入上层行会时)将长期垄断首长会议的职位。② 在更进步的方案中,23 个行会每个行会的头目从各自等级的成员中提名几个人,他们的名字连同现任行政长官和各城区官员所提名人选的名字一起被放入名签袋(*borse*),然后再从名签袋中抽取与执政团保留出来的席位相符的人数,这样也就满足了从上层、中层、底层行会平均分配名额的要求。

　　与全体公民进行的普选甚或按照邻里划分选区的选举不同,这一程序确保了下层工商业者、工匠、小店主与银行家、大工场主担任公职的机会所差无几:在抽签之前由限定的行会进行提名就确保了法人配额(corporate quotas)。职位在更加广泛的公民中分配,当然会比通过普选的方式产生分配更加广泛:所有行会给出

① 参见 *FH* II. 37, II. 41, III. 14, IV.12, and VII. 26;产生的细小的、有益的结果,参见 *FH* II. 32。

② Najemy 1982, 126-165, 217-263.

提名名单,席位根据行会的等级进行分配。一方面,佛罗伦萨的方法不同于雅典民主的普遍抽签,在佛罗伦萨少数富有公民拥有较之自身人口数量更高比例的职位,因为特定的席位保留给了上层行会的成员;另一方面,也不同于与现代民主的普选,佛罗伦萨的"行会-随机"模式确保了除最富有公民之外的公民也可以担任公职。寡头制或君主制的浪潮不断瓦解并最终摧毁了早期佛罗伦萨共和国的行会基础,①但是,其法人特征和限定阶级的做法却与马基雅维利的新罗马模式中复兴保民官的构想非常类似:在政治机构中限定社会经济阶级的设计,比阶级匿名的机构和形式上广泛的、普遍开放的公职选举更好地保障了政府中普通公民的参与。

　　然而比起佛罗伦萨来,马基雅维利明显更喜欢罗马的宪制安排,因为前者缺乏稳定并且导致军事孱弱。就像马基雅维利在《佛罗伦萨史》中说的,佛罗伦萨的人民和贵族仅仅能借用非常有限的制度手段[102]来最小化后者对前者的侵犯,佛罗伦萨缺少元老院和保民官。因此,面对马基雅维利笔下贵族不断的、惯常的压迫,人民发现自己不得不完全剥夺贵族的公民权;作为回应,贵族通过加入商业贸易行会以及放弃军事领导地位而使自己看起来像"民众",就像在罗马,甚至平民也由此获利并效仿。②

　　因此,毫不奇怪,马基雅维利在《李维史论》中确立的新罗马模式建议设立贵族-人民分离的机构,以避免佛罗伦萨历史上民众共和国的两个主要错误:第一,失去下层行会成员或者"下等

---

① 　Brucker 1977; Rubinstein 1966.

② 　维罗里高估了《佛罗伦萨史》(尤其是 *FH* III. 1)中马基雅维利对佛罗伦萨平民的批评(Viroli 1998, 126)。赫利翁更加高估了《李维史论》和《佛罗伦萨史》中马基雅维利对罗马和佛罗伦萨人民描述中的差异(Hulliung, 1984, 75–78, 86);不过,虽然他有时会高估马基雅维利对人民的批评,但他仍然认识到马基雅维利在两部书和每一处共和国的语境中都将冲突的根源从根本上归咎于贵族(77)。

人"(*sottoposti*,没有正式组建成行会的常住劳动者和纳税人)的支持;第二,如前所述,使得巨头阶级成为行会公然的敌人。针对第一个错误,作为马基雅维利终身奋斗之目标的公民军,不仅吸收佛罗伦萨的居民,而且还吸引周边乡村地区的居民,如果得以实施的话,这将确保升斗小民(the popolo minuti)和下等人的忠诚,还可以为城市壮大士兵、纳税人以及潜在行政长官的公民人数。一支民众的军队可以把人数大大扩大的和具有广泛包容性的佛罗伦萨公民群体整合进共和国的政治当中。就像前面提到的,这项计划由于贵族的阻挠,在马基雅维利的时代并没有被全心全意地采纳。马基雅维利的计划不断受到共和国权贵们的阻挠和抵制,他们不希望在城邦内面对一群武装起来的民众,特别是他们还服从一位终身任职的行政首脑(比如,马基雅维利的恩主正义旗手皮耶罗·索德里尼)。此外,他们只想把佛罗伦萨周边地区(the *contado*)的居民人口当作臣民,而显然不可能当作潜在的公民同胞。[1]

　　针对巨头和大人物的敌意,佛罗伦萨民众剥夺了他们的公民权,以阻止他们对普通公民不断施加的人身暴力和政治恐吓。[2]这种行动使得佛罗伦萨大众政体始终处于不稳定的状态之中,因为被剥夺公民权的巨头总是急于(1)协助一个外部敌人对抗本国以恢复自己的政治优势地位;或者(2)吸纳或勾结"主要的"、富裕的行会,尤其是银行业和金融业行会,排挤商人和工匠的底层行会,破坏共和国。[3]马基雅维利的模式则能确保大人物在共和国中的地位:保留元老院,起初还允许贵族垄断军事领导权。

　　另外,马基雅维利式民主还允许在不引起共和制毁灭的情况下,让上层平民通过社会流动进入贵族行列;而不是像佛罗伦萨

----

[1]　See Ardito 2004; Black 1990; and Ridolfi 1963, 80–88.

[2]　Martines 1979, 48–50; Salvemini 1899, 198–207.

[3]　Martines 1979, 58–71, 94–110. 马基雅维利关于这种勾结的描述参见 *FH* III. 21。

那样,鼓励贵族放弃其军事技艺,下降到那些包含了最富有的商业平民阶层的行会中(*FH* III. 1)。事实上,在马基雅维利的时代,佛罗伦萨的权贵、大人物已经有效地融合了老的巨头家族与新兴的、上层行会的平民。简而言之,马基雅维利对[103]佛罗伦萨模式的矫正表明了他的如下信念,即共和国要想持久,就必须赋予大人物以显赫的政治地位,以防止他们发动寡头制或君主制政变。然而,马基雅维利的新罗马模式还设置了不会被传统贵族和新近"贵族化"的平民所轻易腐化的官职,从而制约这些联合起来的群体的权力和特权。马基雅维利在对罗马共和国的再造中称这些官职为平民保民官,而在他对佛罗伦萨共和国的改革中称之为监察官。

马基雅维利的佛罗伦萨保民官

当马基雅维利为恢复中的佛罗伦萨共和国建议一部宪法时,他非常巧妙地(事实上几乎是偷偷地)往自己的计划中嵌入一个类似保民官的职位,即监察官(the provosts/*proposti*)。马基雅维利应乔瓦尼·德·美第奇(教皇利奥十世)的请求,针对如何把佛罗伦萨从一个实质上的君主国变为一个真正的共和国而写了《论佛罗伦萨的政务》(1519-1520 年)①;因为美第奇家族的掌门人(当时的教会高级教士)并没有在他们身后留下合法的继承人来充任佛罗伦萨的君主。马基雅维利改革方案的读者——利奥教皇、他的堂弟朱利奥·德·美第奇(后来的教皇克莱门特七世)以及他们的"朋友"(*amici*)——毫无疑问会不假思索地拒绝设立保民官、公民军以及像 1494-1513 年共和国大议会那样权力巨大的人民大会(*DF* 737)。毕竟,美第奇家族及其"朋友们"从恢复对城

---

① See DF 733-745.

邦的统治之初就开始持续地将佛罗伦萨民众制造成坚定的敌人（*DF* 735）。①

　　因此，以一种威尼斯的而非罗马的方式，马基雅维利的建议似乎强化了一个终身任职的行政委员会以及由权贵组成的元老院的权力，并且似乎弱化了他的建议中所包含的恢复后的人民大会的作用。然而，马基雅维利将权力授予监察官，这些监察官的名单只能抽取自普通公民阶层，并通过抽签的方式轮换进入执政团和元老议事会，延迟这些机构的决定并将它们上诉至大议会。通过这种方式，马基雅维利的建议给大议会留下了充足的空间，大议会通过监察官约束佛罗伦萨社会-经济精英控制的上层组织机构的行动，并成为共和国主导性的机构。不幸的是，马基雅维利在《论佛罗伦萨的政务》中呈现监察官的方式对评论者来说过于精妙和低调：绝大多数博学的诠释者们轻易就将它忽略掉了。②

　　尽管马基雅维利在《论佛罗伦萨的政务》中分散地、递进地引入了监察官（普通公民的代理人），但他还是明确表示要满足大人物的控制欲。马基雅维利保证向利奥提供一个共和国，它既不会像"权贵的共和国"那样狭隘（*stretto*，盛行于梳毛工起义与美第奇元首统治之间的寡头政治时代），也不会像权贵们如此憎恨的1494-1512年共和国那样过于开放（*largo*，*DF* 733-734）。马基雅维利认为在后者那样的共和国中，显赫的显贵们[104]（著名的如贝尔纳多·鲁切拉伊和阿拉曼诺·萨尔维亚蒂）很不情愿与"下层人士"（*uomini abietti*）一道在执政团中任职（*DF* 733）。为了避免出现权贵破坏政制或者撤回他们的支持的情况，马基雅维利提议，由六十五名终身任职的公民（类似鲁切拉伊和萨尔维亚蒂这

---

① 　Butters 1985, 306-307, 311-312; and Stephens 1983, chaps. 5 and 6.
② 　分别参见 Silvano 1990, 56-61 和 Viroli 1990, 154-155。这样的解释显然忽略了马基雅维利在一开始对利奥教皇的教导：仔细、全面地阅读建议，并最终做出评判（*DF* 738）。

样地位的人）组成一个执政团。他希望这样一个高度排他的执政团至少能够部分地满足那些有权势的、"认为自己应该比其他所有人都受尊重"的公民的"傲慢精神"（*DF* 738）。① 马基雅维利将这个构成执政团的阶层分为两组，每组三十二人，每组包含的人选在次年都能够成为执政团成员。正义旗手——将会担任两到三年的国家元首——也从这个构成执政团的阶层的人员中产生。因此，按照这个计划，在任何特定的时候，执政团都将由来自于这三十二人组的八名成员连同正义旗手构成，他们的任期是三个月，但正义旗手的任期是三年。

马基雅维利提出，在这个九人组成的执政委员会之下设立"特选委员会"，这是一个由二百人组成的、终身任职的元老院式的机构。"特选委员会"或者叫"两百人议事会"，主要由上层行会成员、富有的但没有资格获得更高职位的平民组成，这是为了满足政制中"中等阶层"公民的野心而设立的（*DF* 740）。依照马基雅维利的意见，这些机构最初的组成人员将由利奥本人来确定。这样的安排会让教皇觉得这是一个安全可控的"共和国"，因此他很可能会认真考虑马基雅维利接下来的建议：重建大议会，并把它视作保留给人民中"大多数人"或"所有人"的会议（*DF* 740-741）。马基雅维利认为，在将大议会的人数规模扩展到一千人之前，利奥一开始应该会乐意将人数确定在比较容易控制的六百人（马基雅维利从未提到将大议会恢复到其最初超过三千公民的超大规模这种可能性）。此外，马基雅维利甚至公然建议利奥让他的"朋友们"（也就是他的亲戚、门客和党羽）秘密地决定在教皇有生之年所进行的任何大议会之选举的结果（*DF* 741）。

① 尽管马基雅维利认为有必要通过建立一个终身任职的"上流"阶层以平息那些最具野心的、高傲的、有优越感的公民，但是维罗里错误地认为马基雅维利（以良好的西塞罗的方式）希望能够协调"最聪明和最有威望的公民"，参见 Viroli 1990, 155。

　　然而,马基雅维利坚持认定,如果利奥拒绝恢复大议会,人民将永远不能得到满足,反而会让他的敌人重建大议会,并最终导致教皇的"烦恼"以及他的朋友们被"摧毁"(DF 741)。马基雅维利坚信:无论大议会在利奥的有生之年在多大程度上只是一个幌子,但在教皇百年之后大议会(而非利奥的"朋友们")将成为共和国的心脏和灵魂;将由大议会(而非教皇的盟友和门客)选举执政团和二百人议事会的补充成员,同时还选举共和国其他所有的官员。事实上,他暗示利奥死后,关于教皇的记忆和荣耀更多地取决于广大人民而不是他在权贵当中的"朋友们"——在文章的结尾,这样的论调再次出现(DF 741-742、DF 745)。教皇如果[105]想要被尊为共和国一位伟大的改革者,也就是一位中兴巨人,那么他就应该考虑从与少数人结盟转向与多数人结盟。在如此建议的语境中,马基雅维利准备引入他的佛罗伦萨保民官,借助这一官职,大议会最终将会超越共和国原来"较高的"或者说更有权势的行政机构(执政团)和元老院机构(六十五人委员会),广大民众由此还可能借助这个渠道获得对于那些占据了终身任职之高位(两百人议事会)的、中等阶层的公民的优势。

　　在一个基于私人任命和精英公民选举之上的、已然完整的宪制秩序之外,马基雅维利引入了监察官之位,就好像它是一个事后追加的事物:这个由抽签产生的职位像罗马的保民官一样,是专为普通公民保留的,马基雅维利声称,它将使这个共和国更加完美(DF 741)。马基雅维利设立的监察官从十六人"人民旗手团"中产生,这一机构在佛罗伦萨共和国早期行会与巨头们的武装斗争中最早是与人民军联系在一起的(DF 742)。这些旗手团成员最终会进入执政团的一个正式咨询机构当中。对于他所重建的民众旗手团是由城市街区、行会、大议会每年选出,还是由利奥本人在有生之年委任,马基雅维利并不在意。但马基雅维利强调,这些民众的行政长官(无论他们如何产生)必须不能属于构成执政团的阶层;大人物、那些有资格进入终身任职的执政团的公民,都必须被排除在外(*DF* 742)。此外,马基雅维利宣称,必须禁止这些担任监察官的普通公民任期届满后随即获得连任,"这样的话,职位的分配就可以更广泛地分布全城"(*DF* 742)。民众旗手团将通过抽签来决定由谁来出任短期的、任期一周或一个月的监察官,他们出席执政团的运行,列席特选委员会的会议,并作为拥有全权投票权的成员参加大议会。

乍一看,监察官似乎没有投票权,只是"列席"比其社会地位更高的人士所组成的高级会议,但是,马基雅维利马上强调,不管是执政团还是特选委员会,都不得在没有监察官到场的情况下召开会议(*DF* 742)。此外,监察官还可以推迟这些机构做出的决定的执行,并向更为广泛民众参加的因而也是下级的会议提出上诉。[1] 马基雅维利既没有解释为什么监察官必须通过抽签的方式从民众旗手团中指派,也没有说明为什么他们在任何一个具体机构中的任期可能只有短短的一周。一个合理的理由是,抽签可以防止上级议事会中的权贵提前获知到底是哪些民众旗手团成员将要作为监察官出席他们的会议,从而防止他们试图为了自己的利益贿赂或者恐吓监察官(参见 *FH* IV. 17)。而且,较短的监察官任期可以防止他们在与权贵一同参加执政团和元老院式的特选委员会时进行政治合作。马基雅维利明确表示希望尽可能多的普通公民担任这个职位,[106]使其成为人民在共和国的执政

---

① 更具体地说,监察官可以在一周的任期内对日常执政团的一项决定向当年可以进入执政团的三十二位成员全体提出申诉。后者在没有两位监察官到场的情况下是不能召开会议的;两名监察官还可以联名对三十二位成员的决定向两百人议事会提出申诉。反过来,这一"特选"委员会在没有包括两位监察官在内的六位人民旗手团的旗手出席的情况下也不能召开会议,只要有三位旗手团成员就可以联名将既定的决策直接向大议会提出申诉。最后,大议会必须在十二位旗手(其中必须有三位监察官)出席时才能举行,所有这些人在人民会议中再次拥有全部的表决权。

委员会和元老院式的议事会中的耳目,而且对他们提议的政策公开地行使否决权和推荐权。

因此,在两个重要的方面,马基雅维利的佛罗伦萨监察官可以理解为对罗马保民官的一种改进。正如马基雅维利承认的,保民官可能被贵族贿赂或者受到威胁,而且就像李维的历史记述所揭示的,平民中最有名望的公民总是被选为保民官。然而,马基雅维利这样设计监察官的职位一方面是为了尽可能地摆脱权贵的影响,让他们自由地行使职责;另一方面也可以让尽可能多的普通公民担任这个职位。监察官当然是精英问责制中民众的代理人,但是他们同时也为普通公民提供了一种宝贵的政治教育:民众旗手团/监察官职位可以吸纳大规模的政治生手近距离地观察、监督共和国最有权力与名望之公民的审议和决策。①

马基雅维利写道:"同样糟糕的是,无人监督公职人员,并纠正他们的不当行为"(DF 742)。他显然预期了在他的建议中民众对行政长官之行为的监督以及对精英政策的否决/上诉将会非常强烈,因为就像早期罗马共和国中那样,佛罗伦萨的普通公民最初在形式上无法担任最高的职位,这些职位传统上是有任职资格限制的。然而,通过移除那些普通公民先前在列席权贵的会议时居于一种劣势地位的职位,马基雅维利如今为他们排他性地保留了很可能更加强大的职位。正如马基雅维利明确表达的,在佛罗伦萨以行会为基础的模式中,当分配执政团席位时长久存在一个问题,那就是不仅权贵不愿意与低级的行会成员共享职务,而且在执政团内部后者很容易受到前者的恐吓、哄骗和腐化。在罗马

---

① 在 D I. 47 的结论中,马基雅维利说起 1494 年之后的共和国中佛罗伦萨平民担任官职的有益的教育意义,他们在担任官职之前经常传播那些受到误导的、有偏见的观点,而在担任行政长官之后就会了解到更加复杂的政治现实。马基雅维利对监察官的倡议可以更加频繁地在更大范围内教育那些可能经历"从广场到朝堂"之转换的普通公民。

共和国,保民官的职责就是代表平民,应对那些最初将平民正式排除在外的官职,以及那些平民需要经历很大困难才能担任的官职——事实上,保民官就是反对执政官的人(counterconsul)。类似地,在马基雅维利改造后的佛罗伦萨共和国中,监察官实际上就是反执政团的人,民众旗手团就是一个"反执政团机构"(counter-Signoria)。① 在马基雅维利看来,监察官这个民众性的官职,表面上"类似于"但实际上是定位于对抗人民被排除在外的官职,它比形式上向所有公民开放的执政团"更强大、更有地位、对共和国更有用"(*DF* 743)。

把人民排除在最有权势的官职之外,保留给他们一种低级的但却是独享的官职,这是马基雅维利认为可以更好地授权给人民的方式,从而在心理上和制度上使精英负起责任。一方面,普通公民不再遭受这样的欺骗,即认为他们能够有效地履行那些他们定期获得的较高级别的职务,但事实上他们在那里是被边缘化的。[107]另一方面,他们不会在这个专门为他们设立的新的官职上被权贵们排挤掉;他们被任命的方式以及任期的短暂使得他们不会受到权贵的勾结、强迫、渗透和腐化。允许更多的平民出身的公民、数量超过罗马能够担任保民官的公民来担任只能由平民担任的监察官,可以抵制大人物的压迫,并且,最终再获得那些他们如今被正式排斥在外的职位,比起形式上所有职位对所有人开放而言,可以更好地赋权给他们。

马基雅维利坚持说,利奥教皇在权贵中的朋友们,他们将"占据政府最重要的席位",不必担心在这个制度设计中丧失他们的财产——实际上,马基雅维利声称,在利奥在世的时候,这个国家

---

① 在《佛罗伦萨史》中,马基雅维利在描述传统的人民旗手团的作用时使用了与在《李维史论》中描述罗马保民官时相同的短语:他们采取行动"抵制大人物的傲慢"(*FH* II. 22)。在 1494 之后的共和国中,马基雅维利担任执政委员会(自由十人委员会)的秘书,该机构在建立时就是为了"保护弱者对付强者"。

在事实上仍然是一个君主国（*DF* 743-734）。然而，这个计划为民众旗手/监察官保留了充分的余地，一旦这位美第奇教皇去世（考虑到其职位的特殊性，他不会在身后留下一位君主制的继承人①），大议会就可以通过他们来约束甚至控制正义旗手、执政团和元老院的行为。在监察官与大议会的关系中，我们可以观察到，在马基雅维利看来，精英问责（这一功能看起来是消极的）与民众统治（其功能明显是积极的）之间的关系是如此协调一致。非精英的公民可以将精英的行政长官所提议的一切政策向大议会提出上诉，由此，马基雅维利提供了一条路径，使得大议会有可能会成为共和国主导性的机构，其成员——普通公民——有可能会成为共和国中支配性的力量。

马基雅维利相当坦率地叙述到，随着时间的推移，"大多数公民"有望"逐步地"获得更多的权力，直至全部落入他们手中（*DF* 744）。可以预知，他们的权力扩张将包括：大议会的规模逐渐扩大，贵族机构的权力逐渐压缩，更不用说他们之间的权力分配将重新洗牌。人民旗手团中平民出身的旗手以及他们通过抽签产生的部分成员——监察官——是聚集在大议会中的人民提升自己权力的通道。马基雅维利这一备忘录的潜台词是，一个没有有效的限定阶级之制度设计（比如监察官）的大众政体不能算是一个共和国，这样的政府从根本上说就是一个赤裸裸的寡头政体。

抽签与选举的混合

作为第一个采用广泛的选举权来调节贵族政治对选举之影

---

① ［译注］教皇是由枢机主教团选举产生；同时，美第奇家族利奥教皇和朱利奥枢机主教所属的支系在小洛伦佐去世后已经没有合法的直系男性继承人。

响的理论家,圭恰尔迪尼被视作现代代表制政府的智识先驱名副其实。① 作为其城邦的一名政治家、历史学家,佛罗伦萨显贵的圭恰尔迪尼,第一个充分阐述了给古代的民主论者带来如此大麻烦,而麦迪逊后来将其系统化为现代宪政主义基本原则之一的如下直觉:无论是否正式地将选民与候选的精英隔离开来,选举事实上都会产生同样的贵族政治结果。② 普选,尤其是[108]在人口庞大或者领土广阔的地方所进行的普选,往往会选择最有德性、审慎、公正的(也就是:富有且有名望的)公民担任公职。③ 在他成熟的政治著作《关于佛罗伦萨政府的对话》中,圭恰尔迪尼称赞一种制度体系,其中普通公民(多少是被排除在公职之外的)可以全权选举"有德性的"人担任任期相对较短的官职。尽管作为其中的一员,但对于在他们之中分配官职,圭恰尔迪尼却并不信任精英公民即佛罗伦萨的权贵。尽管如此,他对让佛罗伦萨"心怀嫉妒的"、"无知的"普通公民担任共和国最高官职的诉求同样感到厌恶和恐惧。④ 然而,在他给出关于选举问题的这些结论时,圭恰尔迪尼批判性地分析了在他年轻时佛罗伦萨政治中抽签和选举相混合的特征,这些分析在我们看来对当代不无启发。在直接介绍他的分析之前,先允许我介绍一下更多关于佛罗伦萨选举政治的背景。

从 13 世纪一直到差不多整个 15 世纪,我们都可以看到佛罗

---

① 曼宁和波考克(Manin 1997, 53-54, 57, and Pocock 1975, 128, 253-255, 485)提到了这一点但没有断言。

② See Guicciardini［1512］1998, 122-123;［1530］2002, 381-438. Cf. Madison, Hamilton, and Jay［1788］1998, nos. 10, 37, 39, 57, 60, 63.

③ 尽管那些圭恰尔迪尼主义者洞察到了在美国和法国的共和制背景下火热举行的选举中普遍具有贵族政治的影响,但他们直到 19 世纪下半叶之前对英国并没有十足的把握。当时,沃尔特·白芝浩为扩大公民权寻找理由,他辩称英国选民"尊重"精英反映了一种特殊的文化倾向,而非一种适用于世界各处和任何时候的普通民众的政治现实。参见 Bagehot［1867］2001。

④ Guicciardini［1530］1965, 76, 123, 125.

伦萨出现了许多试图消除外部联盟、家族斗争以及类似矛盾的不同宪制。① 但是,权贵、拥有财富和名望的家族成员与平民之间的阶级冲突始终很紧张,集中体现在对官职的争夺上。权贵们偏爱一个狭隘的政权,其中来自显贵家族(*magnati*)或富裕行会(*popolano grasso*)的少数显赫公民轮流担任任期较长、再次当选的间隔较短的官职。人民、低级行会成员以及没有组建成行会的工人(*popolo minuti or sottoposti*)则想要一个开放的政体、更具参与性的政权,放宽财产限制和居住要求,官职任期更短、连任的限制更为严格,从而使更多的公民可以担任公职。在早期的共和国中,争论很少集中在抽签/选举问题上;大部分派别都同意将抽签作为任命重要官员的最终方式。相反,冲突主要反映在如下问题上:审查公民任职资格的委员会的人员组成;审查的标准应该严还是松;哪些官职应该保留给来自低级行会的不那么富裕的公民。②

　　行政长官可以通过多种方式任命:在共和国中,从最低职位的简单抽签到最高官员采用多层级的抽签与选举相结合,以及二者之间不同复杂程度的结合形式。大多数情况下,任命执政团的席位采用以下方式:将所有那些付清税款和家族上几代参加过城邦统治的公民的名字放到一个名签袋中,随机抽取出与空缺职位等额的人数。权贵们偏爱"最优异家族"的成员连续进入执政团,而民众则希望把官职更加广泛地分配给"更多新的、在很大程度上并不知名的行会成员"。③ 权贵们倾向于游说城邦[109]现任的执政委员会(六到八名执政团成员)来决定哪些具体的人员符合这些任职的资格,以及让一位前行政长官在更短的时间间隔(*divieto*)内再次可以当选。另一方面,民众常常要求主要行会的

---

① 按照他们描述的年代排序参见:Najemy 1982;Brucker 1977;Rubinstein 1966 and 1954;Butters 1985 和 Stephens 1983;也参见 Bock, Skinner, and Viroli 1990, 1–71。

② Brucker 1962, and Najemy 1982.

③ Najemy 1982, 51.

首长来决定任职条件,并且要求再次当选的时间间隔更长。① 毕竟,权贵成员更容易进入执政团,从而可以对现任执政团成员施加更大的压力,而广大民众对于一年一度他们所属行会的"执政官"的选举的影响更为直接。

随着早期无产者起义(梳毛工起义)的失败,以及一个包括低级行会成员广泛参与的共和国(1378–1381 年)遭到破坏,权贵的权力得到巩固。在此期间(所谓的阿尔比齐寡头统治时期,1381–1434 年),最富有的家族决定着提名人或资格审查者(*accoppiatori*)的名单,他们转而有力地审查被置入名签袋中的名单,有时候是通过强加严格的财产限制和对其"先祖"的繁冗规定,但大多数情况下主要还是判断其与统治集团之间的恩庇关系。在 15 世纪美第奇家族实际君主制时期(1434–1494 年),美第奇家族采用类似的方式控制着官员的任命,即通过友好的资格审查者以及一个特别的委员会,即据说是得到全体人民赞同并代表全体人民采取行动的巴利阿(*balìa*)。在以上两种情形中,提名人放进名签袋里的名单是那些会取悦于寡头的人,或者是让第一家族最有可能出线。因此,在这两个所谓的"共和"时期,"大众政体"不过是一种伪装,其趋向寡头政治或独裁政治的结果事实上是预先确定的。尽管在这些政权中普通公民担任公职的数量有所增加,但是其政策自主权却因大家族行政的巨大权力而受到缩减。

1494 年美第奇家族被驱逐后,在受到吉罗拉莫·萨沃纳罗拉修士的影响而建立的共和国时期,年轻的圭恰尔迪尼讨论了在一个合法的而不是虚假的共和国中选举和抽签作为提名和任命行

---

① 纳杰米令人钦佩地记述了似乎是无限数量的任命方案以及在 1280–1303 年间采用的任命模式:毕竟,任命执政团成员的问题在每届两到四个月的执政团任期后都将重新产生。参见 Najemy 1982, 17–78。

政长官的方式。在他的两部著作《佛罗伦萨史》(约1508年)[1]和《论如何创建大众政体》(1512年)[2]中,圭恰尔迪尼似乎满足于从大约3400名公民(聚集于佛罗伦萨包容性的民众大议会)中采用抽签方式来确定提名人。[3] 然而,这些作品揭示出圭恰尔迪尼在行政长官的最终任命上偏爱选举超过抽签。在《论如何创建大众政体》中,圭恰尔迪尼认为共和国高级委员会(执政团、战争十人委员会、公安八人委员会)的任命程序应该做如下的改革:由抽签产生的提名人所同意和提交的名单应当在大议会进行投票,那些获得大多数认可的人,然后要么通过再次投票要么通过抽签来最终决定填补空缺职位者。[4]

在这个方案中,抽签-选举的组合相当复杂:抽签可以确保提名人是随机产生的,这样就可以避免对他们最终提名的候选人产生先入为主的偏见。[110]通过这种提名程序产生的应该是多样化的候选人名单,然后再提交选举,圭恰尔迪尼可能希望通过这种方式,最富有的人或者最杰出的人将具备一定优势。到目前为止,通过抽签与选举就可以在任命程序中融合民主制因素和贵族制因素。圭恰尔迪尼在最后环节中到底使用民主制的方式还是贵族制的方式来决定职位的实际任命陷入了矛盾。但是,一旦圭恰尔迪尼开始考察一种结合抽签与选举的方式在现实中是如何实际操作时,他就在选任行政长官的决定性方式上对抽签产生极大的怀疑,而对选举更加青睐。

在《佛罗伦萨史》中讨论佛罗伦萨在1497-1499年的制度创新时,[5]圭恰尔迪尼记录了行政长官的任命从选举向抽签转变的

---

[1] Guicciardini [c. 1508] 1970, 106.

[2] Guicciardini [1512] 1998, 126.

[3] Silvano 1990, 41.

[4] Guicciardini [1512] 1998, 126-127.

[5] Rubinstein 1954, 154.

关键性阶段,有资格任职的名单从最大家族的二百人扩展到人数更多但非常不"胜任的"公民群体。① 考虑到圭恰尔迪尼的贵族偏见,我们可能会问新的行政长官任命方式是否真的没有意义。② 更重要的是,这一段历史证明,与抽签相结合的选举——尤其是,当抽签作为任命的最终的手段时——比单独使用选举或者在最后使用选举能够产生公平得多而不那么寡头化的结果。根据圭恰尔迪尼自己的论述,在抽签作为选拔的决定性方式之前由选举来发挥一种提名功能时,选民绝少对"卓尔不群"产生偏见。

虽然被提名人要获得 50% 以上的赞成票这一要求已经排除了对权贵来说完全不可接受的候选人,③但是,聚集在大议会中的公民仍有机会在提名阶段对较大范围的具有不同个人品质、不同社会背景和政治观点的一大群候选人进行投票。也许我们可以得出这样的结论:当公民们知道他们对行政长官的最后"挑选"将依靠运气也就是一场抽签时,对不止一位候选人进行投票多少可以中和诸如财富、名望这些因素对选民的影响。换句话说,只要一方面选举将产生多个候选人,比如说多于两个,或者另一方面只要选举将从一个较大的名单中筛选出比如六个候选人——他

---

① Guicciardini［c. 1508］1970, 128–129.

② 巴特斯(Butters 1985, 36)挑战圭恰尔迪尼的说法,即在任命行政长官的决定性阶段转向抽签终极大地扩展了任职者的人数。他报告说,在某个较早的时间点上,只有一个人在其家族成员其他人没有进入过执政团的情况下进入了执政团。但这可能是一个错误的标准,因为佛罗伦萨权贵的家族成员在代际之间可能存在差别,一些前政要的后代被认为并没有资格担任官职。例如,尽管马基雅维利的祖父和曾祖父曾经位高权重,但由于其父亲的穷困和有问题的出身,以及他自己的低收入和可疑的道德名声,马基雅维利显然被城邦的精英认为不合适担任高官。参见 Ridolfi, 1963 2, 257n. 4。因此,如果那些显要家族类似的"不肖子孙"因为这里所讨论的政制改革而开始比先前更为经常地有机会获得行政长官职位,那么这也难怪会引起像圭恰尔迪尼这样的权贵的烦恼。(我衷心地感谢约翰·帕吉特［John Padgett］分享了他关于马基雅维利家族树的资料,并提供了关于佛罗伦萨共和国官职［正式的与非正式的］任职条件的重要背景信息。)

③ Butters 1985, 36.

们最终将依据抽签获得任职,就可以消减"贵族政治的影响"。

前面提到,尽管圭恰尔迪尼在《佛罗伦萨史》中持批评立场,但他在《论如何创建大众政体》中对个人进入执政团的决定性方式到底是选举还是抽签持一种相对开放的观点,这一点可以由他终生致力于在佛罗伦萨建立一个合适的元老院加以解释。就像许多佛罗伦萨权贵一样,圭恰尔迪尼也将威尼斯"混合政体"的持久和稳定归结于其元老院对总督与大议会的优越性——也就是说,在威尼斯的政制中,贵族制的成分超过了"王制"和"民主制"的成分。① 一旦在佛罗伦萨[111]建立了元老院,圭恰尔迪尼希望这样一个机构就可以拥有在当时的实践中由执政团、大议会以及共和国终身制最高行政长官正义旗手所行使的大部分权力。换句话说,圭恰尔迪尼对使用抽签来建立那些他希望最终加以削弱的政治机构可能并不在意。因此,或许并不让人感到意外,抽签在决定他所倡导的两百人元老院的组成时并没有发挥作用。在圭恰尔迪尼的计划中,超过一半的元老院成员就可以绕过大议会直接或间接地任命所有的行政长官。尽管在圭恰尔迪尼的计划中,大议会将定期选出 80 位公民成为任期有限的元老院成员,但是多达 120 名前行政长官和前大使将在卸任后随即成为终身的元老院成员,而不需要大议会的投票认可。②

尽管圭恰尔迪尼并没有挑明,但这样任命官职的一个可能的正当性理由便是,大议会在最初选举他们进入执政团、参与其他政府委员会或担任大使时就已经"批准"或"挑选"了这些人。但一位更具怀疑精神的读者可能会将这项建议诠释为双重的寡头

---

① Gilbert 1968, 442-462, and 1977, 215-246; Skinner 2002, 126-130, 138-139, 148.

② Guicciardini [1512] 1998, 137. 我们应当记住,圭恰尔迪尼构想这一改革方案时正担任佛罗伦萨共和国驻西班牙大使。通过把大使之位包括在内,年轻的圭恰尔迪尼提议让自己担任佛罗伦萨元老院终身的成员。

制:元老院成员的补充"以贵族制的方式"选举,他们在分配席位时并没有通过哪怕带有些许抽签成分的、民主的任命方式。此外,在圭恰尔迪尼的计划中,这些选举出来的元老院成员本身在数量上也少于那些凭借祖荫的、终身任职的显要人物。当然,按照圭恰尔迪尼的计划,大议会可以在终身任职的元老院成员去世或者退休后补充空缺时发挥有限的作用:大议会通过多数投票从已经经过元老院审查且通过其内部三分之二票数的三位候补人员中选出一位进入元老院。[1]

此外,圭恰尔迪尼理想中的元老院在他所推荐的任命终身正义旗手的改革中起着决定性作用。第一位担任终身正义旗手的公民——发生在圭恰尔迪尼写作的时代,皮耶罗·索德里尼——在 1502 年由大议会直接选举产生,并最终令权贵们大失所望。他们本来希望索德里尼这样一位显贵会帮助他们恢复"最好的公民"在 1494 年以来萨沃纳罗拉的开放政体之下已经丧失的优势地位。但是,正如前面提到的,索德里尼却尽最大努力来抵制权贵的影响,他提拔马基雅维利这样的"新人"来担任重要的职位,并与大议会一同实施统治。在圭恰尔迪尼的建议中,权贵可能会确保任命一位更加友善的最高行政长官,元老院将采用同样的方式更新自己的永久成员,它将会向大议会提议三位正义旗手的候选人,这些候选人需要获得这个"上院"内部三分之二的投票,其中的一位在获得大议会超过 51% 的多数票之后担任首席行政长官。[2] 这是圭恰尔迪尼想要建立一个代表权贵利益的元老院的诸多方式之一。

在本书第 7 章中,我将不再探讨 1494–1499 年前后佛罗伦萨政制安排的细节以及 1512 年前后圭恰尔迪尼所提议的改进,

---

[1] Guicciardini［1512］1998, 137–138.

[2] Guicciardini［1512］1998, 135.

[112]而是转向阐述一套关于共和国的类型学,来评价他们关于如何防范经济精英对政治官员的控制的建议。我想通过强调这样一个事实——圭恰尔迪尼相当惊恐地指出了这一点——来总结本章:在行政长官的选拔过程中,一种随机的因素可以抵消选举中的贵族制倾向。本章前面所描述的以及圭恰尔迪尼所分析的佛罗伦萨在 1497 年的政制改革表明,大众政体在分配职位的时候并不一定需要像雅典民主那样大规模地采用普遍抽签方式来最大程度地削弱富裕的、有名望的公民所享有的优势。

现在让我们来回顾一下马基雅维利复兴和阐述罗马那些限定阶级的制度的逻辑:由富有公民控制的机构,像元老院和执政官,在议程设置与主动性方面享有巨大的权威;然而,平民的机构,比如保民官和人民大会,也授予了普通民众类似的权力,并且为他们提供了针对贵族控制的保护公民自由的消极权力。在此基础上我们可以得出这样的结论,尤其是借助自从马基雅维利时代之后西方的历史所提供的后见之明:无论是一个更加紧密的两种准分离的政治体(the two quasi-separate polities)的混合,还是建立一个单独的、社会学上匿名的宪制框架,都只能导致大人物以一种显然不会受到挑战的方式对人民实施压迫。

事实上,在对马基雅维利《李维史论》的评论中,圭恰尔迪尼批评了罗马并对马基雅维利颂扬罗马表示了不满,其理由恰恰是:罗马显贵要是在一开始就允许平民在形式上有权利出任像执政官这样的官职,那么平民将会很少或者很不情愿担任此类官职,当然他们也就不会去推动设立自己的官职保民官了。① 在圭恰尔迪尼看来,如果罗马的官职任职资格是普遍的,那么它将使罗马的大人物对所有的官职事实上处于没有竞争的垄断地位,而

---

① Guicciardini [1530] 2002, 391-397.

且显贵们也将可以摆脱像保民官这样的平民行政长官无事生非的煽动。然而,在马基雅维利看来,这样一种假想将永远无法促成自由的生活方式,它没有为普通公民提供如下的制度保障:对富人的压迫行为积极展开论辩以及进行遏制,对行政长官的行动凭借自己的力量直接加以控制,对政策制定迅捷地施加影响。在马基雅维利的模式中,人民毫无疑问需要有独立的审议机构,这样的话他们就可以形成独立于富人的观点,并从他们自己的阶层中选择官员。此外,他们还需要用大众容易进行的方式直接阻止或立即批准公共行政长官的行动,比如说否决权,以及我们在下一章中将会看到的,对政治审判的公开指控与大众裁决。

不应过分夸大劝说大人物设立保民官或者某个与其功能类似之机构的困难程度。反对设立保民官的贵族偏见,在西塞罗的对话《论法律》中的昆图斯的说教以及孟德斯鸠对罗马史的阐释中非常明显,并且[113]一直持续到建立了美利坚共和国的那些没有头衔的显贵们的思想中。① 就像意大利共和国的历史所揭示的,普通公民坚持不懈地推动和寻求在行政长官的选拔中采用抽签和选举相结合的方式。在前现代的共和国中,专门为较为贫穷的公民单独保留的议事会席位乃至整个立法会议并不罕见。但是,一个规定不能由最富有的人和出生良好的人担任的平民官职、一个准执政的职位,在共和国的制度史上则非常罕见。然而,马基雅维利认为这样的制度设置(就像他以罗马的保民官为模本的监察官)对一个自由的政制来说是必不可少的。大众政体近乎悖谬地既需要大人物的参与和忠诚,也需要一项他们会发自内心厌恶的制度。

---

① See Cicero 1999, 164-167; Montesquieu [1734] 1999, 84.

第 5 章　政治审判与"自由的生活方式"

人们因为害怕惩罚而变得更好和不那么有野心。

马基雅维利，*D* I. 29

在罗马，人民通常掌握着判处其公民同胞死刑的权力。

马基雅维利，*D* I. 49

[114]自由是大众政体的必要条件。伯利克里和亚里士多德以降的政治活动家和政治哲学家都令人信服地证明了这个事实。[①] 然而，在古代和现代的开放政体或者民主政体中如此盛行的自由，往往允许那些拥有相对丰厚之物质资源、出身于文化资本良好的家族并具有个人声望的公民，以牺牲不那么占据优势的公民为代价来享受这些好处。显然，如果"自由"不仅仅成为一种允许富人欺压穷人的空洞口号或意识形态，那么普通公民的生活就不应该受到来自任何阶层之同胞公民的骚扰与威胁。[②] 然而，这样一种自由的获得与维护是出了名的困难：普通公民因为害怕

---

① Dunn 2005, and Finley 1985.

② Pettit 1999a.

受到更高经济、政治或社会地位的人的报复而不会轻易地指控、起诉或指证那些施暴的、自负的特权阶级成员。除了好心的但也可能容易受到攻击的公职人员,普通人怎么可能有勇气采取措施保护所有公民的真正自由呢? 如果缺少政治制度来保障他们能够安全地这样做,同时又不会搅乱公共秩序,那么"共和主义的自由"就不过是羊群中狼的自由罢了。

　　马基雅维利和圭恰尔迪尼——历史上最伟大的两位共和政府与"自由的、公民的生活方式"的分析家——都理解防范杰出公民越出雷池一步的困难,但也强调了这么做的必要性。本章将分析他们关于刑事诉讼的思考,这些诉讼旨在促使享有特权的公民和公共官员对其政治行为负责,亦即那些旨在保护大众政体中所有公民之自由的程序。[115]在饱受阴谋困扰的佛罗伦萨共和国时期(1494-1512年),年轻的显贵圭恰尔迪尼是大使,而出身较低但更有经验的马基雅维利是国务秘书、外交特使和军事顾问。有几次,杰出的公民试图建立寡头统治、狭隘政体,或者重新建立美第奇家族的君主国,以大幅减少或者彻底根除在萨沃纳罗拉修士所建立的大众政体、开放政体之下普通公民所享有的扩大了的权力。马基雅维利和圭恰尔迪尼一致认为,共和国对政治罪行的应对措施未能震慑潜在的颠覆者或惩罚实际的阴谋者,他们都批评了有时构成了共和国实际上所进行的政治审判之特征的任意性。

　　在本章中,我会分析马基雅维利和圭恰尔迪尼关于政治控告、审判和上诉的建议。圭恰尔迪尼详细记述了佛罗伦萨历史上许多潜在的政变、政治审判,他将控告和最终的上诉牢牢地置于少数"明智的"公共官员之手;因此,他预告了大多数现代共和主义宪法关于将公民排除在"弹劾"之外的规定。通过回顾罗马共和国,马基雅维利则劝说大众政体在检举政治犯罪时利用更具包容性的机构以及全体公民的审判,这种做法在很大程度上被现代共和国放弃了。在我看来,马基雅维利的方案优于圭恰尔迪尼的方案,因为他们二人都希望同时实现如下这两点:(1)富有的、杰出的公民不会受到普通公民发起的政治控告的不断骚扰并被任意定罪,但是(2)一旦这些精英积极地参与阴谋——尤其是旨在破坏大众政体、用赤裸裸的寡头政治或君主制僭政取代大众政体的密谋——便会迅速而果断受到惩罚;但另一方面,圭恰尔迪尼的模式却很可能只能保障第一种效果。

此外,尽管著名的学者都强调马基雅维利建议中政治审判的替罪羊效应,即通过贵族的诽谤来揭穿告发者,以及将民众的注意力集中到单个被定罪的显贵身上,从而使其余的元老贵族阶级得到保全;但我的分析却表明,马基雅维利允许并常常鼓励对享有特权的公民想要颠覆共和国、篡夺民众自由的阴谋发起不确定的但显然为数不少的控告并加以执行。

马基雅维利笔下的罗马的政治控告

就像本书第 3 章所讨论的,依据马基雅维利的看法,任何罗马公民都可以公开指控行政长官的腐败、叛国或渎职,甚至能够以"施加了过分的政治影响力"这类更为模糊的理由来发起对杰出公民的指控。这样的指控会导致在一个非正式的审议性会议(民众预备会议)上举行听证,或者在一次正式的投票会议(人民大会或平民会议)上进行审判,被告将被判处罚款、流放或死刑。[116]就像在民主的雅典,人民甚至可以因其政治计划或建议而惩罚行政长官和公民,而不仅仅针对具体的行动。① 马基雅维利强调,平民的保民官——拥有人民授予的对抗大人物的权力——能够最为有效地迫使显贵公民或者公共行政长官在人民大会上

---

① 在这些语境中,人们像畏惧流放、拘禁和罚款那样害怕受到公开曝光和指责,这似乎可以阻止政治上的错误行为。参见 Allen 2000; Elster 1999; Forsdyke 2005 和 Kelly 2006。

对自身的行为作出解释,并将其命运交付给人民的裁决(*D* I. 7)。

马基雅维利尤其欣赏罗马的如下做法,即将政治审判中关于死刑的最终决定权交由人民来审判。死刑案件先提交给更具寡头色彩的百人团大会,并最终交给更具平民色彩的平民会议裁决。在马基雅维利的主要原始材料(李维的罗马史)中,死刑案件在罗马这样的共和国中尤其容易引发激烈的阶级冲突:人民倾向于用死刑判决来反抗那些占据了大部分政府职位的贵族所实施的阶级压迫。人民需要有机会撤销或减少类似的判决,在罗马有多种方式可以做到这一点。由执政官、百人团大会,甚至独裁官(在事后)裁定或提出的死刑判决,都有可能由于被定罪者和/或平民会议的决议提出"申诉"(*provocatio*)或"向人民申诉",而得以撤销或者改判为流放。① 就像我们会看到的,马基雅维利的目标之一是说服权贵们相信,由全体人民来判决也是符合他们的利益的。

回想一下马基雅维利支持公共控告和人民审判政治案件的论证:他把这看作是公民参与的直接形式,是让全体公民但尤其是公共行政长官和显赫家族的成员,承担起责任的制度化实践(*D* I. 7);同时,他视之为开放政体中"自由的捍卫者"——在他看来就是大多数人民——最有效的手段之一(*D* I. 5, *D* I. 7)。马基雅维利认为,这种正式的、民众能够获得的指控程序,可以惩罚罪有应得的人,震慑其他想要犯下这种罪行的人,还可以防止派系间暴力的升级,而在这些案件中,非官方的、任意的惩罚往往会导致派系间暴力的升级(*D* I. 7)。

鉴于所有的政治体中都隐藏着阶级对抗(*D* I. 4),马基雅维利认为,指控除了可以威慑和惩处个别行政长官和权贵之外,还提供了一种调控性的好处:指控为阶级对抗所产生的社会"怨气"

---

① Lintott 1999, 147–162.

提供了常规的减压阀。首先想要压迫别人的大人物与首先不甘心受人支配的人民之间不可避免的冲突，一旦以超常规的亦即非法的、制度之外的方式爆发，那么共和国必将毁灭。马基雅维利坚定地认为，人民和大人物"变动不居的怨气"应当通过支配着公开指控和政治审判的常规法律——当然，还有其他的方式和秩序——加以规范（*D* I. 7）。这并不是要忽视[117]大众政体中包容民众参与的政治指控和审判在促进公共问责方面的重要性。①在罗马这样的混合制共和国中，富裕公民通过任命或选举控制着元老院和执政官这样的特定的机构和官职，因此，官员们没有足够的意愿来容纳全部人口中普遍部分或者说较为贫穷部分的利益。在所有的公民都想要"自由的生活方式"的情况下，这种假想就需要调动额外的手段来确保政府对普通人民作出回应并对其负责；对行政长官的公开指控就是这样一种手段，比如说，专属于平民的保民官，其功能就相当于下层阶级的一位申诉专员。

此外，在罗马和佛罗伦萨这样的意大利半岛的共和国中，从一个官职卸任后需要很长时间才有可能再次担任此官职，一位行政长官及其直系家族的成员需要在他卸任三年之后才有资格再次担任此职位。因为不用担心在连任中失败，所以指控就成为一种相当直接而有效的保证行政长官对自身的行为负责的方法。然而，这两种问责制设置——立即获得连任的资格和将民众纳入控告/政治审判中来——并不是相互排斥的。没有理由认为，在选举制或代表制共和国中，行政长官在享有连任的可能性的同

---

① 因为雅典这样的古代民主政治体将大部分官职以抽签的方式在全体公民范围内分配，所以政府机构中的阶级分裂并不明显，而且行政长官所追求的政策也被预期反映了公共利益。然而，雅典人能够通过他们的公共审查程序施加严厉的惩罚；所有的行政长官都面临着在任职结束后对其行为进行的调查（*Euthynai*），并可能导致一场正式的审判（*Eisangelia*），受到叛国、贪污、潜在的僭政，以及更为普遍的"对待人民不公正"这样的指控。参见 Elster 1999, 253-278。

时,却会因为受到在政治审判中被民众裁决定罪的额外威胁而不愿更具回应性和更加负责。

罗马的政治审判与佛罗伦萨的政治审判

作为对公民控告和公共审判之功用的基本说明,马基雅维利论述了最早一起人民对抗一位显贵对手的民众裁决,即行政长官、元老院成员以及将军科里奥拉努斯的案件,他一直以高傲地蔑视罗马平民著称。本书第 3 章曾经提到,科里奥拉努斯提议要趁饥荒之机囤积粮食,以迫使平民放弃保民官职位(*D* I. 7)。当时的情形是,一旦科里奥拉努斯走出元老院,人民就会对其实施人身伤害,当此紧要时刻保民官介入了;保民官公开指控科里奥拉努斯,赶在集会中的人民之前启动正式的审判程序。① 马基雅维利说,如若保民官没有介入并随后进行审判(在科里奥拉努斯缺席的情况下),平民将"在一场骚乱中"马上将他杀死在元老院的台阶上。赶在人民之前对其进行公开的指控并承诺进行一场审判,有助于平息一场潜在的内战。一旦科里奥拉努斯被谋杀势必会引起灾难性的连锁反应,最终导致极端血腥的阶级冲突(*D* I. 7)。马基雅维利认为,如果那些有野心的、有权势的公民"依据法律被压服"——也就是说,通过"公共的力量和秩序"合法地对其进行定罪和处罚,而不是在大街上被刺杀或者在其家中遇袭——那么,那些寻求报复的盟友和家人一般就不会再谋求私人的或外国的力量(这是一种"自由的生活方式"的死敌),引发无休止的争端(*D* I. 7)。

[118]马基雅维利哀叹道,与罗马不同,自己的祖国佛罗伦萨

---

① 关于共和主义政治与马基雅维利政治理论背景下科里奥拉努斯的富有洞见的讨论,参见 Coby 1999, 25–26, 33 和 Nelson 2004, 49–86。

共和国没有赋予"群众""发泄"对某个人物"怨气的合法渠道"（*D* I. 7）；换言之，人民不能通过正式的渠道控告、审判、惩罚显赫的公民。在佛罗伦萨，这类问题由一些小型的委员会——例如，负责公共安全的公安八人委员会，或者共和国的中央执政委员会执政团——来处理。而且，尽管这些被小型委员会判定有政治罪行的公民享有向大议会中的全体公民提出上诉的合法权利，但是，就像我们将会看到的，对这一规定的遵守并不前后一贯。马基雅维利用罗马与佛罗伦萨形成对照想要说明的一点就是，判决与受理政治案件的机构必须足够大而且具有多样性，甚至可以大到能够吸纳全体民众（*D* I. 7）。马基雅维利赞许说，罗马人通常会把"判处其公民同胞死刑的权力"交给聚集在会议中的人民手中（*D* I. 49）。

马基雅维利指出，由于小型审判或受理申诉的机构很容易受到威胁、腐蚀或自身利益的左右（*D* I. 49），对于共和国来说，通常由权贵组成的公安八人委员会这样的委员会，比佛罗伦萨的大议会（由 3400 名佛罗伦萨公民组成）这样的更大的会议，或人民"合法地"聚集亦即作为一个整体正式地举行会议，作用更小（*D* I. 49）。在这个语境中，马基雅维利宣告的或许就是对其整个大众政体理论的概括：类似的小型机构是无效的，因为"少数人总是按少数人的模式行事"（*D* I. 7）。小型的议事会要么是表达最具影响力的公民的利益，要么是在惩罚这类人的时候被证明太怯懦或太脆弱。随后，马基雅维利再次对佛罗伦萨的八人委员会进行了批评，断言"少数人总是少数人以及最有权势的人的工具"（*D* I. 49）。结果，佛罗伦萨的政治案件根本不可能得到公平和客观的裁决。

马基雅维利指出，甚至是一个贵族共和国，比如威尼斯（马基雅维利的权贵读者心目中共和国的典范）①也用更大的机构来

---

① See Gilbert 1968, 442-462; and 1977, 215-246; and Skinner 2002, 126-130, 138-139, 148.

"制约有权势的人"（*D* I. 49）。正如马基雅维利观察到的，即使是寡头制的威尼斯人也明白，小型的议事会"不足以惩罚有权势的人，尽管他们有这种权力"（*D* I. 49）。由于人数多和匿名化，大型审判机构（比如罗马规模巨大的会议这样极有效的机构）的成员不必担心来自被定罪者的心怀不满的朋友或盟友的报复。

对马基雅维利来说，弗朗切斯科·瓦洛里的案例就反映了佛罗伦萨制度安排的不足。马基雅维利报告说，在美第奇家族被驱逐、共和国重建之后，瓦洛里上升到了"如同该城市的一位君主"的位置（*D* I. 7）。结果，瓦洛里引发了对其计划的严重质疑，以及对其地位的嫉妒，相互敌对的派系要么反对他，要么支持他。马基雅维利断言，瓦洛里"对除了非法的方式之外无所畏惧"。这就意味着负责制约自负公民的合法委员会——八人委员会和执政团——的地位远远低于瓦洛里，于是他们转向反对他或者允许其对手反对他（*D* I. 7）。[119]由于人民不能合法地"发泄其怨气"反对瓦洛里、裁定他对"一种公民的生活方式"到底构成何种程度的威胁，于是，瓦洛里的对手动用了私人武装（*D* I. 7）。马基雅维利说，不仅仅是瓦洛里，还有许多其他人特别是"贵族"，常常会受到非法的（而不是合法的）措施带来的派系暴力的伤害（*D* I. 7）。要是瓦洛里能够受到其对手正式的指控并接受人民官方的裁决，那么，即使被定罪也只有他一个人受到伤害。

马基雅维利使用了一个他更为在意的佛罗伦萨的例子——他的庇护人、正义旗手皮耶罗·索德里尼的例子——来（1）重申由"人数足够多的审判者"进行政治审判的必要性；（2）强调引入外国势力解决国内政治争端的危害性；（3）突出指控与诬蔑的区分（*D* I. 8）。马基雅维利认为，当索德里尼这位共和国的终身最高行政长官受到暴露野心、滥用权力的怀疑时，质疑他的人应该能够组建一个比八人委员会更大的机构，也就是，一个无论是索德里尼还是其反对者都无法有力地影响或操控的议事会（*D*

I. 7)。马基雅维利认为,如果佛罗伦萨的人民本身就能够审判索德里尼,那么其结果要么是,索德里尼因为其不当的行为受到惩罚,要么是他的敌人因为发起错误的指控(也就是诬蔑)而受到制裁。

马基雅维利强调说,无论在哪种情况下,正义旗手的反对者都不会在1512年招来西班牙的军队,由此导致索德里尼被驱逐、美第奇家族君主统治复辟、共和国覆亡,更不必说马基雅维利被解职、遭拷打以及其政治生涯终结。对马基雅维利来说,一边是能够向一个大型的、多样化的国内机构提出申诉,一边是可能引入一个外国势力进行仲裁,这两者的结果是截然相反的。与佛罗伦萨那些倡导社会对抗的人不同,后者乐于诉诸非常不完善的制度,马基雅维利指出,罗马相互深深仇恨的元老院与平民都不会从外国势力的干预中获益(*D* I. 7)。

诬蔑与作为"人数足够多的审判者"的人民

马基雅维利强调,只要能保证控告人有所忌惮,一旦控告被确定是诽谤就会受到所控告的罪行同样的惩罚,共和国就不用担心控告活动会变得随随便便。此外,马基雅维利区分了有事实和证人确认的、由合法权威掌控的指控与诬蔑,后者是指在广场、敞廊和密室中传播的匿名的、无法证实的指控(*D* I. 8)。指控能够威慑、惩罚、平息社会失序,而诬蔑不仅会鼓励错误的行为、藏匿真正的违法者、转移公民和行政长官的注意力,而且通常会加剧派系斗争。马基雅维利建议,共和国可以采用以下方式阻止诬蔑:如果全体公民裁定一项指控[120]是虚假的,那么诬蔑者应当受到与他所控告之罪名相类似的惩罚。如果大议会能够裁定索德里尼的案子是控告还是诬蔑,那么他的对手们就会忌惮人民对他们野心的惩罚而不敢轻举妄动。

应当指出的是,圭恰尔迪尼和马基雅维利对此都有切身的体会,即夸大的、虚假的、受到派系斗争激发的控告可能会导致什么样的滥用后果。在他为共和国效劳期间,马基雅维利一直是匿名指控的对象,这些指控几乎全部来自于索德里尼在权贵中的对手;其目的在于将正义旗手的"马仔"(mannerino)排挤出秘书的、军事的或外交的岗位,或者阻止他在这些岗位上履行职责。① 马基雅维利受到各种各样的指控,比如说,他是一个私生子的后代,(其父)没有偿清债务和拖欠税款,与一位情妇有不正当性行为。② 最让马基雅维利失望的是,为了回应显贵们的一次诽谤活动,索德里尼撤销了对任命他出使德意志皇帝的支持。③ 显贵们指控说,马基雅维利没有资格出任大使,并坚持要求任命并派遣其贵族出身的朋友弗朗切斯科·韦托里。至于说圭恰尔迪尼,1527年美第奇家族十五年的复辟结束之后,佛罗伦萨共和国再度恢复,他被传唤就其为僭主们的行政、外交和军事服务进行交代。④ 共和国当局指责他腐败和背叛,不由分说地对他进行罚款并驱逐了他。圭恰尔迪尼甚至表示,在他看来这个杀气腾腾的民众政府极有可能不公正地判处自己死刑,就像处死苏格拉底和贝尔纳多·德尔·内罗(本章后面部分会详细探讨他)。

圭恰尔迪尼的经历似乎证实了一个坚定的显贵式偏见,即不应该授权民众进行指控以及反对公民广泛参与的审判。但是,圭恰尔迪尼和马基雅维利都认识到,权贵更愿意接受一个由其同侪组成的小型机构的审判或者向其提出申诉,而不愿意接受一个更

① Ridolfi 1963, 99.
② de Grazia 1989, 140; and Ridolfi 1963, 112, 286n. 18 and 20.
③ Najemy 1990, 102–117, here 108–112; Ridolfi 1963, 99–101. Cf. also Black 1990, 71–99.
④ Ridolfi 1968, 172–206. 也参见圭恰尔迪尼本人对自己职业生涯的责难和辩解(Guicciardini [1527] 1993)。

大型的、由他们认为是"无知的"和"心怀嫉妒的"平民组成的机构。① 毋庸置疑,马基雅维利《李维史论》的进献对象、年轻的佛罗伦萨权贵科西莫·鲁切拉伊和扎诺比·布昂德尔蒙蒂也会持这种观点。为了说服来自这个阶级和具有这种倾向的人,马基雅维利借助了曼利乌斯·卡皮托利努斯这个著名的例子来试图说明,人民能够客观地审判显贵,即便人民自己就是相关论辩的一方也是如此(D I. 8)。

曼利乌斯强烈地嫉妒孚里乌斯·卡米卢斯战胜高卢人之后获得的荣耀,同时愤恨元老院拒绝授予自己与卡米卢斯同样的荣誉,因此开始散布谣言、煽动民众反对元老院:他声称元老院私吞战利品,并加剧平民的经济负担(D I. 8)。元老院设立独裁官来应对曼利乌斯,并负责平息迫在眉睫的民众暴动。独裁官对曼利乌斯进行了公开的审讯,他不能为自己的指控提供证据,[121]平民消除了反对显贵的怒气,撤回了对曼利乌斯这位曾经的首领的支持。这个案例表明,人民确实能够聚焦于一起政治审判中实实在在的事实,而不是出于一种党派偏见支持自己的理由和自己的拥护者。曼利乌斯的事件还表明,煽动家可能会无原则地、非法地利用民众对大人物的偏见来进行诬蔑,而指控总是有利于整个共和国。要是曼利乌斯的指控从一开始就能够通过正式渠道公开地进行,并得到证据的支持,那么元老院就不用被迫使出最后一招任命独裁官来处理此事。

正如本书第 3 章简短提到的,马基雅维利还援引了更为晚近的佛罗伦萨的乔瓦尼·圭恰尔迪尼——弗朗切斯科·圭恰尔迪尼的一位先人——的例子来进一步强调这一点(D I. 8)。早先这位圭恰尔迪尼是共和国的一位军事专员,他被人诬蔑说接受了卢卡人的贿赂而不去攻打他们的城市。马基雅维利说,如果圭恰尔

---

① Guicciardini［1530］1965, 76, 123, 125;［1530］2002, 397.

迪尼能够直接向在会议中集合的人民提出申诉,而不是诉诸人民首长这样的一位外国仲裁者,那么佛罗伦萨贵族也就不会如此狂热地追随他,以及随后进一步的发展导致共和国走向瓦解(*D* I. 8)。马基雅维利在《佛罗伦萨史》中将其描述为美第奇家族为了加速掌权而诋毁某个人的一个实例。一开始,马基雅维利认为,人民不由分说地将一项由于他们自己的莽撞而导致的失败政策归咎于圭恰尔迪尼,但接下来他披露说,是美第奇家族秘密策划了攻打卢卡的计划,目的只是为了利用这个计划的失败来利用谣言归咎于圭恰尔迪尼。显贵们加强了对圭恰尔迪尼的支持,从而陷入与美第奇家族的冲突,科西莫由此成为共和国的第一公民、"国父",并成为实际上的君主。① 对此事的一场正式的公开审讯,或许能够阻止或者至少延缓美第奇家族的崛起以及阿尔比齐共和国的瓦解。

《李维史论》中圭恰尔迪尼的情节表明,尽管存在阶级敌意,但普通公众仍然会给予一位贵族(a)在政治审判正式的程序中接受一次更加公正审讯的机会,而不是将其推入恶意诬蔑的泥沼,以及(b)这样的审讯较之于由一位行政长官甚或以人民的名义采取行动的某个人,特别是引入一个外国人进行的审判更加公正。马基雅维利一贯地批评佛罗伦萨共和国,认为它不能通过制度化的方式有效地容纳公民冲突(civic necessities),也就不能像罗马那样利用它来实现各方面的伟大:佛罗伦萨的政治过于容易受到诬蔑的左右,不利于民众对指控的审判,过于频繁地引入外国势力来解决国内纠纷。

对马基雅维利来说,效率的重要性并不能成为用小型的、精英主导的机构或者外国势力来代替公开指控和民众政治审判的

---

① 参见 *FH* IV. 24-27。特别参见曼斯菲尔德关于乔瓦尼·圭恰尔迪尼经历的富有启发性的讨论(Mansfield 1979, 61-62)。

理由。在罗马,对于格外紧急的案件,如果对指控或死刑申诉的审讯显得太迟缓的话,执政官和元老院会任命一位独裁官来处理棘手的事情,但他们从来不会招揽一个外国人。① 在马基雅维利看来,启动对民众开放的政治审判有可能会考虑时效因素[122]:没有必要如此教条地恪守这种审判,以致有牺牲共和国普遍安全之虞,但无论如何便宜行事都不能成为引入单边外国干预的借口。② 马基雅维利反复地批评早期佛罗伦萨共和国把政治起诉和申诉的受理置于据说是客观公正的外国人(比如:行政官、人民首长、教皇、法国国王)之手的做法。实际上,外国人与精英组成的小型委员会一样,都很容易受到城邦内部特殊派系的影响和腐化,或者倾向于按照他们自身的利益行事(D I. 49)。

　　除了努力让权贵们在政治案件中更加愿意接受人民的裁决之外,马基雅维利还试图向他们表明,人民自己的行政长官——保民官——并不会始终贯彻其平民支持者的意愿简单地对显贵提出控告。例如,有这样一个例子,在阿皮乌斯和十人立法委员会在罗马剥夺民众的自由、建立一段时期的僭政之后,民众反对显贵有些过度;此时,保民官强行决定在一年内不对大人物提出指控(D I. 45)。换句话说,马基雅维利认为,权贵们既不必担心由人民来裁决政治审判在制度上存在缺陷,也不必担心平民的行政长官会借助指控实施持续的骚扰。不过,在这样的制度确实存在的政体中,大人物想要压迫人民并威胁人民自由,就不得不思虑再三了。

　　18世纪之后的共和主义宪法的制定者们摒弃了指控的做法,因为他们认为这容易导致政治煽动或派系斗争。他们认为,相互制衡的利益在防范偏私政策的形成或实施以保障广大公众利益

---

①　Kaplan 1977; and Lintott 1999, 94-96, 109-113.

②　Wantchekon and Nickerson 2000.

的关键时刻,能够发挥与指控相类似的作用。此外,控告有可能
最终也无法确定是指控还是诬蔑,这就仍然会被用来诋毁或损害
公职人员的形象,特别是当散布毁谤信息的人无法被确认或者追
究的时候。马基雅维利认为,对那些捏造虚假指控的人实施严厉
的惩罚,并由全体公民来裁定指控的真实性,这将极大地抑
制——当然也不可能完全消除——这种行为。事实上,在专门探
讨指控和诬蔑的章节之前的一章中,马基雅维利讨论过一个事
例:罗马贵族阻挠平民独裁官马尔库斯·墨涅尼乌斯以及平民骑
兵长官马尔库斯·孚尔维乌斯进行的有利于人民的改革努力(*D*
I. 5)。元老院如此有效地诋毁了这位独裁官的正直,以致他辞掉
了职位,尽管他在一次民众大会的审判中并没有裁定有腐败
行为。①

改革佛罗伦萨政治审判的实践方案

马基雅维利和圭恰尔迪尼都曾受邀提出佛罗伦萨政制改革
方案,从而有机会将他们关于政治审判的反思付诸实践。同马基
雅维利一样,圭恰尔迪尼也认识到了惩罚犯下政治罪行的有影响
力之公民的困难:"当某个贵族或有权势的人犯罪了,[123]行政
长官们往往没有勇气去惩罚他,因为,他们知道总有一天他们自
己或者他们的利益会落入被告的兄弟或亲戚之手。有时,他们甚
至有理由担心自己的人身会受到暴力的威胁。"②但是,在如何解
决这个问题上,圭恰尔迪尼的方案却与马基雅维利大相径庭。

我们看到,就在 1494–1512 年的共和国瓦解前夕,圭恰尔迪

---

① 在 McCormick 2007b 中,我认为这个案例为平民主义改革者如何应对贵族的诽谤
  问题上了一课,尤其是对照马基雅维利给萨沃纳罗拉、瓦洛里、索德里尼的建议,
  即如何在人民召开会议做出最终决定之前应对佛罗伦萨共和国的贵族派敌人。

② Guicciardini [1512] 1998, 133.

尼在他的《论如何改革民众政府》的最后章节中将自己宪政建议的核心放在一个强有力的元老院上。圭恰尔迪尼为这个元老院分派了审判共和国最高行政长官的职权：如果他被指控犯有一项罪行的话，执政团的一名成员——而非任何普通公民，就像在马基雅维利的新罗马方案中——可以向元老院控告正义旗手，并提出实施特定的惩罚，包括训诫、罚款、驱逐直至死刑。但是，圭恰尔迪尼规定每位执政团成员在一届任期内只能提起一次控告，以防止他不断地骚扰最高行政长官。元老院三分之二以上的票数可以裁定被控正义旗手的罪名是否成立，以及相应的惩罚。[①] 显而易见，在圭恰尔迪尼的建议中，大议会中集会的佛罗伦萨公民没有权力对正义旗手进行审判、定罪或者赦免。

圭恰尔迪尼建议成立一个特别法庭（ad hoc tribunal or *quarantia*）来审判其他公民被控犯有政治罪行的案件。任何公民都可以启动指控的程序。一旦有人（不管是匿名还是实名）向一位行政长官指控一个普通公民或者另外一位公共行政长官，他就必须召集一个特别法庭，被告或者其代理人就必须出庭。这个时候，控告人必须以证人身份出庭，而法庭必须在一个月之内做出书面判决。[②] 如果判决是死刑，那么被告可以向元老院上诉，其方式一如前面提到的对正义旗手的审判；但是，同样不能向共和国人数最广泛的会议即大议会提起上诉。因此，在圭恰尔迪尼的政制设计中，普通公民有权指控正义旗手以下的行政长官，并告发普通公民，但是，他们没有权利整体充当审判机构或者参与任何正式的上诉审判。对于相对较轻的惩罚，圭恰尔迪尼建议从元老院中通过抽签产生一个三十人到五十人的小组，由这个小组通过

---

① Guicciardini［1512］1998, 147.

② Guicciardini［1512］1998, 146.

三分之二以上票决的方式裁决上诉。①

　　马基雅维利批评共和国的小型委员会以及它们在惩罚有不端行为的显赫人物方面的失败,圭恰尔迪尼表示同意:"我们会看到这些行政长官在对公民提起诉讼时是多么小心谨慎。法庭只有可能让一千个人免除惩罚或从轻处罚,而不可能让一个人从重处罚。"②但是,圭恰尔迪尼坚持认为,案件交给佛罗伦萨大议会上的公民来审判也不能有效地解决判决过轻或过重的问题:"为了防范这种危险,一个补救办法——尽管它可能是多余的——就是,允许公民就针对他的国事罪判决提出上诉,但我并不乐于见到上诉至大议会,因为这类事情需要严肃和成熟的判断。"③[124]圭恰尔迪尼的观点与马基雅维利恰好相反,他评论说,大议会不是受理上诉的"合格机构",因为"天性多疑的民众","非常无知,对杰出的大人物充满敌意"。④ 马基雅维利可能会对这种观点做出严格的限定,他会断言民众的敌意还不至于达到给人盲目定罪的地步,只要他能够证明自己并没有从事反对人民自由与共和国安全的寡头制或独裁阴谋。但是,如果这些"杰出的大人物"确实在从事这样的阴谋活动,他们就要在人民面前接受指控、审讯和行刑,或许带着巨大的敌意,但显然并不是出于"无知"。

　　此外,圭恰尔迪尼认为在大议会中"很难做出无罪判决",就像萨沃纳罗拉的例子所表明的,而马基雅维利也是认可的(*D* I. 45);在 1494 年之后佛罗伦萨共和国,大议会就是死刑案件的上诉法庭:三分之二以上的多数支持才能胜诉,执政团判决的权威以及正义旗手的支持,在圭恰尔迪尼看来,这些因素对于被定罪

---

① Guicciardini［1512］1998, 144.(此处原文有误,圭恰尔迪尼的原著说这个人数是"四十人到五十人"。——中译者注)

② Guicciardini［1512］1998, 144.

③ Guicciardini［1512］1998, 144.

④ Guicciardini［1512］1998, 131–132.

的公民来说要想翻案太过苛刻了。① 因此,基于对几乎任何情境下人民的普遍不信任(可能是受到其先人乔瓦尼遭受诬蔑之经历的影响,马基雅维利对此有记述,前文也讨论过),以及在他那个时代上诉"权利"的徒有其名,圭恰尔迪尼的改革方案将一切政治犯罪的上诉程序置于一个显贵主导的议事会的控制之下,该机构只不过是比做出最初判决的小型机构略微大了一点。圭恰尔迪尼希望这样的改革能够惩处"职务犯罪","阻止邪恶之人攫取私人的或公共的财产",与此同时又不会对那些最优秀的公民——其雄心在他看来是有利于共和国的——的行为构成不必要的或者不公正的约束。②

圭恰尔迪尼的建议显然与马基雅维利对广泛而公开的指控以及民众参与政治审判和上诉的强调构成了鲜明的对比。然而,马基雅维利在《论佛罗伦萨的政务》中背离了《李维史论》的主张,他向圭恰尔迪尼的立场和佛罗伦萨的传统做法作出了重大让步(DF 733-745)。美第奇家族的高级教士就旨在将佛罗伦萨由一个君主国改造回一个共和国的宪制改革广泛征求意见,作为回应,马基雅维利极其在意美第奇家族在权贵中的"朋友们"对复兴一个民众政府表现出的敏感(DF 735)。③ 如果马基雅维利还想指望自己的共和主义计划被采纳,就必须向教皇利奥保证,他的制度设计能够保证"他朋友们的安全"(DF 737)。因此,毫不让人奇怪,在这种情况下马基雅维利需要非常谨慎地处理公开指控、政治审判和向民众上诉的问题。假如在 1525 年前后,佛罗伦萨人对美第奇家族的普遍不满导致这些权力迅速落入民众之手的话,那么可以想象,利奥和他的朋友们首先就会成为重新获得

① Guicciardini [1512] 1998, 132.
② Guicciardini [1512] 1998, 146-147.
③ Butters 1985, 306-307, 311-312; and Stephens 1983, chaps. 5 and 6.

诉讼权的佛罗伦萨人民的首要目标。毕竟,在《李维史论》中马基雅维利就已经注意到人民向曾经奴役过自己的人寻求复仇的情绪是何等强烈(*D* I. 16);[125]而且在《君主论》中,他就强调过共和国憎恨曾经的压迫者:"在共和国里,存在着更强的生命力、更大的仇恨感和更热切的复仇心,对其古老的自由的记忆不会也不能让它们平静"(*P* 5)。

因此,马基雅维利在计划中同意在美第奇家族的君主国中由小型顾问机构公安八人委员会与巴利阿来判决公共犯罪,而这些小型议事会与他在《李维史论》中所批评的不能有效惩治政治犯罪的委员会非常相似。尽管他仍然坚持要求建立一个"广泛的"上诉机构,但在《论佛罗伦萨的政务》中,这个机构不再容纳"非常多的审判者",就像他原本希望恢复的大议会的席位(在这个语境中,它从最初的 3400 个席位缩小到了 600 或者 1000 个)。相反,马基雅维利建议的法庭构成一部分来自于他列出的能够进入执政团的人数有限的公民名单,另一部分来自于占据着他建议作为元老院的"特选委员会"之席位的最大家族和最富行会的成员;也就是说,大约 264 名城邦中最有名望的公民将会进入最终审判政治犯罪的审判人员名单(*DF* 743)。被八人委员会或巴利阿定罪的人在得到利奥教皇的许可后,可以向这个上诉法庭上诉,这个法庭由 30 名从 264 人的大名单中抽签产生的成员构成——确实,这与罗马人民在他们的各种会议中所充当的上诉审判人员存在着相当大的区别。但是,正如我们在上一章中注意到的,马基雅维利提高了甚至暗示了这种可能性,即重建后的大议会将随着时间的推移逐渐恢复它先前的大部分政治特权,事实上还有所增加(*DF* 742, 744)。我们可以预期,对那些做了"不端行为"(用马基雅维利的话说)的人的审判和惩处,就属于这类政治特权(*DF* 742)。

科里奥拉努斯、曼利乌斯与死刑惩罚的必要性

正如我们在本章前面部分和本书第 3 章中注意到的,在《李维史论》前面专门探讨指控和诽谤的章节(*D* I. 7-8)中,马基雅维利给出了他关于控告和政治审判的基本想法:他认为杰出的公民一旦威胁到共和国公民的或自由的生活方式,就应该被镇压。他们应该受到法律的而非超出法律之外的手段的制裁,因为后者实施的非常规的暴力行动会伤害到更多的人,而不仅仅是犯罪者。此外,超出法律的惩罚会鼓励被伤害公民的家人和朋友引入外国势力、造成共和国的毁灭。指定承担裁决政治指控职能的法律机构应该比佛罗伦萨的执行委员会规模更大;如果可能,它们的规模应该像罗马所有平民参加的会议(平民会议)或者全体公民参加的会议(百人团大会)。指控必须有证据支撑;如果证据不足以使人民信服,那么指控者就会被认定为诬蔑者,并受到与所指控的罪名同样的惩罚。

[126]但是,那些章节中每个案例(科里奥拉努斯、曼利乌斯、瓦洛里和索德里尼)都比马基雅维利一开始描述的要更加复杂。就像他在《李维史论》后来的部分中所详尽阐述的,每个案例都反映了更多关于大众政体中指控和政治审判的恰当功能。

马基雅维利的年轻显贵读者有可能从第 1 卷第 7 章科里奥拉努斯的情节中学到的教训之一就是:限定平民参加的指控程序(通过保民官来执行)以及包含民众的政治审判,实际上可能会挽救他们的生命。毕竟如果没有这样的制度,科里奥拉努斯就会被他试图加以压迫的、愤怒的人民杀死。但是,事情并没有那么简单。就算马基雅维利在谈到科里奥拉努斯的例子时泛泛地谈到了"死刑"的可能性,但是该章最后说到这位傲慢的元老时仅仅说

他被"传唤"到人民面前。马基雅维利后来确认科里奥拉努斯实际上逃离了罗马(*D* I. 29)。众所周知,在李维的记述中:若没有科里奥拉努斯的母亲、妻子和孩子的劝阻,他从流亡中带回的一支敌军就可能灭掉了罗马。① 这就对马基雅维利的观点产生了一种不同的扭转,亦即共和国必须防范一个被侵害的当事人——要么是被定罪者本人、要么是他的朋友或亲戚——引入外国势力——在马基雅维利看来,对于共和国来说,这是所有可能的结果中最坏的。

流亡者可能会归来威胁政治体的安全,这似乎暗示,像科里奥拉努斯这样的侵害者应该被处决而不是流放或者允许其逃亡。事实上,在他讨论科西莫·德·美第奇从流放中归来时,马基雅维利再次强化了这种暗示;他的归来终结了一个共和国,开启了一个君主国:他的对手犯下的错误并不在于不得不起来反对他,错就错在他们没有在第一时间铲除他,反而是驱逐了他(*D* I. 33)。尽管囿于其显贵受献者的身份及其成见,但是,这些最早的迹象表明,马基雅维利关于政治审判的最终目标可能不是(首先和最重要的)保护显贵们的性命,在某些特定的例子中可能恰恰相反。

归根到底,死亡才是篡夺他人自由者唯一合适的下场,才是对那些有着永不停歇的支配欲望的人最强有力的威慑,才是防范先前被定罪者东山再起的最有力保障。马基雅维利声称,从本性上说,凌驾于法律之上的人始终受到嫉妒心理的激发(*D* III. 30)。曼利乌斯嫉妒卡米卢斯取得的功绩;科里奥拉努斯嫉妒平民新获得的、专属的官职——保民官;以及马基雅维利指出的,想要把罗马共和国扼杀在摇篮中的布鲁图斯的儿子们嫉妒人民在驱逐塔克文国王之后获得的自由(*D* I. 16)。所有这些他人得到的"所有

---

① 　Livy 1919-1926, II. 34-39.

物"似乎都变成了奴役年轻贵族的工具(*D* I. 16)。在马基雅维利看来,这种嫉妒只能用致命的武力才能成功地加以应对:"要克服这种嫉妒,没有其他补救办法,唯有那些怀有这种嫉妒的人的死亡"(*D* III. 30);进一步讲,[127]"没有什么补救办法比杀死布鲁图斯的儿子们更有力、更有效、更安全、更必要了"(*D* I. 16)。①马基雅维利极力主张,一个新政权尤其受益于一起以对篡夺者"令人难忘的处决"而告终的政治审判;对于一个"新建立的"共和国或一个"自由国家"来说,这就意味着对密谋反对人民自由者的死刑处决。

　　一些杰出的诠释者依据马基雅维利关于指控的前几个章节归纳了他关于政治审判的理论,他们认为马基雅维利希望尽可能多地保存贵族的生命。② 然而,如果考虑一下马基雅维利作品中后来对政治审判的讨论,就会清晰地发现,马基雅维利主张处死密谋者,用的是复数而不是单数;对这些密谋者,马基雅维用的是"布鲁图斯的儿子们"作为隐喻(*D* III. 3)。从根本上说,马基雅维利既不是不愿正视被处决的大人物的人数,也不打算主张通过处决个别替罪羊的方式保全其他有罪的显贵,从而保存整个元老院阶层的权威。尽管他仅仅为在极端的情况下保留了将权贵作为一个阶级彻底除掉的选项,但是,如果能够阻止这个阶级的幸存者在相当长的时间内做出不轨行为的话,马基雅维利确实对大规模铲除权贵的可能性持开放态度。我们应该在这样的语境之下阅读马基雅维利的声明:"人们因为害怕惩罚而变得更好和不那么有野心"(*D* I. 29)。

---

① 在 I. 40 中,马基雅维利说人民占有保民官引起了罗马贵族的"嫉妒",而且隐秘地与布鲁图斯的行为形成对照,他们对年轻贵族镇压平民采取了放任而不是惩罚,并且支持了阿皮乌斯·克劳狄乌斯的僭政。

② See, e.g., Mansfield 1979, 53-62; 1996, 29, 241-246, 253-254. See also Strauss 1958, 112-113, 169, 206.

　　或许是为了避免吓到他年轻的显贵读者，马基雅维利在前面论述指控、诬蔑和政治审判的章节中，既没有鼓吹对犯下政治罪行的显赫公民执行死刑的必要性，也没有表明要处死多少这样的人，而事实上这对于保卫公共的自由来说可能是非常必要的。比如说，他在总结诬蔑问题的章节中仅仅提到曼利乌斯·卡皮托利努斯被独裁官作为欺骗者囚禁起来（*D* I. 8）。后来他才解释说，在被人民定罪之后，曼利乌斯·卡皮托利努斯"被人从那个他先前拯救过的、给他带来如此大荣耀的朱庇特神庙的峭壁上扔了下去，丝毫没有考虑他的那些功绩"（*D* I. 24）。因为顾及他的读者，马基雅维利一开始在叙述对显贵实施致命的暴力时只是轻描淡写，而事实上，早期只是将这样的例子作为负面结果加以援引。回想一下，围绕瓦洛里的死刑案，马基雅维利是如何通过强调如果缺乏公开指控与包含民众的政治审判会造成许多其他"贵族"被杀害来强调这些制度的重要性的（*D* I. 7）。然而，杀死自由的篡夺者——或许有无数的"布鲁图斯的儿子们"——的必要性，对于支持民众参与的政治审判和上诉来说，仅仅引证马基雅维利在《李维史论》第 1 卷前几章的论据显然还远远不够。

　　我们在本书第 3 章中已经注意到，马基雅维利是如何精炼概括反对人民意见之变化无常的传统看法的："经常看到民众将某个人判了死刑，然后又哀悼这个人并为他感到非常惋惜。很清楚，罗马人民对曼利乌斯·卡皮托利努斯所做的就是这样"（*D* I. 58）。作为一个反驳，马基雅维利强调，民众并不比君主更加反复无常；事实上"按照法律行事的民众"可能是最明智的裁决者，他们很少卑躬屈膝，也不容易屈服于傲慢自大的人（*D* I. 58）。[128]对马基雅维利来说，罗马人民在将曼利乌斯处死后落泪不是反复无常的表现，这仅仅意味着罗马民众对一位帮助城邦战胜高卢人的英勇战士和一位解决经济困境的政治领导人的肯定；即便他最终的下场是如此极端："如果罗马人民在曼利乌斯·卡皮托利努斯去世后为之痛惜,那也不奇怪;因为人们痛惜的是他的德能,对这些德能的回忆足以使每个人都产生同情"(*D* I. 58)。马基雅维利并不希望以下这一点逃过权贵们的注意:即便对人民有恩,人民还是决然判处一位具有如此多"身心两方面德能"的贵族以死罪,因为人民认定他深陷"想要统治的邪恶贪念"(*D* III. 8)之中,更普遍地看,这种恶念是压迫之脾性的自然成长。

但是,权贵们不应该对人民裁定反对这样一个人而感到不快,即便这个人出身于显贵集团;因为此人同样对元老院的秩序构成了威胁。人民也可以成为元老院的保护者,只要元老院勇于维护作为一个整体的共和国的自由,即便人民热爱自己的领袖并对显贵们心怀憎恨:

> 罗马人民极其渴望自己的利益并且热爱对贵族不利的事物。虽然可能给予过曼利乌斯很大的支持,但是,当保民官们控告他并把他的案子提交给人民进行审判时,**罗马人民立即从保护者变为审判者**,毫不犹豫地判处他死刑。(*D* III. 8,强调部分为引者所加)

政治现状带来的最为明显的好处就是自由,而且人民和显贵、元老院和保民官都可以享受它;只要人民被授予最终裁决的权力,人民便愿意捍卫这种好处——只要显贵们收敛自身压迫他人的脾性,不去破坏彼此都能受益的状况。

的确,就像前文所讨论的,共和政府存在一个恒久的方面,它对于政治问责而言是一个很大的问题,但却能够打消服从于人民之判决的权贵们的疑虑,那就是顺从:人民通常来讲并不会对杰出公民个人感到畏惧和怀疑,即便他们对作为一个阶级的大人物感到仇恨(*D* I. 47)。相反,人民总是对这些对共和国有贡献的人表示感激之情,而且倾向于回报他们以荣誉和官职(*D* I. 29, *D*

III. 34）。由于这个原因,事实上交付全体人民裁决的政治审判很
少判处死刑,有的话也无法与苏拉的剥夺公民权运动、苏联的肃
反、罗伯斯庇尔的恐怖统治相提并论。科里奥拉努斯以及更有问
题的阿皮乌斯·克劳狄乌斯（D I. 40-42）是例外情况:显贵的傲
慢和对人民的虐待异乎寻常才会引起民众强烈的愤怒。在正常
情况下,大多数大人物在试图满足他们压迫人民的脾性方面比这
几个人要节制得多。然而,显贵（不管是单个人还是作为群体）频
繁地被指控为腐败和篡夺,以及全体公民被授权作为一个"刽子
手陪审团"的政治审判,有可能不断地向人民提醒大人物的压迫
欲望。[129]这样的审判可以定期地揭露大人物暗藏的行为,即
使这些审判不能完全杜绝这些行为,但至少可以进行事后的
惩罚。

瓦洛里、萨沃纳罗拉与不公正的或者说 搞砸了的政治审判的代价

在有关控告的章节中,马基雅维利对弗朗切斯科·瓦洛里命
运的阐述（D I. 7）仅仅围绕政治审判和共和国自由的表面事实展
开。在此我要援引圭恰尔迪尼的《佛罗伦萨史》中与瓦洛里失败
相关的细节来强调如下的事实,即他的政治命运与萨沃纳罗拉的
政治命运是联系在一起的,以及他是如何失掉利用人民的支持来
对抗佛罗伦萨权贵的机会的。在圭恰尔迪尼写作的时候,对政治
犯罪死刑判决的上诉同样要提交给整个大议会。① 在美第奇家族
于 1494 年被逐之后,佛罗伦萨在萨沃纳罗拉的指导下恢复了共
和制,他坚持的两个宪制设计激起了权贵们的强烈反对:第一,建
立一个事实上包含了所有佛罗伦萨公民、接近 3400 人的大议会,

---

① Guicciardini［c. 1508］1970, 106; cf. Machiavelli I.45.

并使其成为共和国的权力核心,这个会议可以通过法律、任命行政长官;第二,大议会有权在三分之二以上投票同意时解除政治犯罪的死刑。① 正如马基雅维利描述的,萨沃纳罗拉"制定了一项法律,允许就八人委员会和执政团对于国事案件所作的判决向人民上诉"(*D* I. 45)。瓦洛里尽管出身于古老、显赫、富有的佛罗伦萨家族,却成为萨沃纳罗拉时期平民派的领袖,成为大议会的保护人以及那些最具寡头倾向和独裁倾向之权贵们的对手。② 后者包含以下几个大家族:卡普尼家族、内里家族、马特里家族、帕齐家族、韦斯普奇家族、斯特罗齐家族、里多尔菲家族、托尔纳博尼家族、普奇家族、坎比家族以及鲁切拉伊家族。③

圭恰尔迪尼和马基雅维利都曾讨论过一件不光彩的案子:1497 年,反萨沃纳罗拉的权贵们密谋颠覆共和国、复辟美第奇家族的统治,事情败露后有五位密谋者被判处死刑(*D* I. 7, *D* I. 45)。④萨沃纳罗拉的支持者们剥夺了他们向大议会上诉的机会并立即处决了密谋者。一方面,马基雅维利强调萨沃纳罗拉未能允许他们向民众上诉,因为他们的利益与他的利益相悖;另一方面,圭恰尔迪尼详细记述了萨沃纳罗拉的主要盟友瓦洛里是如何以国家安全为借口阻止他们上诉的,而实际的原因是瓦洛里与被定罪者之一有着激烈的私人和政治竞争。"美第奇五君子"之一的贝尔纳多·德尔·内罗很有可能会获得大议会的赦免:贝尔纳多是一位平民出身的、受人尊敬的公民,他凭借美第奇家族的庇护和自身的才能逐渐变得富有,并在政治上颇有声望。他在担任正义旗手(那时还不是终身制的)时知晓这项密谋,但尽管他自己

---

① Guicciardini〔c. 1508〕1970, 103-106.

② Guicciardini〔c. 1508〕1970, 132.

③ Guicciardini〔c. 1508〕1970, 116, 125, 131.

④ Guicciardini〔c. 1508〕1970, 132-133.

反感开放政体,但是并没有积极参与策划中的政变。① 圭恰尔迪尼认为,[130]瓦洛里是担心德尔·内罗这位贵族派中唯一能够对自己的权威构成竞争的人,而不是担心民众会推翻对他的死刑判决(即使人民仍会支持对其他美第奇派的定罪判决),于是,瓦洛里决定立即对所有五个人执行死刑。②

此后不久,作为报复,由美第奇派被判死刑者的亲属(尤其是皮蒂、里多尔菲和托尔纳博尼家族)以及武装精良的年轻贵族构成的一群暴民,在不少民众的支持下,杀死了瓦洛里、他的妻子以及其他一些人。在受到攻击时,瓦洛里请求安全通过领主广场以及遵守他应得的法定程序,但还是在去审讯的路上就被刺死。③ 马基雅维利认为,拒绝美第奇五君子的上诉导致了平民对萨沃纳罗拉支持的瓦解,并最终导致他的败亡(*D* I. 45)。萨沃纳罗拉没有为他自己制定并为之奋斗的法律辩护,这是一部赋权人民的法律;仅仅是因为这样做不符合自己派别的利益,因此,当权贵们在其宿敌教皇亚历山大六世的教唆下将他逮捕、拷打和处决时,也没有人为他辩护。

马基雅维利在讨论这个案例的时候,正像他在指控和诬蔑章节中对程序的看重一样,他说道:"如果那种上诉权是有用的,就应该遵守之;如果它没有用,[萨沃纳罗拉]就不应该让它获得通过"(*D* I. 45)。但是,在这个语境中,马基雅维利在何种意义上是一位严格的程序主义者呢? 早先《李维史论》第1卷讨论佛罗伦萨的案例和古代罗马的插曲时,马基雅维利似乎持一种非党派色彩的客观立场。马基雅维利看起来只关心政治审判应当确认罪行、惩罚虚假控告者以及维护公共秩序,无论当事人是傲慢的元

---

① Guicciardini［c. 1508］1970, 134-135.

② Guicciardini［c. 1508］1970, 135.

③ Guicciardini［c. 1508］1970, 141.

老院成员还是平民领袖,无论他们各自的意识形态立场如何。但是,当他在《李维史论》中接着深入探讨这些案例时,这种非党派的色彩开始淡化。就在这同一个共和国中,萨沃纳罗拉和瓦洛里的敌人,尤其是萨尔维亚蒂、里多尔菲、鲁切拉伊家族,不久就成为索德里尼和马基雅维利任职期间的敌人。甚至是瓦洛里和布昂德尔蒙蒂这些原本坚定的反美第奇家族的成员,也开始支持僭主们归来,而不是容忍开放政体:在他们看来,这种政体为阶级叛徒索德里尼、像马基雅维利这样的"新人"以及大议会中的一群乌合之众所把持。① 因此,在马基雅维利关于这些案例的描述和分析中明显存在着一定的张力。马基雅维利责备萨沃纳罗拉和瓦洛里,到底是因为他们在美第奇五君子的上诉问题上行事虚伪,还是因为缺乏审慎,事实上就是愚蠢呢?

　　确定无疑,萨沃纳罗拉和马基雅维利在政治主张上有许多差异,尤其在宗教方面,具体地说就是在基督教会在意大利事务中所扮演的角色问题上。从这个角度看,当代的学术文献有很好的证明,萨沃纳罗拉与瓦洛里在精神权力和世俗权力上的分离,显然并不利于消灭佛罗伦萨开放政体的敌人。萨沃纳罗拉终究不能自由地为上诉法辩护,或者指示其支持者如何采取行动,[131]因为他当时正被教皇禁止从事圣事,不能公开地布道(*D* III. 30)。而且,说到底,与修士终究只是昙花一现的宗教魅力相比,瓦洛里需要更多的合法性。当马基雅维利评论说瓦洛里只是"像"一个共和国的君主时,他肯定是在暗示这个缺陷(*D* I. 7):他不能轻而易举地、安全地铲除像德尔·内罗这样的对手,而且瓦洛里过于依赖萨沃纳罗拉,而萨沃纳罗拉自己又过分依赖最终由罗马所提供的宗教权威。但另有其他重要面向,即在1494年之后的共和国中,索德里尼和马基雅维利成了瓦洛里和萨沃纳罗拉的继承

---

① Guicciardini [c. 1508] 1970, 296-297.

人;特别是,与其前任一样,他们提升了大议会的权威,同美第奇家族的密谋作斗争,努力维持正义旗手作为"城邦的君主"的地位,却又不把佛罗伦萨推向一个真正的君主国。这些问题我会在下一部分中做进一步的探讨,但希望在这里先提出一些初步的分析线索。

在马基雅维利讨论新法律的篡夺者时,他宣称一个人如果能够"正常地"也就是合法地消灭这些篡夺者,那么他将获得"荣耀且不会受到诽谤的麻烦"(D III. 30)。他还补充说,如果这个人不是足够的幸运,能够"正常地"消灭其新秩序的篡夺者,那么他就必须采取"一切手段"(可以推测就是非常的行动),以便能够成功地除掉他们。马基雅维利引用摩西作为成功的案例与萨沃纳罗拉和索德里尼的失败构成对比。马基雅维利说,后两位"深知这样做的必要性",但是他们却不能像摩西那样行事(D III. 30)。作为一个修士,萨沃纳罗拉在消灭篡夺者方面甚至比一位行政长官或者一个普通公民还要缺乏"权威",并且(可以推测)由于他被开除教籍并且被教皇禁止布道,他不能晓谕其追随者——其中有几位事实上掌握着行政长官的权威——到底应该做什么(D III. 30)。

但是,此处马基雅维利所谈论的除掉篡夺者的办法到底是什么呢? 在讨论指控和诬蔑的时候,马基雅维利不是坚持说,对共和国政权和自由的篡夺者必须采取常规的、合法的措施,以防止将所有牵涉其中的人以及政权本身引向灾难吗? 在这些案例中,马基雅维利谴责暴民的滥用暴力、私人行动和外国势力的介入等一切重要的非常规手段。而且,马基雅维利不是一方面批评萨沃纳罗拉默认纵容不合法律地铲除篡夺者,另一方面又批评佛罗伦萨的宪制允许瓦洛里的对手采用非常规的、非法的方式对付他吗? 此处马基雅维利似乎又在暗示,像布鲁图斯和摩西一样,这两个人在建立新共和国时也应该采用非常规的方式铲除他们所奠定之秩序的敌人。然而,马基雅维利恰恰没有得出这样的结论。事实上,他提出了截然不同的建议。

在马基雅维利看来,任何试图正式取得人民的支持来铲除新秩序之篡夺者的手段都不能说是"非常规的";[132]这样的方式始终是"常规的"(D I. 16)。按照马基雅维利的定义,捍卫一个新政权的"非常规的方式"是那些"以大多数人为敌"的创建者或君主所采取的方式,而非"与人民友善的"那些人所采取的方式(D I. 16)。后者中应该包括布鲁图斯,他通过"自由的方式"建立了"大多数人的统治",也就是说,他是一个共和国的创建者或君主。从定义上来看,这些"以少数人为敌"、以人民为友的创建者,在捍卫他们的政权反对篡夺者时,并没有借助非常规的手段(D I. 16)。有鉴于此,依据马基雅维利的观点,萨沃纳罗拉和瓦洛里的问题不在于他们未能采取非常规的手段对付共和国的显贵敌人,而毋宁在于,他们未能充分地利用常规的手段,让自己成为深受民众喜爱的共和国的君主。事实上,依照马基雅维利回顾性的建议,萨沃纳罗拉和瓦洛里以及后来的索德里尼,本来可以遵照摩西和布鲁图斯的先例(他们各自单方面地在一个小型的审判庭中运作)而稍作改进:意欲成为共和国君主的人应该正式地让聚集在佛罗伦萨大议会中的人民加入对自由篡夺者的惩罚之列。

萨沃纳罗拉和瓦洛里错失了自身对于其对手的最大优势,那就是人民的支持;人民希望他们能够遵守共和国的法律,并取得与权贵斗争的胜利。马基雅维利暗示,萨沃纳罗拉和瓦洛里本应该遵守常规的秩序,亦即遵守有关上诉的法律,并带着这样的信心,即如果修士和弗朗切斯科竭尽全力反对他们的话,美第奇五君子将会在大议会的上诉中失败。圭恰尔迪尼关于这件事情的记述表明,考虑到当时民众对权贵和美第奇家族的偏见,做到这一点并非难事。当然,圭恰尔迪尼也强调说,瓦洛里不愿意采取这种方式,因为他担心他的对手德尔·内罗在上诉中被赦免。但是,这种含混的解释不过是肯定了马基雅维利的如下断言:比佛罗伦萨现存之做法更加开放、更加稳固的控告和审判程序,有可能阻止瓦洛里的不当行为,并且实际上起到巩固其地位的作用。因为如果瓦洛里知道,他的敌人也可能以处决了一个无辜的人为由来指控他,并且有能力在大议会上(也就是说,在他所支配的小型议事会之外)提起一项反对他的诉讼,那么瓦洛里就很可能会满足于经由人民的判决来除掉那五个密谋者中的四个。但是,这位平民派的领导人并没有充分地理解或者真正地相信民众裁决的功用,更不用说正当了。①

　　遵守向人民上诉的法律本可以起到巩固民众政权和瓦洛里自身地位的效果。② 作为开放政体的挽救者,瓦洛里在人民中的声望将会加强;作为共和国敌人的同情者,就算德尔·内罗被大议会赦免,他的声望也会削弱。[133]主要的密谋者将被处死,其他潜在的谋反者也会暂时得到遏制,并且,瓦洛里和萨沃纳罗拉在权贵中的敌人也会因为没有可行的(包括常规的和非常规的)手段而无计可施。然而,由于他可以控制佛罗伦萨审理政治案件的委员会,瓦洛里胆大妄为,犯下了也许是仅有的两个能够动摇萨沃纳罗拉的共和国并导致自己倒台的错误:他篡夺了人民作为上诉之最终裁定者的合法权力,处死了一位受人尊敬的、在人民看来还罪不至死的人,因此人民被激怒了。瓦洛里和萨沃纳罗拉表面上是大议会的支持者,但他们却否定了人民裁定上诉的权力,而此前他们曾坚称,宣判权专属于人民。如果瓦洛里在起诉

---

① 在这个方面,瓦洛里、萨沃纳罗拉和索德里尼的错误在维尔吉尼乌斯(一位不乏斗志与锐气的平民派领袖)的例子中就已经得到预演(*D* I. 40, I.44);马基雅维利批评他拒绝了已废僭主阿皮乌斯·克劳狄乌斯就自己的死刑裁决向人民上诉的权利——这是他有权行使的权利,从而回避了民众裁决(*D* I. 45)。

② 在《李维史论》之外,马基雅维利对瓦洛里更具同情的叙述,参见 Jurdjevic 2002, 185-206。

美第奇派五君子的过程中能够遵守恰当的程序，那么人民将会在随后权贵们对瓦洛里的报复性指控中赦免他。但现在相反，那些被定罪的谋反者的家族很容易就将人民（此时已经成为愤怒的暴民）招募为同伙以谋杀瓦洛里。而且，如果萨沃纳罗拉能够站出来维护自己颁布的法律、保障人民的裁决权，他也就不会被认定为自私的伪君子，人民也就可能不会那么决然地抛弃他转而支持他的敌人。总之，瓦洛里和萨沃纳罗拉本该足够明智地认识到，就算德尔·内罗得以幸存，民众对他们的支持也会让他们在大议会中占据上风，而他们在共和国中的声望也将保全。我们不能明确判定萨沃纳罗拉和瓦洛里到底是不是真的伪君子，但是显而易见马基雅维利认定他们是傻瓜。

索德里尼（和马基雅维利）与杀死"皮耶罗的儿子们"的必要性

下面我们继续讨论佛罗伦萨的另一位人物皮耶罗·索德里尼，他也不能像布鲁图斯和摩西那样成功地摆脱新法律的篡夺者：在他曾经的下属尼科洛·马基雅维利看来，索德里尼完全明白篡夺者所造成的严重威胁，但不知道如何去恰当地应对。马基雅维利抱怨说，索德里尼相信时间、良善、好运以及恩惠能够消除篡夺者的威胁（*D* III. 30）。他认为他成功地成为共和国的第一个（也是唯一的一个）终身正义旗手——换言之，他的当选所代表的好运与恩惠——能够让自己"克服许多出于嫉妒反对他的人，而不必引起任何暴行、暴力和骚乱"（*D* III. 30）。但是，索德里尼的"耐心和善意"敌不过"布鲁图斯的儿子们恢复另一种政府的欲望"，更准确地说就是"皮耶罗的儿子们"，亦即那些来自于索德里尼本阶级的年轻、傲慢的成员，那些认为美第奇家族的君主国或者以那个家族为首的狭隘政体比以大议会为中心的共和国对自己更加有利的年轻权贵们(*D* III. 3)。① 他们不可能被良善和恩惠所感化,"恶意是任何恩惠都无法平息的",时间也不能减少他们压迫的欲望(*D* III. 30)。用马基雅维利的语言来说,他们嫉妒作为被赋权的人民的制度化化身的大议会,[134]以及由一位显贵阶级的叛徒索德里尼所占据的任职终身的行政长官。

马基雅维利断言索德里尼意识到了共和国要想维持下去就必须消除美第奇派的势力,但他并没有解释为什么说"机运以及那些反对者的野心使索德里尼有机会消灭他们"(*D* III. 3)。圭恰尔迪尼的描述则更为详尽。在索德里尼任职期间,流亡到罗马的美第奇家族热情而慷慨地接待和资助那些人数日增的、来自佛罗伦萨不满的权贵们的拜访,其中就包括鲁切拉伊家族和布昂德尔蒙蒂家族的成员或代理人。这让索德里尼非常生气,但他并没有试图集中精力来惩罚这些与城邦先前的僭主们来往的显贵们。② 就在这段时间里,传出一桩丑闻,美第奇家族鼓励其一位女性亲戚嫁给一位佛罗伦萨权贵家族成员菲利波·斯特罗齐。索德里尼对这种近乎叛国的傲慢行为感到愤怒,并准备惩罚这个年轻人。③ 但是,他的行动过于冷静、犹疑、缺乏重点,以致这个年轻的贵族仅被处以罚金和暂时的流放得以脱身。不难想象,马基雅维利可能更愿意索德里尼趁机尽可能多地从共和国肃清支持美第奇家族的权贵;毕竟,他们不仅蔑视正义旗手和大议会,而且还蔑视前者的"马仔"尼科洛。圭恰尔迪尼强调,索德里尼对大议会和共和国其他的顾问机构都有很大的影响力,因此,只要正义旗手义愤填膺地控告任何人,他们一定都会将其定罪或驳回其上诉,

---

① 关于年轻的权贵在摧毁共和国、召回美第奇家族中扮演的角色,参见 Butters 1985 和 Stephens 1983。

② Guicciardini [c. 1508] 1970, 295-297.

③ Guicciardini [c. 1508] 1970, 297-303.

尤其是那些大议会的敌人和支持美第奇家族复辟的人。①

然而，马基雅维利重述了索德里尼与朋友们（大概也包括马基雅维利本人）的对话，②正义旗手说他不想"有力地打击他的对手"，不想通过"超常的权力"来"击败"他的敌对者，以免破坏公民平等和法治（*D* III. 3）。正义旗手显然并没有理会其幕僚的建议，即只需要让人民成为这类事务的最终裁决者就可以消灭大众政体的篡夺者，而不必借助于超常的手段——当然也有可能，那时候其助手马基雅维利自己也还没有得出这个结论。索德里尼担心，如果他肃清了共和国里支持美第奇家族的权贵们，人民将不会再另外信任一位终身的最高行政长官，从而在他死后会以一种有害的方式改革这个行政长官职位（*D* III. 3）。

马基雅维利指出，索德里尼仅仅需要主持一场诉讼来挽救共和国，就好比布鲁图斯参加对他支持塔克文家族的儿子们的审判并在此之后还亲临处决现场，这种方式最终会被原谅，而且也不会成为一个先例："既然他（索德里尼）的行动与意图必须由结果来评判，那么他就应当相信——只要有机运和生命相伴的话——所有人都会认识到，他所做的事情是为了祖国的安康而不是为了他自己的野心；[135]并且，他能够把事情安排得使他的任何继承人都不能为了恶而做他曾为了善而做过的事情"（*D* III. 3）。允许甚至鼓励被索德里尼处决的美第奇派大人物的家族和党羽反过来控告正义旗手，在大议会上控告他的严苛、野心和腐败，而这可能本来就是一项防范未来之恶行的"安排"。

---

① Guicciardini ［c. 1508］1970, 192, 206-207, 219-221, 248-250; cf. Guicciardini ［1512］1998, 132.

② 马基雅维利在《君主论》中承认他曾与瓦伦蒂诺公爵和鲁昂枢机主教对话（*P* 3, *P* 7）。但是，在《李维史论》中，他从未强调他与索德里尼之间的这种亲密关系；这或许是因为前正义旗手与马基雅维利著作的受献家族之间存在着政治的或个人的敌意。

回想一下马基雅维利早先的看法,如果索德里尼的显贵派敌人能够借助恰当的制度向人民提起对正义旗手的控告,那么无论索德里尼是否被定罪,导致西班牙人入侵和美第奇家族复辟的国内冲突就能够避免(*D* I. 7)。我们现在已经开始意识到,无论如何,这种入侵与复辟恰恰是权贵们想要的结果。因此,鉴于索德里尼受到民众的拥护,他们向大议会提起对正义旗手的控告将有可能被裁定为诬蔑,并导致对其发起者的权贵们自身的惩罚。最终,马基雅维利并没有在谁应该被判有罪的问题上保持中立:更应该受到惩罚的是那些想要建立一种威尼斯式寡头统治或者一位复辟的美第奇君主统治的权贵们,而不是马基雅维利的庇护人、开放政体的捍卫者。当马基雅维利考虑允许权贵们有其他的选择,以调和他们认为索德里尼在大议会中拥有过多的影响这种看法时,上面那种潜藏的情绪便浮出了水面。

马基雅维利说,大人物可以通过像正义旗手那样通过"施惠于普通民众"(亦即施惠于人民)来削弱他的权力基础,瓦解他作为"城邦自由热爱者"的声望(*D* I. 52)。如果索德里尼派和权贵们竞相施惠于人民,那么人民显然可以在开放政体的国内政治中获得更多的好处。但是,正如马基雅维利所深知的(权贵们蔑称他为"新人"和"无赖"①),以及圭恰尔迪尼在他的历史著作中所生动描绘的,佛罗伦萨的权贵们过于傲慢和自大,他们不可能与大议会和解,从而施惠于人民。相反,他们诉诸那些被马基雅维利正确地视为造成共和国毁灭的手段:他们密谋赢得流亡中的美第奇家族的支持,利用西班牙军队的入侵来推翻索德里尼,先是实行寡头制,接着又恢复君主制(*D* I. 52)。

与此相对照,马基雅维利断言索德里尼本人不可能采用其对手的方式——也就是,他自己与美第奇家族相勾结——来削弱他

---

① 　Ridolfi 1963, 99.

们的权力，因为这样做不仅会失去民众的支持，而且还会像放弃了人民之后的瓦洛里和萨沃纳罗拉那样非常容易受到攻击（*D* I. 52）。然而，正义旗手失去其权力和共和国，与瓦洛里以及萨沃纳罗拉最终败亡的原因如出一辙：这三个人全都轻视和低估了拥有人民——在会议中正式聚集的人民——的支持以对抗权贵的巨大优势。在马基雅维利看来，通过召回美第奇家族，权贵们走上了僭政的不归路。马基雅维利援引西塞罗和罗马贵族拥立屋大维来对抗马克·安东尼的例子强调了以下这一点：当寻求一位僭主的支持而非人民的支持时，[136]即使目的是为了维护共和国中显贵们的优势和元老们的特权，但结果都是共和国的彻底瓦解和"贵族派的摧毁"（*D* I. 52）。

　　作为这种策略的结果，罗马见证了屋大维上升为奥古斯都大帝；在佛罗伦萨，美第奇家族的归来并没有回到"第一公民"，而是最终建立了托斯卡纳公国。西塞罗这样的罗马权贵可能只是希望恢复元老院的权威，而贝尔纳多·鲁切拉伊这样的权贵也可能只是想让美第奇家族来主持一个"少数人统治的政府"。但是，他们两个人都促成了一人之僭政的兴起。在1512年挽救佛罗伦萨共和国、维持索德里尼政权、保留马基雅维利职位的唯一策略，同时也是十五年前开放政体的准君主瓦洛里和萨沃纳罗拉应当坚持的策略，那就是：对美第奇派权贵领袖进行指控、审判和死刑定罪，当密谋者提出上诉时，聚集在大议会中的人民维持上述定罪。

　　因此，在这些案例中，马基雅维利实际上赞成的并不是抛出和处死一位替罪羊以保全整个显贵阶级，而是对一定数量的大人物进行审判并执行死刑。这个数量或许能够制止贵族派的完全"摧毁"，但是马基雅维利非常清楚，为了维护一个大众政体的自由的生活方式，牺牲众多带有不可抑制之压迫欲望和不适当之统治欲求的年轻贵族的生命往往是必不可少的代价。

　　应当指出的是，马基雅维利在充分讨论曼利乌斯、瓦洛里/萨沃纳罗拉以及索德里尼的案例中为民众审判辩护的依据,多少不同于他在前面讨论控告和诬蔑时(*D* I. 7–8)提出的依据,尤其不同于他在高度赞扬人民在制定法律、分配官职方面表现不俗时(*D* I. 58)提出的依据。马基雅维利在之前的讨论中论证说,民众的审判可以达到最理想的结果,或者结果会优于其他政治行动者的裁定,比如说,一个人或少数人的裁定。然而,在后面的讨论中,马基雅维利暗示,无论在会议中正式聚集的人民做出怎样的决定,按照定义都是"正常的";也就是说,不是在任意的、非法的甚或错误的意义上"超常的"。换句话说,马基雅维利似乎在暗示或明示,并不存在一个外在的标准可以来评判人民在一场政治审判中的裁定到底是好的还是坏的。比裁决的内容——亦即客观公正地评判被指控者到底是真的有罪还是无辜——更重要的是裁决者的身份。很明显,对马基雅维利来说,在这些案例中最重要的是(1)由人民来决定这一事实——也就是说,人民不会做出坏的、不正确的或者说超常的决定;以及(2)由民众裁定政治审判所产生的有益后果——也就是说,这些审判有效地铲除了共和国的贵族派敌人,并且也没有明显地激起贵族派的强烈报复。①

[137]此外,在马基雅维利关于政治审判的详细论述中,人民似乎也不再像前面论述的那样客观公正甚或谦恭有礼:事实上,当平民首领或平民的行政长官对密谋反对共和国的"布鲁图斯的

---

① 这里马基雅维利与那些主张"群众智慧"的当代民主理论家(例如,Estlund 2007 和 Page 2006)存在分歧。马基雅维利并不强调大众裁决具有认识论上的正确性(the epistemic correctness of popular judgment),他持一种观念上更加开放、政治上更加不受限制的判断类型(type of judgment)(参见 Zerilli 2005)。马基雅维利放弃了大众裁决将产生真实的、能够客观评价的良好结果(比如说,在技术上被控告者是有罪还是无辜)的看法;相反,他认为,人民——作为一个审判机构采取行动,他们的标准是自己设定的而不是外在强加的——依据定义,就能够做出良好决定。进一步说,他强调的是如此构想的大众裁决所产生的工具性优点:铲除共和国的敌人、威慑未来可能的罪犯、减少那些受到惩罚者的亲戚和朋友们的报复行为。

儿子们"提起控告时,人民对权贵的成见并没有导致他们做出对被告更为不利的判决。然而,这种成见并不必然保证人民会不可避免地判定共和国的贵族派敌人有罪,从而导致后者变本加厉地实施反对共和国的逆谋或压迫性计划。就像我试图解释清楚的,马基雅维利坚持要求人民对政治罪犯提起诉讼并不意味着,杰出公民肯定会对来自人民和支持平民的行政长官双重努力之下发起的无休止的控告、定罪或者死刑感到极度恐惧。佛罗伦萨的德尔·内罗的例子,以及前面提到的罗马由保民官提出的中止审讯显贵的例子,都证明了这一点。人民本来可能会赦免德尔·内罗,而在后一个例子中他们确实服从了保民官。有人可能会推论说,共和国的自由需要大人物普遍地对政治惩罚感到害怕,但只能是间歇性地被其吓倒(参见 D III. 1)。① 阻止权贵们推翻一个共和国的,是他们在人民面前审判平民的行政长官的能力,以及如下事实:当他们发现自己受到审判时,人民不会自动就判定他们有罪。此外,人民对大人物的怨恨或尊重存在不确定性,并且当人民被正式授予决定权时,他们往往会客观公正地进行审判(就像马基雅维利在他关于索德里尼的讨论中所认为的),所有这些都使得担任行政长官的平民领袖和显贵阶级的叛逆不会将民众对政治案件的审判用于纯粹僭政的目的。

圭恰尔迪尼和马基雅维利都承认,政治与社会经济精英在共和国中比在君主国中(按照共和主义的意识形态,在君主国中只有一个人是真正"自由的")拥有更大的行动自由,而这种更大的

---

① 我需要强调的是:仅仅因为马基雅维利认为大众的裁决内在地具有"常规"特性以及领导人在应对显贵对手时可以利用它来避免采取"非常规的"手段,并不能就说马基雅维利完全排除了"非常规的"措施,比如,拥有君主般权力的个人,尤其是在"腐化的"共和国中,仍然可以单方面地采取这些措施(e.g., D I. 17-18)。我这里仅仅是认为,马基雅维利更倾向于常规的手段——那些由得到正式授权的人民来裁决的办法;也就是说,避免产生不好的先例或者鼓励直接的报复。

自由又构成了对其他公民之自由以及政体自身稳定性的威胁。这绝不是说，权贵们必然会选择共和国而不是君主国：就像马基雅维利所指出的以及我们清楚观察到的，当"布鲁图斯/皮耶罗的儿子们"认为一位君主比起共和国（无论如何他们都只是将其理解为狭隘的寡头政治）更有助于他们压迫人民时，他们便会试图参与支持君主制的政变（D I. 16、D III. 3，P 9）。①

但是，他们的共同点到此为止。马基雅维利不赞同把普通公民排除出对可疑的公共官员和有名望的公民提出批评、控告、罢免的程序之外。对马基雅维利来说，把这些事情只留给政府中的政治同僚和政敌（就像圭恰尔迪尼所推荐的以及现代的共和国所做的）会比把这些案件交给正式集会的人民进行最终裁决的做法造成更为严重的腐败。圭恰尔迪尼及其 18 世纪的后继者们——以美国的建国者们最为著名——认为，古代平民政体对流放、陶片放逐法和公开惩罚的使用过于武断和泛滥，[138]由此他们以一种恐惧暴民的方式矫枉过正，不仅收紧了政治审判的法律程序，而且把普通公民排除出这些程序。另一方面，马基雅维利则提供了一种惩罚显赫公民和公共行政长官的模式，这种模式建立在法治与包容普通公民的基础之上。

在马基雅维利看来，缺乏有法律依据的和广泛民众参与的控告、审判和上诉程序是佛罗伦萨共和国不稳定的最主要原因之一。他断言如果设置了这些程序，那么佛罗伦萨本可以避免在处死美第奇五君子之后杰出公民的流血事件，并且避免在驱逐索德里尼、召回美第奇家族的过程中引入西班牙军队。在《李维史论》的前面部分，马基雅维利指出，如果权贵可以使用适当的控告程序，那么瓦洛里、萨沃纳罗拉和索德里尼个人就会受到惩罚或者

① 斯蒂芬斯（Stephens 1983, 203–255）将佛罗伦萨共和国最终和永久的覆亡归咎于权贵们对美第奇家族统治的偏爱，而非一个开放政体中与人民分享权力的制度安排。

赦免,从而避免派系的暴力冲突以及随之而来的共和国的倾覆。公安八人委员会和执政团在这些案例中起不了作用,因为这两个机构人数太少,不足以听审这样的案子,不足以对这些个人做出恰当的审判,也不足以担负起向人民上诉的任务。马基雅维利主张,应该有一个大到可以容纳全体公民的机构来承担政治案件的初审和上诉。如果行政长官或者人数较少的顾问会议履行了前一个功能,那么也就不能指望人民来履行后一个功能。的确,像保民官这样的制度设计可能会迫使行政长官确保人民在这些案件中始终拥有最终裁决权(D III. 11),但是,让马基雅维利感到极为恼怒的是,佛罗伦萨缺乏这样一个存在于行政长官与人民之间的调节机制。

在《李维史论》的其他地方,马基雅维利指出,一个广泛的、包容民众的机构,事实上能够成为平民行政长官和大多数公民的有力武器,以此来对抗那些试图限制人民自由、颠覆开放政体的权贵们。不是简单地将民众的怒气聚焦在一位显贵身上从而保全整个元老阶层,也不是让人民忘记显贵阶级对他们拥有的结构性优势,公开的指控和民众的政治审判事实上可以增强人民的阶级意识、惩罚数量更多的大人物,从而捍卫一个共和国自由的和公民的生活方式。当指控以及审判和上诉仍然只维护少数人时,就像在大多数现代宪制中那样,平民领袖和进步的行政长官就很容易遭到诬蔑和诽谤,而大众政体也就越来越容易受到寡头派阴谋与政变的伤害。

第三部分

第6章　共和主义与民主

在罗马,一位保民官,以及其他任何一个公民,都能够向人民提出一项法律议案,对此每个公民都能发表赞成或反对的意见……以便人民能够选择最好的那个。

马基雅维利,*D* I. 18

民众过于无知,并不能在议会中自由、巧妙地讨论重要事宜……应该由行政长官独自选择发言人和议题。

圭恰尔迪尼,《关于〈李维史论〉的评论》,I. 2

[141]当哲学家们说起"共和主义"时,民主主义者应该为此感到担忧。当哲学家们支持诸如公共利益、法治、去政治化这些所谓的客观原则——亦即他们声称能够使民主运作更加公正的规范性标准——时,民主主义者应该为此感到非常担忧。历史告诉我们,这种共和主义话语——其公共利益不是通过广泛的民众参与和最终的多数裁决而产生——是相当值得怀疑的遗产。从历史上看,共和主义常会导致贵族发动改变大众政体的政变,或者在较为民主的政府被颠覆后为寡头政治进行辩护。从原则上说,这两种情况并不必然会困扰当代的共和主义信徒。毕竟,正

如我下面将会讨论的,他们对大众政体的重视程度远不及对政策是否造福民众、遵循公益的重视程度。他们认为,由普通公民在最小的程度上(最好是间接)进行授权,以及精英在治理过程中的相互竞争,就足以促进和保护人民的自由了。

回顾以往,"共和主义"主流的理论和实践——从亚里士多德、圭恰尔迪尼到麦迪逊,从斯巴达、威尼斯到美国建国——不是将权力赋予普通民众,而是赋予经济和政治精英,并使前者无法触动后者。事实上,罗马和佛罗伦萨"共和主义"各自的主要代言人西塞罗和布鲁尼都试图巩固精英[142]对共和国的控制,或者使已经发生的巩固合法化。① 一方面,古典共和主义者主张,对于贵族所控制的职位和议会,特别是元老院式的机构,应当赋予其较之保留给贫穷公民的机构更大的权力;另一方面,现代共和主义者基本主张,大众进行普选,选择特定的人———一般都是富有或著名的人士——成为统治民众的行政长官。(当然古典共和主义者也主张,在任命行政长官时,选举要好于随机抽取的方式,而现代共和主义者也广泛依赖元老院式的机构,例如议会的上院和最高法院。)坦白地说,共和主义者一直就主张对民主和"开放政体"进行严格限制和压缩;无论是新的还是旧的"狭隘政体",总是赋予少数人比多数人更多的权力,尽管后者也被"纳入"到政治当中,但是地位要低得多。

正如前面章节提到的,马基雅维利设想的方案相较于以上两类共和主义而言,赋予了民众更广泛地参与政治的权力,并寻求更严格地约束精英。他的政治理论比起今天被称为共和主义的理论赋予了民众更多的权力,并更具有反精英主义的性质。当然,马基雅维利不是政治理想主义者或幼稚的民主派:他承认社

---

① 关于西塞罗,参见 Colish 1978, Olmsted 2006, Connolly 2007 和 Zerba 2004;关于布鲁尼,参见 Hörnqvist 2000, Najemy 2000 和 Hankins 2000b to Hankins 2000a, 75-179。

会经济精英能够调用很大的政治权力,哪怕在最具民主倾向的宪法安排当中也是如此。然而,马基雅维利的大众政体理论与他之前狭隘政体的支持者(例如,亚里士多德和西塞罗)、同时代处于支配地位的政治学者(亦即布鲁尼和圭恰尔迪尼)以及塑造了我们对18世纪之后的共和国的理解、支持单纯的选举制或者最低限度民主制的理论家(例如,麦迪逊和熊彼特)的理论之间,都存在着明显区别。

　　本章的第一部分将对以往共和主义哲学家——比如,西塞罗、布鲁尼和圭恰尔迪尼——贬低和削弱大众参与的论述进行分析,指出这种论述导致的政治结果如何背离了其共和国中大多数公民感知和表达的公共利益。从短期来看,这种背景下对大众参与的大幅消减,只会服务于那些由此被授权代表大众行动的精英的利益;而从长远来看,民众的边缘化和精英的权力固化必定导致这些由夸夸其谈的共和主义哲人-政治家保驾护航的政体的崩溃瓦解。在之后的部分,我会重点说明传统共和主义的倡导者与当代最为杰出的、最具智识性的"共和主义"倡导者菲利普·佩蒂特的著作之间的重要关联。我会依靠马基雅维利的理论来论证,与传统和当代的共和主义者的看法相反,在共和国中,人民自身比少数人更有可能做出有利于公共利益的决定;因此,授权人民自己来审议和决策的政治民主从规范的和经验的理由来看,都比哲学共和主义更为可取,后者仅仅授权民选代表甚或中立的、"去政治化的"专家来代表人民决策。①

历史视角下的哲学共和主义

　　[143]最近约翰·邓恩提醒我们注意一个由摩西·芬利几十

---

① 本章扩展了 McCormick 2010。

年前提出的重要观点:西方哲学是从对民主政治和民主社会的敌视中浮现出来的。① 邓恩和芬利特别关注了寡头与哲学家在对雅典的批判上的高度重合。这种重合最明显地体现在柏拉图的著作中,其次体现在亚里士多德的著作中。对雅典民主的批评与他们的道德和哲学著作关系紧密,同时也与当时他们所代言的、在雅典和其他希腊城邦中篡夺或取代民主统治的寡头政治和僭政难逃干系。

与所谓"共和主义"更直接相关的意大利著作者们的著作,同样具有反民主和寡头倾向,而且也可以与颠覆和篡夺大众政体的行动联系起来:在此我要特别点名的是马尔库斯·图利乌斯·西塞罗、莱昂纳多·布鲁尼和弗朗切斯科·圭恰尔迪尼这些哲人-政治家。西塞罗坚持认为元老院应该垄断罗马共和国的政策制定权:他公开倡导控制平民的行政长官(如保民官),倡导公开而非秘密投票,以及通过恩主对门客的影响来确保普通公民对元老院意志的服从。对于西塞罗来说,将共和国内最富智慧、最优秀的人汇聚到元老院进行审议并做出决策,就能实现最佳的公共利益。人民的参与应该被严格限制在对卸任后进入元老院的主要官员的任命和选举上,以及对共和国最优秀者制定的法律政策的喝彩上。②

西塞罗的贵族共和主义(即遏制共和国中平民掌控的机构——保民官以及人民大会)是否有利于罗马的公共利益? 回答这个问题很难。西塞罗和当时其他的元老院成员坚决抵制平民在解决危及共和国的经济-军事危机上所做的努力。③ 正如本书第3章提到的,罗马的公民士兵日益陷入贫困,正是由于元老院成员和他们的盟友拒绝与之分享土地;事实上,他们甚至拒绝雇

---

① Dunn 2005, 17; Finley 1985, 28.

② Cicero 1999, 22–23, sections I. 51–52. Cf. Wood 1988, 22, 169–171, 174–175.

③ Murray 1966; Seager 1972; Wood 1988, 204–205.

佣贫穷公民,而选择雇佣价格便宜的奴隶来耕作这些土地。人民越是渴求土地,元老院就越是主张去征服更加遥远的土地。他们之所以这样做,是因为他们希望获得只有贵族(而非平民)才能从中获利的领土。该政策使得公民士兵在指挥官的带领下在远离罗马的地方生活了更长时间;这样士兵在经济上逐渐对指挥官形成了依赖,于是也就效忠于他而非共和国了。当然,这种状况的高潮是一场牺牲了西塞罗的生命与共和国的自由的军事指挥官之间的战争。①

类似的是,众所周知的被汉斯·巴龙认定为佛罗伦萨公民共和主义创始人的布鲁尼,支持的也不是佛罗伦萨共和国中世代传承的以行会法团主义(guild corporatism)为基础的民众统治。他充当了取代这种民众统治的寡头政治的理论发言人。② [144]布鲁尼(使用古典哲学术语)称赞民众的"参与"实践,而实际上这种参与已经在不久前被以阿尔比齐家族为首的政治寡头侵蚀殆尽。③ 在瓦解了行会共和体系之后,阿尔比齐家族开放了佛罗伦萨政府行政长官的职位,使得比以前更多的公民可以担任这一官职,但是,他们还是把重要决策权牢牢掌握在本家族人手中。佛罗伦萨显贵们在资政性会议中就公共政策进行审议并作出决策(汇编在政府卷宗 *Consulte e Practiche* 中),然后基本上是下令给行政长官实施。④ 那么,这是否意味着,相较于更具大众参与性质的佛罗伦萨政府,这种大大缩小了决策者范围的决策过程产生了更好的公共政策呢? 答案几乎是否定的。那些处于领导地位的公民并不能顺利化解彼此之间的矛盾,而且他们通过庇护依附关系腐化了普通公民群体中的公民文化,从而营造了适宜美第奇家

---

① Plutarch 2005, 323–373.

② Baron1966; Najemy 1982.

③ Bruni 1987, 116–126, 171–174; Hankins 2000a, 1–14, 75–178.

④ Najemy 1982.

族以僭主形式君临佛罗伦萨的环境。[1]

最后,正如前面提到的,圭恰尔迪尼具体化了共和国中富有和显贵公民的愿望,并且构成了沟通西塞罗与詹姆斯·麦迪逊这两位共和主义者之间的关键(也许还是隐秘的)通道。[2] 1494 年美第奇家族被驱逐后,佛罗伦萨恢复了大众政体,形成了一个以雅典式的大型公民大会以及混合了抽签和选举两种方式任命行政长官为特色的开放政体。为了表示抗议,圭恰尔迪尼提出,行政长官的任命应该仅仅采用投票方式,而且要建立比大议会更能进行实质性讨论、更好进行决策的元老院。他声称,这样的变革可以让最有智慧、更为明智和更有德性的人,而非摇摆的、无知的、心怀嫉妒的大众来决定什么对城市是最好的选择。[3] 我们无法确定,如果像圭恰尔迪尼主张的那样,把佛罗伦萨改造成一个选举-元老院式的共和国,其政府是否比开放政体更好地实现公共利益;但是,当他那些富有的朋友和亲族在未能实现这样的改革之后,便引入西班牙军队,摧毁了大议会并将共和国再次交到美第奇家族手中。

除了这些国内社会支配的生动案例,共和主义哲人-政治家还为具体的共和国对其他国家包括其他类型的共和国实施支配进行辩护。[4] 西塞罗赞美横跨大洲的罗马帝国,布鲁尼则为佛罗伦萨在托斯卡纳地区较小规模的霸权辩护。鉴于支配(包括内部的和对外的)在共和主义理论和实践中的无所不在,没有增加任何限定的无支配——当代共和主义复兴的核心原则——似乎很

---

[1]   Machiavelli *FH* IV. 2–4.

[2]   McCormick n.d.

[3]   Guicciardini [1512] 1998.

[4]   参见 Molho, Raaflaub 和 Emlen 1991, 135–354, 565–640。关于西塞罗和帝国,参见 Cicero 1993, 120; Cicero 1999, 72–74 和 Steel 2001;关于布鲁尼的相同问题,参见 Hankins 2000b 和 Hörnqvist 2000。

难说源自这一政治传统。① 进一步说,如果一个人想更小心地重新建构一种富有进步论色彩的共和主义理论,并且想把马基雅维利也囊括进来的话,他就不得不面对如下的问题:与传统共和主义的理论家不同,马基雅维利对各种社会支配感到沮丧(而这些支配是前面提到的共和国在内政上的典型特征),并主张用与传统方式非常不同的制度措施来处理这个问题。此外,正如我在本书第 2 章中讨论过的,他[145]至少在表面上以一种甚至比其他共和主义理论家更加热情的方式支持这里提到的帝国主义支配。② 基于对传统共和主义原则和实践的这些反思,现在我要处理菲利普·佩蒂特的著作。在当前试图将共和主义恢复为一种正当且可行的政治规划的诸多思想家中,佩蒂特的哲学是最为精细的。

在共和主义与民主之间

在具有开创意义的《共和主义》与《一种自由理论》这两部书中,佩蒂特创立了一种共和主义自由理论的哲学体系,并希望这种理论可以影响当代政治。这一理论就是无支配自由理论。③ 在

①　在反对斯金纳为实现当代的进步主义目的而复兴新罗马或者说共和主义自由时,卡普斯特和马多克斯强调说,在真实的罗马政治中,强烈的寡头制特征严重限制了绝大多数罗马公民的自由;不过,马多克斯强调说民众参与程度和保民官的制度设置有助于缓解这种情况,而卡普斯特则没有这么乐观,只强调了民众和保民官权力否定性的、阻碍性的和防卫性的性质,参见 Kapust 2004 和 Maddox 2002。安多进一步批判了新罗马共和主义自由,认为剑桥学派以及受剑桥学派影响的学者们没有注意到,这种特定的消极自由观是在为奥古斯都的元首制做辩护时,才得到了最为充分的论述,参见 Ando 2010。斯普林堡从不同的角度出发,强烈质疑是否能把罗马自由与其固有的厌女症/男性中心主义性质切割开,参见 Springborg 2001。皮特金在她的经典研究中,以类似的且更为激烈的方式质疑了马基雅维利自己的自由理论,参见 Pitkin 1999。

②　See Hörnqvist 2004.

③　Pettit 1999a and 2001.

这些及以后的著作中，①佩蒂特还提出了制度上的改革方案，希望借此能够更充分地实现无支配自由，并对当前的民主制度进行实质性的改进。② 佩蒂特从盎格鲁-欧洲政治思想的诠释中提取出这一自由理论，并将自由主义的自由观与共和主义的自由观对立起来（可能对立得有些过头了）。③ 佩蒂特断言，前一种传统是一种仅仅支持无干涉自由原则的理论；也就是说，自由主义寻求的是个体免于直接形式的干涉的自由——干涉（interference）包括实际的约束（actual constraints）、物理上的阻碍（physical impediments），等等。与此相对，共和主义持有一种更为宽泛和稳固的规范性标准，即免于支配的自由。古典自由主义将自由仅仅界定为避免受到实际干涉的自由，因此忽略了"生活在专断干预的威胁之下"这种形式的依附或从属（dependence or subordination）对个体和政治体的影响。④

对于佩蒂特来说，"支配"指个人处于从属地位的状态，不管是否有他人在某时某刻对其生活进行了实际的干预；仅仅是来自他人的专断干涉的威胁（包括隐性的与显性的）就足以将这种关系确定为一种社会的或政治的支配关系。佩蒂特对"专断的"（arbitrary）干涉的定义是：这种干涉不符合个体所感知和表达的利益；他使用"支配权"（dominium）来描述私人群体对其他私人群体的专断干涉，而使用"统治权"（imperium）来描述政府违反个体

---

① Pettit 1999b, 2000, and 2004.

② Pettit 2000, 105.

③ 关于把共和主义与自由主义过分对立起来所导致的困难，参见 Holmes 1995, 5-6; Isaac 1988; Larmore 2001; Larmore 2008, 139-195; Patten 1996 和 Rogers 2008。

④ Skinner 1998, ix-x; 但也参见 Holmes 1995, 13-41。施克拉的"恐惧的自由主义"似乎是一个明显的例子，说明自由主义理论并不仅仅关心与直接干预本身相关联的非正义。不仅如此，恐惧的自由主义已经被证明能够有效应用于其他非正义的场合。参见 Shklar 1989, Levy 2000。

"被普遍认可的利益"的行为。①

　　我认为,佩蒂特的无支配自由制造了两个相互冲突的目标:一方面,他煞费苦心地将无支配自由植根于"宽泛的共和主义传统"之中;然而另一方面,佩蒂特认为他的自由理论能够通过与"选举的和论辩的民主"相关的实践来加以最好的保障,在他看来,这种复合型的制度比传统上所践行和理解的民主要更为优越。我认为他在第一点上的努力是对第二点的严重削弱;事实上,我会证明,佩蒂特对共和主义的坚守迫使他去拥护当代"民主的"政治的某些方面,而这些方面对佩蒂特自己所定义的自由是最不友好的。

马基雅维利与消极自由

　　[146]通过对其共和主义理论的各种重述,佩蒂特对大众裁决和多数至上论政治(majoritarian politics)大加怀疑。与雅典民主派、罗马平民派和佛罗伦萨行会不同,佩蒂特并未赋予广泛而有效的大众参与以至高的道德地位和特别的正当性。佩蒂特将自己遵循的知识遗产描述为:"那些认同于宽泛意义上的共和主义思想传统的著作者们认为,用以定义自由的,是一种可以避免与干涉相联系的恶果的地位,而不是对民主控制的工具的获取(不论那种民主是参与式的还是代议式的)。"②此处佩蒂特在一些重要方面延续了昆廷·斯金纳的观点,相信马基雅维利塑造了

---

① Pettit 1999a, 55, 290-292; Pettit 2001, 156-158; 或者用他在其他地方的话来说,"被感知的利益"(perceived interests,Pettit 1999b, 165-166, 170, 等各处)。

② Pettit 1999a, 30; cf. Pettit 1999a, 27. 尽管佩蒂特说他的理论化构建形成了"一种与众不同的共和主义叙事",但他还宣称说,这并不意味着要"对共和主义传统亦步亦趋"(Pettit 2001, 173)。

一个专注于"避免干涉而非实现参与"的共和主义传统；①不仅如此，他还将马基雅维利与西塞罗、哈林顿、西德尼以及孟德斯鸠归为一类，认为他们并不主张一种"积极的自由概念"，没有把自由同"一种自决的民主"(self-determining democracy) 相联系，也没有把"参与"放在首要和重大的优先地位上。②

　　由此，佩蒂特就将马基雅维利纳入到这样一类共和主义作家当中：他们珍视无支配的消极自由，而且淡化甚或否定在选举过程之外的集体性积极手段，而公民们本来是可能通过那些手段而获得无支配自由的。③ 与斯金纳和其他一些作者一样，④佩蒂特也强调马基雅维利著作中的一些段落，这些段落描述了普通民众在其人身和财产没有受到专断干涉(而且也不用恐惧这种干涉)的时候所具有的欲望。⑤ 这些论述多少还算说出了一些事实。然而不幸的是，把激发了马基雅维利这些主张的来源限定在抽象的自由"概念"上，使得佩蒂特严重低估了这个佛罗伦萨人所认为的大众为了获取、保持以及扩展这种自由所必不可少的参与式手段，因此夸大了马基雅维利在对实际自由的描述中消极自由面向和积极自由面向的区分。

　　通过将不受支配的欲求归于人民，马基雅维利赋予了人民对自由的欲求(亦即对在生活中免于支配的欲求)以优先性，认为这是更为正当和体面的欲求。同时，人民对精英积极地提出挑战，以防范自身的自由受到威胁或者被消减，这在佛罗伦萨是合法的并受到鼓励的。或许也可以说，马基雅维利的理论一方面赋予人民"自然的"被动性情以合法性，另一方面又论证了人民"非自然

---

① Pettit 1999a, 28.

② Pettit 1999a, 187; Pettit 1999b, 166.

③ See Pettit 1999a, 182, 210.

④ See Colish 1971; Guarini 1990.

⑤ Pettit 1999a, 28; Skinner 2002, 198.

的"或习得的积极政治态度的正当性。与之相对,马基雅维利认定精英的支配欲是贪得无厌的(尽管这样的论断并不能处处都得到印证),从而表明必须用单纯选举之外的措施来遏制他们,比如,我前面论述过的留给特定阶级的官职和民众对政治案件的裁定,以及不仅是积极的而且还是对抗性的参与。

我们在本书中已经看到,马基雅维利设计出的大众参与的形式包括:与大人物竞争官职,建立留给特定阶级的机构系统,申诉程序公开透明,[147]创造机会对官员、有权势的个人进行非难谴责,在会议上直接议决立法和政治案件,以及分享共和国的财富和荣誉。我在本章中要继续论证,由于佩蒂特仅仅关注选举,而且在很大程度上忽视了上述更为激烈和广泛的参与实践,他和斯金纳一样,不恰当地把马基雅维利的自由概念归入狭隘的"消极"自由之列。此外,不知道是有意还是无意,佩蒂特把哲人-政治家们(如西塞罗)的贵族之见遵奉为"共和主义"本身,同时忽视了更具民主参与传统的平民共和主义或行会共和主义。

选举与论辩

佩蒂特依据公民"共同认可的利益"(common avowable interests)——亦即被公民们认为是彼此共同分享的利益——来定义共和主义自由。① 但是,与他对共和主义传统的解释相一致的是,佩蒂特所认可的公民参与界定和表达这些利益的方式其实是非常狭窄的。佩蒂特赞同亚里士多德、西塞罗、布鲁尼、圭恰尔迪尼

---

① Pettit 1999a, 30. 依据佩蒂特的观点,如果"人们在合作时所承认需要得到考虑的因素支持某种善的集体供给",那么这种善就成为了一种公共善(Pettit 2001,156)。然而,佩蒂特谨慎地拒绝提供一个民主政治的必备因素的清单——也就是说,一个民主政治体中公民应该具有决策权的问题清单。我仍坚持认为他是在民主政治必须具备某些共性的观念前提下展开论述的(Pettit 2000, 108)。

以及麦迪逊的看法,认为集体参与不应该超过民众选择特定个人担任行政长官的范围,参与不需要超越选举政治。例如,佩蒂特以赞许的口吻援引了英国共和主义者理查德·普莱斯和约瑟夫·普利斯特里,他们分别将参与限定为"选择代表"和"投票"。① 正如佩蒂特在《共和主义》中谈到的:"选举权赋予了作为集体的人民以权力,使其成为政府法律和决定的间接创制者。他们也许并非政府人员的言论和行为的创制者,但是他们决定了谁应该成为那种创制者,或者至少决定了由谁来监督那些创制者。"②

于是,佩蒂特反复申明说,人民应该仅仅作为公共政策的"间接"创制者而行动;从某种意义上说,人民也许"有机会成为"法律的创制者,但也是"不完全地"。③ 因此,佩蒂特把民主定义为"一种被统治者对统治者享有某种控制的政府体系",而且他承认"某种控制"是一个足够"模糊"的概念,以致并不意味着由被统治者实施的完全的控制,甚或占有优势的控制。④ 在此基础上,共和主义哲人所信奉的政府形式就是:真正的政治控制并不掌握在人民手中,而是"完全或者主要交给议会代表,或交给由议会多数派组建的政府,又或者交给一个由选举产生的行政机构来承担"。⑤ 所以在佩蒂特看来,代议民主和选举政治应该是而且确实是仅仅通过一种高度缓冲的方式来"实现"公众的偏好的。⑥

---

① Pettit 1999a, 29.

② Pettit 1999a, 294.

③ Pettit 2000, 125; Pettit 2001, 161.

④ Pettit 2000, 106, 114. 佩蒂特对公共利益的传统标准——"涉及所有人的事情应当由所有人加以考虑和认可"——进行了一种非常淡化其民主含义的诠释:"这并不意味着涉及所有人的事情应该由所有的人来决定,而只是说,涉及所有人的事情要由所有人加以审慎的认可。这还意味着,涉及所有人的事情只需要由他们通过消极的模式加以控制,而不需要加以积极主动的控制"(Pettit 2000, 140)。

⑤ Pettit 2004, 52.

⑥ Pettit 1999a, 168.

　　按照佩蒂特的看法,一般来说,选举能够使政策制定者了解
"大众"对公共利益的"评估"是什么,从而使代表们以此为基础
进行统治。① 虽然人民既不亲自制定[148]政策,也不特别指示
选举出来的行政长官们如何制定政策,但他们还是向官员们传递
了他们关于公共利益的一般性看法,从而使代表们可以借助选举
政治赋予他们的广泛裁量权,真心诚意地实现那种公共利益。因
此,与雅典式或者平民式直接民主不同(这些民主形式意在表达
多数公民的集体意志),佩蒂特支持的是一种间接民主。在这样
的民主中,与选举竞争相伴的公共审议,以及由选举结果表示的
政治授权,起到了引导政策制定者履行职责的作用:

　　　　人民需要用民主的方式对政府进行控制,因为只有在这
　　种控制模式下,能够被期望去引导政府的那些理由,才有可
　　能是那些在**共同审议**中被认为是关系到公共决策的价值评
　　估的理由。根据这种概念,民主不是一种进行集体意志表达
　　的体制,而是一种使公众的价值评估获得权力的**管理手段**。②

　　佩蒂特一开始宣称,集体意志(a collective will)这一理念的主
要问题在于,在复杂的现代社会背景下,要想将其探测或者表达
出来,都是不切实际的。③ 不过,佩蒂特之所以拒绝与集体意志概
念相伴而生的"参与性理想"(participatory ideal),不仅仅是因为
(或者说首先就不是因为)这种理想"在现代世界中是不可行

---

① Pettit 2004, 58; cf. Pettit 1999b, 173.
② Pettit 2004, 58, 楷体强调为引者所加。
③ "集体意志概念的核心困难在于,它的存在要以一个集体行动者为前提,而在一个
　　非常大的人群范围或选民范围内,使集体行动者能够存在的条件就太过严苛了"
　　(Pettit 2004, 60, n. 9)。

的"。① 正如我们将会在本章后面部分看到的,佩蒂特最终是基于规范性的原因而认为这些概念"几乎没有吸引力的";②也就是说,在他看来,"准确反映大众意志的多数至上统治"这一理念,对于民主制度下的自由是一种威胁,甚或是最大的威胁。③

有一点需要注意:尽管佩蒂特强调了选举从总体上带来的好处,但是他并不认为在建立公正、高效的政府方面,选举政治就是毫无问题的。即使佩蒂特(以一种地道的熊彼特式的套路)依靠一种激励论/消费主义模式(an incentivist/consumerist model),认为选举政治能够有效地产生致力于公共利益的候选人,④但我们也不能说佩蒂特是盲目迷信选举的。实际上,他承认民选代表(与民众中的多数派一样)在追求自身利益而非其他每个人的利益时,可能会成为施加支配的人。在这种背景下,佩蒂特提出了一个严肃的问题,即如何保证选出的精英对选民负责,而不会去专断行事:"既然(选举)对政府的最终决策结果只能实现一种非常松弛的控制,这就可能无法阻止当选的掌权者制定出不能回应特定利益的政策,或者不能防范其制定一些不能回应大众利益的政策。选举民主的国家有可能成为一种选举的专制主义"。⑤

考虑到这些评论,佩蒂特的如下论证就多少有些令人惊讶了:与其他类型的政治体相比,选举体制更能促进问责,甚至与那些通过抽签分配大部分官职的政治体(比如,他明确提到的古代民主政体)相比也是如此。⑥ 然而,佩蒂特是以某种多少有些误导的方式提出这一主张的:虽然从理论上看,选举在问责方面可以

---

① Pettit 1999a, 81.

② Pettit 1999a, 81.

③ Pettit 1999b, 177. 在这一点上更为大胆的反民主表述,参见 Posner 2004。

④ Pettit 2001, 160–161. Again, cf., Posner 2004.

⑤ Pettit 1999a, 293–294.

⑥ Pettit 1999b, 173.

起到单单抽签本身[149]起不到的作用;但是,佩蒂特没有提到的是,在实践中,几乎所有采用抽签的大众政体都对卸任的行政长官采取了严格的任后公共监督,使他们必须为自己的行为负责,其不端行为将会受到严厉惩罚。并不存在什么可靠的证据能够表明,选举加连任的方式比抽签加问责的方式更能保证精英对公民们负责;恰恰相反,事实上倒是有可信的证据能够得出与此相反的结论。①

事实上,佩蒂特自己也承认,代表制民主所固有的间接性允许行政长官以一种潜在有害的方式去独立于公众而自行其是:代表制意味着"选举的控制方式仍然允许政府政策的制定受到除人民共同认可的利益之外其他因素的影响"。② 佩蒂特列举了对代表制民主的效能有潜在损害的一些专断因素:竞选中的承诺常常不能落实为法律,政策的实施者在实施计划过程中享有广泛特权,以及特定游说集团具有不正当的影响决策过程的能力。③

为了遏制代表制民主在克服这些扭曲方面所固有的脆弱性,佩蒂特主张用"论辩的"(contestatory)方式对常规的选举政治中产生的政策后果进行质询。④ 佩蒂特频繁地借助其他机构——司法系统、上诉法庭、监察专员、上院、地方委员会——以使个人、特定公民群体甚或(含义更加含混不清的)全体公民自身对当选精英做出的决定进行多方位的争辩、评估或者修正。⑤ 他将这些称之为民主政治的"修订"(editorial)维度,这必须成为对于在选举过程中反映出的"创制"(authorial)维度的补充。⑥

---

① See Ober 1993; Przeworski, Stokes, and Manin 1999.

② Pettit 2000, 126.

③ Pettit 2001, 162.

④ Pettit 2001, 154, 174.

⑤ Pettit 1999a, 292-297; Pettit 2000.

⑥ Pettit 2001, 160-163.

通过后者,人民表达出国家应该促进的被认可的公共利益;通过前者,对于被认为是国家政策中不符合公共利益的情况,他们会进行抗议和谴责。①

然而,必须指出的是,佩蒂特所理解的论辩式程序的运作过程,就像他所理解的选举政治一样,都是间接的和被动的:他明确声称,构成其民主理论之论辩维度的"程序性、咨询性和申诉性措施",

> 赋予了普通民众针对事态的*被动的*而非主动的控制。如果这些措施运转有效,就能够确保,尽管普通民众并不决定哪些政策会得到选择和实施,但被选择和实施的政策将会符合人民共同且认可的利益。②

对于那些对公民有不好影响的政策,论辩措施会允许他们"发出有效的声音",但佩蒂特坚持说,公民并不会直接决定哪些政策应该实施或撤销。③

佩蒂特认为,为了促进论辩(不论这些论辩是多么被动),民主政治必须允许公民从至少三个方面对政府政策提出挑战:"政府在公法范围内的合法性;政府的实际功过;政府总体上而言的合宜性"。④ 在佩蒂特的框架中,高等法院[150]或者最高法院的司法审查能够确保影响公民利益的政府行为是合法的或合宪的。佩蒂特还主张进一步授权法院监督土地使用、移民、教育等问题,以指出这些领域中的公共政策是否在重要的方面遵循了公民利

---

① Pettit 2001, 159. 在佩蒂特的民主概念中,选举政治起着一种"积极搜寻和确定"的功能,而论辩政治则起着一种"消极审查和否定"的功能。

② Pettit 2000, 139—140, 楷体强调为引者所加。

③ Pettit 2001, 174.

④ Pettit 2001, 171.

益;这样的专门法院会举行公众听证会、进行正式的问询、公布他们的调查结果,并且通过"白皮书"或者"绿皮书"提出建议。①

在佩蒂特给出的选举之外的制度设计中,最为令人印象深刻的是监察专员(the ombudsman),他是一个负责进行论辩的人员。乍一看,他的功能很容易让人想起古罗马的平民保民官。依照佩蒂特的描述,公民可以针对最广意义上的政府"弊政"向监察专员提出申诉,并要求实施调查和汇报:不称职、轻视、腐败、疏忽、渎职、拖延、专横、滥用权力,等等。② 虽然佩蒂特不会让监察专员"拥有实施补救措施的权力",但他认为他们能够有效地确保受损一方得到补偿,并且成为改进政府行为更好服务公众的催化剂。③

然而,在罗马的保民官与佩蒂特的监察专员这两个论辩式行政长官之间存在着极其重要的差异。一方面,罗马的保民官不仅仅是论辩式官员,他还拥有提出法律议案、控告显要人物和普通公民的职权,这些职权是佩蒂特的监察专员所没有的;另一方面,佩蒂特没有指明监察专员的群体属性,也就是说,监察专员并不一定必须来自特定的群体(就像保民官必须来自平民那样),即那些要防范政府侵扰和社会支配而保护自身利益的阶层。(正如我们会在本章后面部分看到的,佩蒂特有时也支持为特定群体保留职位,例如为少数群体保留一定的代表席位,但他们的行动范围要受到立法程序和惯例的严格束缚。)

此外还有两个重要差异,我想多花点篇幅来说明:第一,佩蒂特拒绝给予监察专员——或者任何其他论辩式权力的授权者或被授权者——对政府政策的否决权;第二,佩蒂特并不把普通公民——那些占绝大多数的、不属于社会经济和政治精英的公

---

①   Pettit 2000, 131.

②   Pettit 2000, 172.

③   Pettit 2000, 172; cf. Pettit 2000, 133. 事实上,这正是全世界监察专员的运行方式。参见 Gregory and Giddings 2000。

民——看作一个有权拥有自己专属的监察专员的松散群体。根据佩蒂特的解释,在大部分情况下,监察专员是为了那些宣称自己被认可的利益遭到侵犯或忽视的个人或少数派而对公共政策展开论辩的,而不是为了作为整体的普通公民(亦即那些现代共和国中的平民)去论辩的。

对否决权的否决

无论是基于正当性理由还是基于实用性理由,佩蒂特都拒斥了否决权,即预计自己将受到特定政策不利影响的群体阻止那些政策实施的权力。在佩蒂特看来,否决权只不过"具有抽象的、纯粹学术上的意义",而且在当今"基本没有[151]制度化的可能性"。① 更具体地说,他认为否决权会阻碍公共政策问题上的相互妥协:如果可以使用正式的否决权,相关利益方就不再需要通过谈判达成结果(即使这种结果可能包含合适的补偿),而这样的谈判本可以在利益和成本的分配上使整个社会获得一些公平感。② 佩蒂特观察到,当握有否决权的群体面对需要有人付出代价但对社会来说却是非常必要的政策建议时,"他们有可能极为糟糕地阻挠干涉该事件的动议,寄希望于把代价转移到他人身上"。③ 在这种局面下,作为整体的社会将永远不会从以下项目中受益,比如累进税、发电厂、反污染法以及注射器置换项目。

佩蒂特坚持认为,论辩式民主不应使人民享有"对公共决策的否决权",而只能让他们通过评论或者申诉"提出质疑"。④ 佩蒂特主张,这样的论辩要比否决权更加公平有效,因为"它使人们

① Pettit 1999b, 178.
② Pettit 1999b, 178.
③ Pettit 2000, 118.
④ Pettit 1999b, 178.

有能力表达自身感受到的利益,但又不会使他们成为拥有独立能力否定任何公共决定的独裁者"。① 如果少数群体或者特殊利益群体在某些情境下会利用法律规定的否决权服务于自身目的,那么,佩蒂特这位共和主义哲人的观点还算有一定道理,但不知道为什么,他以同样的理由明确否定了罗马共和国保民官的否决权。② 既然保民官行使否决权是在代表大多数公民反抗元老院和元老们的计划和举措,那么就很难说这种否决在社会中不公正地分配了负担并且不恰当地破坏了有益的社会变革。事实上,当保民官在以下情境中行使否决权时,他们确保了罗马元老院的命令无法把负担不公正地分配给大多数公民:例如,保民官会动用否决权否决执政官在会议(如百人团大会)上提出的偏袒显贵的法律,因为这种会议上的投票势必会倾向于富人;当元老院提出征兵和对外作战是为了平息共和国内部的平民抗议而非为了平民集体安全、抵御外敌,保民官也会动用否决权进行否决。

　　佩蒂特当然很好地阐明了反对在个人或者"群体层面"运用否决权的原因,③但是,如果"群体"否决权的运用者是民众,也就是说穷人或者多数人,那又如何呢? 专为平民阶级保留的保民官职位,以及这一职位所服务的多数选民,在很大程度上能够消除佩蒂特的担心,或者至少,他们会要求佩蒂特减轻对罗马保民官否决权的批评。佩蒂特对特定群体通过否决权转移负担、破坏公共利益的能力念念不忘,他忽视了共和政治的一个明显的事实,而罗马人(特别是罗马平民)则非常清楚这一点:富有公民不成比例的影响力和行政长官享有的广泛裁量权常常构成事实上的否决,即对大多数公民期望制定的、有利于其公共利益的政策构成了否决。精英们在这一背景下实施的事实上的否决权,以及他

---

① Pettit 1999b, 180.

② Pettit 2001, 163.

③ Pettit 2000, 118.

们在积极的政策制定活动中享有的不成比例的影响力和裁量权，迫使只能依靠数量优势的多数人必须依靠某种制度，[152]以使自己不仅能够在公共政策实施前对其进行核准，而且能够在事后对那些政策予以否决。

佩蒂特显然摒弃了对作为一种论辩形式的否决权的利用（不管是由多数群体还是由少数群体行使的）。但是，他是否至少赋予了少数群体和多数群体其他的制度化论辩途径呢？还是说，这些论辩途径仅仅给予了受到侵害的个人和弱势的少数群体呢？佩蒂特似乎常常是在主张，多数群体一般来说从传统的选举政治中获利甚大，因此只有个人和少数群体才需要求助于论辩的实践。我现在将要考察佩蒂特支持这一立场的理由，以及这给无支配自由带来的后果。

既适用于多数人也适用于少数人的论辩？

佩蒂特民主理论中对论辩性质的界定，常常表现得模棱两可：一方面，他声称"如果一个政府要表现为一种由人民进行控制的统治形式，就得要求人民永久享有以个体和集体形式针对政府决策进行论辩的可能"；[1]另一方面，他又毫不掩饰地宣称，论辩"不能以集体形式行使"。[2] 佩蒂特显然在两种辩论形式之间摇摆不定。第一种让人回想起罗马共和国：人们集体通过保民官校订或修改由当选官员（比如执政官）或者前当选官员（比如元老们）的决定；另一种辩论形式更容易让人联想起18世纪之后的自由宪政主义者所赞成的反多数至上的制度，这些制度可以让政府机构保护少数群体，使其免受多数派统治可能实行的暴虐行为。

---

① Pettit 1999a, 185, 着重为后加。

② Pettit 2001, 163.

前一种罗马类型的论辩,允许多数群体对政府以及任何可能通过自利的和支配性的方式破坏民主统治的特殊利益集团展开论辩;后一种启蒙类型的论辩,使得少数群体可以针对多数群体意欲通过当选精英来施加的支配展开论辩,或者是针对单方面自行进行支配的政府官员展开论辩。

佩蒂特的著作中有大量证据表明(尽管在个别地方也有反例),他会把论辩机制(例如刚刚提到的那三种)首先交由个人和少数群体使用。这就意味着:

1. 佩蒂特相信,选举的机构能够充分服务多数公民群体本身——也就是说,多数群体不需要选举之外的其他方式来确保政府履行自己的职责,遵循大多数公民的公共利益行事。

2. 使宗教的、种族的、原住民的和其他少数群体受损的政策,是民主政治中最为紧要的典型支配,也正是最迫切需要用论辩加以纠正的;以普通公民为一方、富有公民和政府官员为另一方,在政治和经济—社会权力上的失衡,其本身并不需要以论辩的方式加以纠正。

[153]这些假设引出了一个重要问题:佩蒂特的模式是否通过反多数至上的制度为个人和少数群体提供了太多帮助,以致免除了这种模式使政府对大众应负的责任,并且阻碍了任何有意义的作为民众统治的民主(democracy as popular rule)的可能性? 进一步说,反多数至上的制度是否更有可能为享有特权的、拥有良好资源的,以及早已脱离基层的少数群体成员服务,而并非为那些真正容易受到伤害的少数群体服务呢? 毕竟,从记录来看,这些制度在保护易受伤害的少数群体方面绝对算不上表现出色。①

值得肯定的是,佩蒂特始终把保护易受伤害的少数群体放在其共和主义自由理论的核心:他一贯表明,"相关少数群体"的"政

---

① 　Dahl 1957; Hirschl 2005 and 2007; Rosenberg 1991.

治上被承认、被感知的利益",在民主政治中不能被"忽视和嘲弄"。① 即使是对他的模式中与"修订"式论辩相对立的"创制"式选举,佩蒂特也建议采用不同的方案——也就是说,不是严格意义上的选举制度——来确保政府的政策能够考虑社会的多样性。② 比方说,佩蒂特主张为社会中的每个少数群体都保留议会席位:他坚持认为,所有群体都应该"不是通过议会代言人的恩惠,而是通过有自己群体的成员出席的形式获得代表……具有足够包容性的立法机构,必须让共同体中不同的声音都被直接吸纳进去"。③ 这种对不同声音的包容能够而且应该对政策制定产生影响,但在这方面,它也不是无所不能的。④

归根到底,佩蒂特希望这种多样化的声音主要影响议会审议(parliamentary deliberation),而对立法决定(legislative decisions)的影响则是间接的:"立法者会议在为了做出决定而进行讨论时,它的考虑不能出于有特权者的狭隘立场,而是要出于整个社会的视角。"⑤ 按照佩蒂特的观点,在这样的制度中,虽然少数群体的声音必须被聆听和考虑,但是这些声音对立法结果并没有约束力。这种方案与(比如说)佛罗伦萨共和国执政团中设置保留席位的做法相差甚远;从理论上说,在佛罗伦萨共和国里,中等和底层行会的成员在觉察到自身利益受到上层行会偏好的特定政策威胁时,能够采取集体行动,以多数票决的形式将其击败。这种情况

---

① Pettit 1999b, 178.

② 佩蒂特坚持认为,虽然行政和司法机构并非由选举产生,但它们也必须体现社会多样性,而不是"在统计学的意义上"由"某一种宗教、性别、阶级或种族"的成员"进行支配",基于此,他主张对社会上"主要的利益相关群体实行依据统计数据分配席位的代表制"(Pettit 1999a, 192-193)。

③ Pettit 1999a, 191.

④ 关于这种情况下代表多样性的重要性,参见 Goodin 2008, 233-254; Phillips 1995; Williams 2000; Young 1990 and 2000。

⑤ Pettit 1999a, 191.

下按行业分配名额的方法,确保了来自各社会经济阶层的佛罗伦萨公民都能产生影响力——不仅在审议方面产生影响力,而且在决策方面也产生影响力。①

如果说,这种为少数群体保留席位的实践并不会像在佛罗伦萨共和国那样,为一些享有较少特权的法人团体赋予权力,那么,这种实践同样不会像罗马共和国中的平民保民官那样,减轻普通公民所处的不利状况:在佩蒂特的计划中,即使为少数群体保留了议会席位,也仍然会使他们的代表在数量上少于立法机构中的其他人员;相反,一位保民官只需要正式回应其同僚的否决以及选举他的平民们的意见。此外,佩蒂特所建议的那种保留席位的策略,必然是一个筛选精英的过程:例如,要像佩蒂特主张的那样,从法律上保障妇女占到候选人总数的百分之四十,[154]各政党的精英们就会在选择入围者时拥有巨大的自主权。② 一方面,罗马平民不需要元老院的认可,就能够决定由他们中间的什么人来担任保民官;③另一方面,即使是佛罗伦萨行会的执事们,在汇总可能进入执政团名单的人选时,并不对他们预计"会当选的"人进行筛选,因为在提交名单后并不会进行普选,而是进行抽签。④

无论如何,对于佩蒂特来说,比特定政治机构的多样性更加重要的是,各种类型的公民针对这种机构提出的政策开展论辩的能力,比如说给议员写信,要求监察专员进行质询,以及向上级法

---

① 威廉姆斯承认说,在当代的议会制背景下,就对政策结果的影响而言,群体代表制度所能够做到的也不过如此(Williams 2000, 222)。

② Pettit 1999a, 191.

③ Pettit 1999a, 191. 当佩蒂特建议将席位分配给原住民的"代表"(亦即在他们自己中所选择的代表)时,他更接近于罗马保民官的精神。

④ 实际上,在考虑混合不同类型选举形式的优势时,佩蒂特提到了多数至上式和比例式的程序,但是他从未考虑把抽签这种在传统共和国中非常流行的实践方式融合进去。参见 Pettit 2000, 135。

院提请司法复审。① 但是,佩蒂特在讨论少数群体代表问题上的极其认真,与他对待共和国里传统的身份政治问题上的草率,构成了鲜明的对比;也就是说,阶级问题(或者说,亚里士多德曾广泛讨论过的物质不平等问题)被忽视了。与佩蒂特在易受伤害的少数群体问题上的大声疾呼并进行专门的制度设计相比,针对资源不平等对民主政治造成的扭曲,他只进行了试探性的追问。例如,他问道,竞选捐款是否应该受到限制并且进行公开,以及是否应该干脆完全禁止私人对竞选活动的资助;但是,在提出疑问之后他并没有试图提出任何特别的改革措施。②

佩蒂特的这种犹疑不决再加上如下原因就更加引人关注了:他承认,对于共和国与共和主义来说,经济不平等过去一直是、现在也仍然是一个问题。"控制在经济上有权势者对政治家(以及更一般性地说,对政府)所产生的影响,这既是一个古老的难题……也是当代的一个紧迫问题。"③然而,对于这个他承认是共和主义所面对的最为根本和顽固的问题,佩蒂特所给出的最好答案只是:"对共和主义研究的最大挑战之一,就是找到能有效地将政治世界与商业世界隔离的方法。"④简单地说,佩蒂特把这个问题甩在了一边。

从根本上说,佩蒂特的理论框架仅仅间接回应了"富裕公民与贫穷公民之间重大的权力不对称"这一困扰共和国的历史性难题。当然,佩蒂特希望用他的"支配权"概念涵盖这种权力不对称:例如,基于无支配自由的理想,为了使雇主对雇员的支配权最小化,民选官员应该制定法律,以改善那种放纵雇主专断干涉雇员生活的状况。此外,佩蒂特的理论也支持雇员以个人或工人组

① Pettit 1999a, 193.
② Pettit 1999a, 194.
③ Pettit 1999a, 194.
④ Pettit 1999a, 194.

织成员的身份对政府政策开展论辩,针对关于其工作状况的政府
政策的效率或公平性提出质疑。但是,这种方式把发起行动的负
担放在了个人或组织身上,要求他们要么聚集在自己所支持的候
选人的旗下进行动员,要么向政府人员发起请愿,要求给予纠正
和补救;而且,在这两种情况下,他们还要与那些拥有更多资源的
对手展开竞争。[155]正是认识到了普通公民在这样的体制中所
处的劣势,传统的民主政治和开放政体的倡导者们才进行了政府
制度形式上的设计,以加强经济上弱势公民的权力;这些制度包
括抽签、为特定阶级专门设立机构以及民众直接裁决。与之相
对,佩蒂特倡导的代表制政府有效地把“少数人对多数人的支配”
这一问题放到了私人领域;在有意或无意之中,他们为民众设置
了障碍,使其改变这种权力不对称的尝试遭遇了困难;那些障碍
中最显眼的就是把受侵害者进行集体性创制和论辩工作的范围,
限制在了通过选举任命或撤换公共官员方面。

　　佩蒂特对财富不平等的相对忽视,或者具体来说,他在通过
宪制设计处理社会经济不平等问题上的失败,加重了前面已经提
到的问题:佩蒂特的那种选举之外的论辩机构,其运行方式更像
是自由宪政主义具有的典型的反多数至上的机构——亦即议会
上院和最高法庭——而不像是大众的论辩机构,比如罗马的保民
官,或是佛罗伦萨政治中典型的那种以特定行会和抽签为基础的
实践。毕竟,像议会上院和最高法庭这种由精英控制的、反多数
至上的机构,尽管被赋予了保护少数群体的任务,但它们已经被
证明很容易受到强势利益集团的控制和勾结。在美国,人们很难
不担心那些从历史上看常常服务于奴隶主(及其支持种族隔离主
义的后裔)和资本家利益的机构。当然,18 世纪及以后的贵族共
和主义者,比如孟德斯鸠、托克维尔以及较小程度上的麦迪逊,都
预料到了这种机构将会严重(但不是完全)制约欧洲和美国即将

(或已经)获得选举权的人民的意志。① 然而,在实践中,这些反多数至上的机构并没有起到保护弱势少数群体的作用,反而常常有助于精英全面控制重要的政府组织及其运行。②

去政治化的机构体系

反多数至上的机构在佩蒂特的模式中占据显著地位,这进一步突出了如下事实:尽管(正如我们下面将会看到的)他有时会做出相反的表述,但佩蒂特主要担心的并不是当选精英会在人民要求推进公民共同认可的利益时远离人民的意志,相反,他似乎更加担心这些民选精英会对多数民众的呼吁太过在意,以致迎合他们想要的那些会破坏公共利益或者威胁到少数群体利益的政策。佩蒂特建议,在有些政策领域,由于多数民众的意见会受到他们激情和"出人头地之道德感"(aspirational morality)的不恰当影响,这些意见就只应该在代表们所制定的政策中间接反映出来——事实上,与在惯常的选举政治中反映出来的观点相比,那些民众意见还应该得到更为间接的反映。③

[156]例如,佩蒂特认为,在审判刑事犯罪和管制性交易方面,人们的情感偏好和道德评判会干涉民选官员的政策制定。④佩蒂特担心,当民众面对诸如量刑或性交易等话题时,他们不会"周全地考虑理性决策",而是会采取不加反思的"道德标准",并且以选票为筹码威胁代表们做出不好的决策。⑤ 佩蒂特推测说,

---

① Madison, Hamilton, and Jay [1788] 1998, nos. 51, 62–63; Tocqueville [1840] 2000, vol. I, chaps. 15–16.

② See Dahl 2003; Kramer 2004; and Levinson 2006.

③ Pettit 2004, 53, 55.

④ Pettit 2004, 56–57.

⑤ Pettit 2004, 56–57.

在这种情况下,选民可能会将手中的选票"主要当作他们在某些具有道德和宗教重要性的议题上进行(常常是由衷的)个人表达的方式";在他看来,选民倾向于"用选票来满足表达的快感"。①

佩蒂特提出了一些制度改革建议,希望在大众的非理性或道德教条可能转化为有害政策结果的情形中,能够"使民主去政治化"(depoliticize democracy)。这位共和主义哲学家建议,在一些情况下,如果民众本身并不善于选择政策,或者会因为代表们做出了明智的决策而去惩罚他们,那么,民选官员就应该指派特别委员会来进行讨论,甚至做出最终决策。这样的委员会应该

> 不受代表们的直接影响,在公共利益(且只有公共利益)比较有可能占据主导地位的条件下(由他们自己)做出决定……通过与(议会的)保持距离——通过只允许议会采取像对待选举委员会那样的甩手掌柜式的控制——(这些委员会的讨论将会)有助于实现审议民主。②

佩蒂特推荐说,这些经授权对特别敏感的立法和管控的问题进行讨论和决策的"去政治化的论坛""有能力用长远眼光,权衡利弊做出深思熟虑的判断"。③ 这些"自主的、行家里手的"委员会由政策专家和社区领袖组成:"他们是相关专业机构和民间舆论,以及作为整体的人民"④的代表;佩蒂特预计这些成员将能够"代表不同领域的大众舆论意见和专家观点"。⑤

伴随着这种明显的向元老院方向的发展,佩蒂特把政策制定

---

① Pettit 1999b, 177.

② Pettit 2004, 53, 55.

③ Pettit 2004, 56-57.

④ Pettit 1999a, 197; Pettit 2004, 53, 56-57.

⑤ Pettit 2004, 56-57; cf. Pettit 2000, 136.

的权力委托给了明智、公正和热衷公益的精英,让他们为人民代言,而不是把那些权力交给人民自己,甚至没有委托给那些传统上由人民选举产生的代表。佩蒂特主张建立这种机构的理由是:民众变化无常、缺乏知识且容易受到情绪和偏见的影响,不能做出合理的决定。这样的理由很容易让人联想到其他称赞元老院(参议院)独立性的思想家,比如西塞罗、圭恰尔迪尼以及一些美国建国者。这些共和主义者认为,元老(参议员)比普通公民更有经验、智慧和审慎,因此应该由他们对共和国的政策进行审议并设定议程,普通公民对他们的影响应该控制在一定限度内。① 佩蒂特特别强调说,如果人们的情感或道德倾向太过强烈的话,那么保持这些元老院(参议院)式的、[157]"去政治化的"委员会的独立性就是必需的:他写道,在这种情况下,"论辩民主需要民众和他们的立法代表们收手、闭嘴"。②

这样的提议显然会引出很多问题:那些民选精英是否会篡权,然后任命一些会制定有利于他们的政策的委员会?他们会任命真正专业、公正、有德性的以及"具有代表性的"人物来组成委员会吗?有多少这样的人可供选择?最为重要的是,我们真的可以区分出如下两个领域:一个是容易被人民恶毒的激情和误导的道德直觉渗入的政策领域,另一个是人民有益的激情与合理的直觉恰好与所讨论的问题相合拍的政策领域?到底哪些政策领域不会有落入第一种类型的潜在危险呢?由于没有从概念上更为精确地区分这些领域,佩蒂特的做法存在着潜在的风险,可能会以一种危险的、反民主的方式把第一种领域的范围随意扩大。

---

① 由于所有罗马元老院成员此前都担任过经选举产生的职位,因此从理论上说,公民已经间接授权他们去进行审议并为公众设定政策议程;就美国来说,在直接选举美国参议员之前,公民一般会间接地通过中间的、由精英组成的机构(例如州立法机关)去"任命"他们。

② Pettit 2000, 136.

在这种背景下,他主要是通过举例来进行论证的,并且再次将焦点聚集到了以下方面:刑事审判、性交易以及相对较少提及的选区重新划分;他并没有精细地划分出哪些政策领域应该以传统的政治方式处理,哪些政策领域应该像他主张的那样去政治化。

在另一个例子中,佩蒂特自己也把公诉视为一项应该去政治化的工作。① 他这是想把那种与大众的裁决相隔离的领域慢慢扩大。我想提醒读者,公诉是马基雅维利认为应当由人民做出最终判决的主要领域之一(*D* I.7–8)。事实上,佩蒂特认为,在"多种"情况下(至于具体是哪些情况,他却没有说明,这不由得让人心生疑虑),"由大众进行的争论"在民主论辩中是"最糟糕的"形式,"在这种情况下,论辩式民主所要求的,是对控告的去政治化,使其远离骚乱的大众讨论,甚至应该远离议会讨论"。② 这里所使用的带有马基雅维利式风格的"骚乱"(tumult)一词,恰好与那位佛罗伦萨人主张应该隔离于公共讨论和论辩的具体领域形成了对比:在《李维史论》中,马基雅维利仅仅列举了两类这样的情形,包括军事谋划(由罗马元老院设计)和紧急状态(由罗马独裁官执行),由于对行动保密和速度的要求,所以不能把这些事情交给"骚乱"的大众讨论和论辩去解决(*D* I. 55、*D* II. 25、*D* I. 34)。

佩蒂特试图对更加广泛的重大政策领域去政治化,这表明他十分同意传统哲学家关于人民缺乏冷静和公正评判政治事件之能力的评判。正如我们多次看到的,这种看待人民的观点受到了马基雅维利明确的批评(例如可参看 *D* I. 58)。此外,虽然佩蒂特给出了一些支持论辩式民主的论证,但是他很少担心一小撮所谓的专家和具有公共精神的精英会滥用他的模式所赋予的、本该用

---

① Pettit 2001, 169.

② Pettit 1999a, 196.

来为全体公民服务的权威。①

精英、人民与"真正的危险"

[158]在一些个别的例子中,佩蒂特表示,精英的特权比起大众多数人的武断决定对自由的威胁更大。例如,他曾说作为多数而行动的人民并不愿意压迫少数,因为害怕政治体的人口会减少:"集体受制于大规模移民的压力,因此会被迫去遵循其成员共同认可的利益。"②在另一个地方,佩蒂特断言,大众民主体制下政党竞争可以阻止多数暴政:那些力求有为的政治家会持续地去讨好没有获得充分代表的公民群体,期望以此扩大自己的票仓;当他们这样做时,他们会"让多数派的支持者感到惭愧,从而改变其忠诚的对象",以此来使之前的弱势群体和个人获益。③ 在这些对民众多数充满怀疑的反思中,这位共和主义哲学家提到,由"民主精英"实行的暴政"很可能"比"民主多数"的暴政对自由的危险更大。④ 然而,这句话中的"很可能"不过是说说而已:虽然佩蒂特有时会像在这里一样,故作姿态地说当代民主带来的最大危险是精英特权,但他通常(尤其在提出制度改革的时候)还是会把多数暴政写成明显是最大的政治危险。

佩蒂特对人民通常比对精英更加警惕,而且他常常不遗余力地论证为什么精英能够不负所望地成为公共利益的践行者,但却往往轻而易举地就接受人民理所当然无法胜任这一重任的观念。佩蒂

---

① 马克尔(Markell 2008)指出,一般说来,佩蒂特对"公开承认的利益"(avowed interests)和"专断的"(arbitrary)这些概念/术语模棱两可、前后矛盾的用法,使得他能够授予政府权力代替个人做出裁决,而政府的作用本来应该是去缓解对个人的支配。

② Pettit 2001, 154.

③ Pettit 2000, 117.

④ Pettit 2000, 117; Pettit 2001, 162.

特坚信大众裁决容易陷入"群体非理性",①而且断言(也就是说,他没有使用较温和的限定语"很可能")多数暴政才是民主带来的"真正危险"。② 事实上,对于佩蒂特来说,多数人的统治可能会复制此前几个世纪的绝对主义君主的专断的、支配性的权威:"作为集体的民众完全有可能会支配作为个人的民众;至少在某些个体看来,作为集体的人民就像是权力神授的君王一样是一个不受控制的行为者。"③

佩蒂特拒绝承认大众裁决与社会自由、个人自由最大化之间存在密切关系,而这一点是包括柏拉图(柏拉图在论及这一点时持有负面看法)、亚里士多德、马基雅维利和其他与"群氓的智慧"有关的学者都注意到了的。④ 尽管这些著作者从经验上观测到了民主与自由之间的关联性,但佩蒂特从分析性的角度宣称二者之间不存在"定义上的联系"。⑤ 在他转而依赖对多数人统治的贵族式批判时,佩蒂特引用了麦迪逊和孟德斯鸠,并隐蔽地引用了托克维尔,他宣称:"多数人的暴政揭穿了任何关于选举式民主必然能够充分确保政府友善地对待自由尤其是无支配自由的谎言。"⑥

---

① Pettit 2001, 154. 相反的观点见 Mackie 2004。

② Pettit 1999b, 177.

③ Pettit 1999b, 174.

④ 当代的"民主理性"(democratic reason)理论家们依靠的是类似的证据,那些证据表明,在大型群体的认知多样性和总体而言的出色决策之间,存在着关联性。参见 Page 2006, Estlund 2007 和 Landemore 2007。关于一种不同的看法,参见 Caplan 2007 以及更为温和的 Sunstein 2006。

⑤ Pettit 1999a, 30.

⑥ Pettit 1999b, 176–177. 奇怪的是,佩蒂特(Pettit 1999, 182)引用了马基雅维利(*D* I.58)关于人民具有更好的裁决能力的论述,但他从未将这一洞见纳入到他的框架当中。相反,佩蒂特故意将具有约束力的集体决策限定在选举领域。特别是,他没有探究这种观点在制度建构上的意义,而正是这种观点将马基雅维利和其他被佩蒂特(以及斯金纳)与他混为一群的共和主义者显著地区分开来。此外,佩蒂特还通过引用马基雅维利而在法律与命令之间做出严格的区分,认为后者可以被隔绝起来,从而不会由于民众的愿望而被改变。然而,马基雅维利举了许多例子来说明,罗马民众不仅可以改变法律,而且同样也可以改变命令。这种做法做得好的例子是保民官,做得糟的例子是十人立法委员会。

[159]既然他对一般意义上的人民,特别是对多数人的统治持有这样的看法,我们就不会对佩蒂特的如下观点感到惊讶了:他希望使重要的决策远离群众的直接甚至间接的影响。佩蒂特建议,在他主张的讨论会中的专家和意见领袖,应该"远离政治场所"做出自己的"决定";他主张的去政治化的委员会在进行审议和决策时,应该避开"公共辩论的关注和压力"。① 佩蒂特说,民主不能仅仅生活在"公共辩论和参与的氧气"当中,而是还需要在"专业化的论坛中"来运作,"在这些论坛当中有提案和商讨,并收集和评判各种诉求";在"不受公众意志支配,且常常不向公众开放"的地方,这种论坛才能存在甚或繁荣发展。②

因此,这位共和主义哲学家公然主张,这些专家委员会的运作,第一步要远离议会政治,然后还要远离人民自身;用佩蒂特自己的话说,这种主张预设了"某些机关部门只有在远离民众的情况下才有可能去公正地处理事情"。③ 佩蒂特期望,在他那种去政治化的论坛中,政治精英、专业精英和舆论精英能够严格尊重事实,以公共利益为出发点;这些代表和专家能够令人信赖地去"以事实为依据去判断被确定和实施的政策是否符合(且仅仅符合)共同的、得到认可的利益"。④ 这些行动者不会(像许多民主派担忧的那样⑤)为了自身利益而做出决定,不会偏好某些他们对其负有义务的群体的特殊利益,也不会受制于通常会困扰社会的意识形态分歧:佩蒂特认为,我们可以合理地期待这些精英"摆脱自私心理,并更加注重对公平的考虑"。⑥ 为了说明这样的机构能够做

---

① Pettit 1999a, 197; Pettit 2000, 136.
② Pettit 2000, 140. 卡普斯特认为,此处佩蒂特将罗马元老院的家长式统治和代理人政治(clientilist politics)融合进了自己的框架。参见 Kapust, 2004, 397-398.
③ Pettit 2000, 120.
④ Pettit 2000, 120.
⑤ See, e.g., Dahl 1989, 50-75; and O'Leary 2006, 5.
⑥ Pettit 1999b, 181.

出公正、深思熟虑且总体来说是有益的决定,佩蒂特援引了刑事陪审团的例子。① 然而,不凑巧的是,组成陪审团的并不是专家精英,反倒是普通公民,即佩蒂特希望远离重要政策决定的人。② 关于这一点我会在本章稍后部分进一步论述。

那么,到底是什么促使专家委员会做到充分的去政治化和公正、志在实现公共利益呢?佩蒂特的回答带有浓厚的西塞罗式风格:这样的委员会希望提高"他们的声望",满足他们"对受尊敬的渴望"。③ 依据佩蒂特的观点,他们之所以会行动适宜,是因为他们"想要在别人的注视之下完成自己的工作,以赢得大多数同伴的好评"。④ 这样的理由需要深入细化才行:如果一个委员通过获得同伴的高度评价获得名声和尊重,那么我们可能找不到比罗马元老院更好的机构能够代表公共利益了,因为罗马元老院以成员之间相互竞争去为整个机构赢得尊重而闻名。此外,在这种情境中,只有该委员会的同僚(而非公众本身),才能评价一个委员会成员是否做好其工作[160]——这很难算得上是一个能够反映公共利益的标准,也肯定算不上一个能够确保公共利益的标准。

如果选择另一种方案,即委员会成员个人从国会议员那里寻求认可,那么佩蒂特必须更好地具体指明委员会成员与国会议员之间的关系。如果我们想要理解由议员对委员们进行评估这一制度的全部影响,那么我们就必须明白:相对于议员,委员们的"自主性"究竟如何?议会在何种意义上会"放手"让委员会自己运作?在这种情况下,说议会保有"最终控制权"到底是什么意

---

① Pettit 1999b, 181.

② 关于陪审团对民主的影响,参见 Abramson 1993。

③ Pettit 1999b, 181; Pettit 2000, 120.

④ Pettit 2001, 165.

思?① 可以假定,鉴于委员会的审议和决定都是在远离公众视野的情况下做出的,那么,佩蒂特所说的"他们的同伴"并不是实际上属于他们同胞的那些普通公民。如果他确实是这样认为的,如果那些委员会为了赢得公众的尊重而服务于公共利益,那么,他们就应该是通过选举而产生的。

共和主义与被剥夺了权力的人民

让我们换一个话题。佩蒂特把传统的陪审团制度作为理性、客观地决策的例子——实际上是在为他所期望的、去政治化的委员会运作方式提供样板——是最难以理解的,因为他拒绝考虑让类似于陪审团的机构进入他的去政治化的委员会当中。近些年,许多学者和公共知识分子已经创建了相关理论,甚至开始对一些制度试点进行研究,比如公民评议会(citizen juries)、小型公众会议(minipublics)、群众会议(peoples' assemblies)和审议式民意测验(deliberative polls)等;这些制度通过随机筛选或按人口分布选取代表性公民群体,聚到一起对突出的公共政策事件进行讨论和表决。② 实际上,在特定领域内,其中一些机构已经有权去做出具有法律约束力的决定了。③ 事实上,这些小型公众会议使人回想起民主的雅典中由五百普通公民组成的、进行政治审判的公民法庭。虽然佩蒂特对这样的小型公民会议表示了赞赏,但是他从未对如下想法表示过兴趣:那些被他赋予了所谓去政治化的委员会的政治自主权和决策权威,也要被赋予

① Pettit 1999a, 197; Pettit 2004, 53, 55-57.
② Dahl 1989; Fishkin 1991 and 1997; Goodin 2008; Neblo 2005 and n.d.; O'Leary 2006; Thompson 2008; and Warren and Pearse 2008.
③ See Baiocchi 2001 and 2005; Fung 2003; Fung and Wright 2003; Goodin 2008, 11-37; and Warren and Pearse 2008, xi-xii, 1-16.

这种公民会议。①

也许佩蒂特有很好的理由怀疑普通人在例行的、没有法律效力的民意测验中表达的意见。他引用证据指出,一旦被要求在这种民意测验中表达意见,人们往往会表现出"沮丧或懊恼或反唇相讥或其他种种情绪",因为在这种情形下,他们知道他们不需要为自己的意见负责。② 我们可以回想一下,在本书第 3 章中,针对非正式表达的、不具法律效力的意见,马基雅维利是怎么样做出类似观察的(*D* I. 7-8,*D* I. 47)。然而,马基雅维利指出,当历史学家和哲学家批评人民放任情感和道德直觉对政策评估进行干扰时,这些著作者无意识或有意识地混淆了大众意见(popular opinion)和大众判断(popular judgment,裁决)。马基雅维利表明,尽管人民常常在酒馆、[161]家里或者大街上声称他们想要这想要那,但是,一旦他们被正式授权在会议中进行审议或决策,就会做出非常不同的选择。

马基雅维利指出,正式的裁决程序会迫使人民从对于事物的一般性看法上转移到对具体事务的真实偏好上来(*D* I. 47-48)。马基雅维利认为,在一些与当代背景下所讨论和实践的各种小型公众会议十分相似的制度中,人民在对政治犯罪案件进行裁决的时候,能够准确地区分真实的指控和蓄意的诽谤,而且在讨论法律规划的时候,能够洞见法律提案对未来的利弊(*D* I. 18、*D* I. 58)。对此还有一点很值得再次回味。在整个《李维史论》中,受到马基雅维利最为严厉批评的,也许莫过于那些剥夺了人民对共

---

① 古丁总结了一些案例,在这些案例中,这种小型公众会议的功效已经超出了为公共争论提供知识支持的范围;这些会议已经涉及"决定不列颠哥伦比亚省的选举改革公投中的问题设定,并影响到丹麦有关辐照食物的政策,[并且]加大了德克萨斯州利用可再生能源的投资,尽管这样会让消费者稍微多花一点钱"(Goodin 2008, 37)。

② Pettit 1999a, 168 征引了 Brennan and Lomasky 1993。

和国面临的最为重要之问题的决定权的群众领袖了。我们看到他对百夫长维尔吉尼乌斯、瓦洛里和萨沃纳罗拉的责难,因为他们剥夺了合法授予民众的裁决权,这可能是出于某些自私目的,或者他们认为自己知道什么对人民来说是最好的(*D* I. 7、*D* I. 44、*D* I. 45)。

佩蒂特自己也承认,当人民正式集合起来讨论和决定政策问题时,普通人也有能力做到深思熟虑。实际上,佩蒂特表示,由普通人构成的群体只要掌握了来自不同来源的信息——尤其是反映了对立观点的信息——并且被允许对这些信息进行详细讨论,那么,事实证明,这些公民能够做出令人钦佩的、可以说是有益于公共利益的英明决定。然而,与马基雅维利非常不同的是,佩蒂特并没有沿着这一线索继续推进,概念化或者公开支持那些正式授权于人民的制度,或者一些以人口统计为基础产生代表或是随机抽样的制度,从而让人民做出有法律约束力的决定。佩蒂特所主张的比这差了很远。他只想让审议式民意测验或公民评议会仅仅严格地作为一种资政机构而发挥一种狭隘的咨询性作用:换言之,作为某种范例,那些决定如果得到公开的话,可能会影响到(而且有望改变)更大范围的公民意见,或者会影响公民代表们的行为方式。但是,佩蒂特并不愿意让它们本身产生什么直接的政策影响。[①]

通过我们所观察到的许多事件(例如,科里奥拉努斯和罗马平民、曼利乌斯·卡皮托利努斯和罗马元老院、帕库维乌斯与卡普阿共和国),马基雅维利表明,正式赋权人民做出真正决定的制度安排(比如小型公众会议或者公民评议会),能够在人民的偏好不明确时实际迫使他们澄清自己的偏好,并在人民过于冲动时节制他们自身的冲动。相反,恰恰似乎是当人民的权力被完全剥夺

---

① 　Pettit 1999a, 169.

时,或者只能通过中介代为行动时,他们就会放纵自己投身于政治混乱或者幻想当中——他们常常要求代表们采取比在人民自己正式掌权时更加立竿见影或粗暴的行动。① 如果马基雅维利是 [162] 正确的,即正式的审议和决策制度能够使得普通民众变得理性并在道德上严以律己,那么,佩蒂特担忧人民的激情和咄咄逼人的道德主张会产生负面影响就是不适宜的,或者至少说是值得质疑的。

如果按照佩蒂特自己的论述,当前的小型公众会议和公民评议会确实是"审议性的"(deliberative),并且,如果能够实现适当程度的多样性和代表性,就能反映出整个集体的"主流"观点;那么,佩蒂特为什么不信任这些论坛去做出具有约束力的政策决定呢?② 或者至少,佩蒂特为什么不愿意赋予它们像那些去政治化的委员会一样的立法和行政权威呢?③ 毕竟,既然精英群体和普通公民群体都可以在特定情形下通过去政治化的方式发挥作用,那么为什么不选取后者进行裁决呢? 更何况,这位共和主义哲学家仍然认为自己在某种程度上是在一种明确的民主框架之下运思呢? 实际上,依照民主的观点来看,从全体公民中随机或者按照人口比例严格抽样产生某种小型机构,针对公共政策进行审议并做出最终决策,这样的做法明显比把那些权力进一步赋予精英更具有吸引力。说到底,哪种做法更带有乌托邦色彩呢:是期望小型公众会议做出一些总体上看比较好的决定,还是期望精英们能够一以贯之地以不偏不倚和去政治化的方式行动?

让我们回顾一下前面章节的论述。对于马基雅维利来说,由

---

① 比如说,有证据表明,美国的选举竞争导致了惩罚过度和带有种族偏见后果的监禁政策,而无论公民们对于种族和犯罪问题持有何种看法,他们本来会选择的政策都会带有更少的惩戒色彩和种族偏见。参见 Murakawa 2007 and 2009。

② Pettit 2000, 136.

③ Pettit 2004, 57.

于精英对压迫的固有欲望、践踏法律的习性，以及倾向于腐败、勾结、阴谋和通敌的本性，那些君主和元老院精英们自身没有能力有效惩罚那些威胁共和国自由的人，也没有能力制定有益于公共利益的法律。在马基雅维利看来，比起那些有着类似权力的君主或精英，人民往往更能做出合适的决策。与佩蒂特把人民从敏感的决策过程挪开一点的做法不同，马基雅维利要求我们推进理论工作，以寻求某种方式，使其接近古代、中世纪和文艺复兴时期的许多民主共和国以及开放政体通过会议来实施的公民直接裁决。即使我们同意佩蒂特的观点，认为当代民主不是一种表达集体意志的政制，而是一种通过他所谓的大众评价方式行使权力的政制，①那么也没有证据能够表明，在反映大众的评价方面，代表制机构比保民官的和/或平民决策的机构做得更好。②

在这种心态的影响下，佩蒂特在否定公民发起的全民公决时可能过于草率了。佩蒂特宣称，这种全民公决可能会过于民主和过于不民主：一方面，它可能促成多数群体以不恰当的方式对待少数群体；另一方面，它又纵容"富有的利益集团的影响力"去左右投票结果。③ 此外，佩蒂特认为全民公决会产生武断的和自相矛盾的结果，因为在各次全民公决之间，"进行投票的集体并不能确保其结果总是前后一致的"；而且，正如他对传统投票方式所担心的那样，[163]"在大规模的选举中，参与者在投票时常常是为了表达情绪，而不是想用投票来达到自己的目的"。④ 这些可能是对日常所见的那些全民公决的有力反对意见。⑤ 但是，公民进行

---

① Pettit 2004, 58.

② Pettit 2004, 57.

③ Pettit 2000, 134.

④ Pettit 2000, 134. 有些令人费解的是，佩蒂特在其他地方承认了通过全民公决改变选举规则的可能性，参见 Pettit 2001, 161。

⑤ 尽管必须指出，大部分集体组织（除了终身任期的元老院或最高法院）都会面临无法确保结果总是前后一致的问题。

的全民公决当然可以变得更加真实有效,如果(举例来说)其范围不是被限制在对公职人员的选举上,并且更少地受到私人资金所资助的铺天盖地的宣传所影响的话。无论如何,我们希望佩蒂特能够努力去想象一下如何使作为整体的或得到代表的人民获得机会,以便做出有益于公共利益的决定;而给予人民的机会,至少应该像他设想的所谓去政治化的委员会中的专家和社区领袖那样多。①

重新定义民主

佩蒂特正确地意识到,在当代的代表制政府之下,传统的"公共部门只给普通公民提供了很有限的咨政渠道",例如向立法者表达诉求。② 但是,我已经证明,他的"选举加论辩式民主"模式并没有有效增加"普通民众"的咨政措施。这位共和主义哲学家坦率地承认,在罗马共和国这一最为著名的混合政体中,民主只是其一部分而已;然而,在佩蒂特重新建构的民主模式中,无论是直接的民主(比如罗马公民大会中大众裁决这种创制性实践)还

---

① 是否有可能在一些情境中,开明且善意的精英们在确保普通人免于支配方面,会比他们自己做得更好呢? 从理论上说,答案是肯定的。但是,巴特尔斯(Bartels 2008)对当代美国选举代表和政治回应的实证研究得出了令人担忧的结果:他只提供了一个能够确证上述观点的例子,而其他例子都是相反的;也就是说,民选官员在履行自己的义务时,通常会采用自私自利的方式,或者是照顾其社会经济精英利益的方式。可能的例外情况(这种例子的稀缺性说明它是多么罕见)是关于遗产税的例子:民主党的民选官员一贯反对取消遗产税,即使其所在的选区普遍不赞同这一点。他们似乎假定选民是受到误导的,不知道废除遗产税受益的仅仅是最富裕的公民;但巴特尔斯的证据表明,普通民众对遗产税越了解,实际上就越不喜欢遗产税。普通民众似乎更珍视任何社会经济阶层的公民代际之间的家庭延续性,这种珍视程度超过了他们在这种情况下对一般意义上的社会经济平等的珍视——这就引出一个问题:在这个例子中,精英们是否真的在依据公民自己宣称的最佳利益而行事呢?(Bartels 2008, 27,147-148, 197-221)

② Pettit 2001, 170.

是间接的民主（平民保民官的论辩功能），都没有发挥任何作用。① 在佩蒂特所全心认同的共和主义传统中，大部分作者都不会煞费苦心地把一个排除了一切直接形式的大众控制的政体叫做"民主"，大多数共和主义者并不将自己看作民主派，他们对自己的看法完全与此相反。佩蒂特虽然重复了许多他们对民主的批评，但仍然试图为自己所支持的制度保留"民主"的名头；然而，他的模式完全抛弃了直接参与的实践形式，即那些可以被正当地认定为民主的制度。

　　为了证明这种模式的正当性，佩蒂特宣称，"仅仅把民主同作为集体的人民的统治——人民整体的统治，换句话说就是人民的权力"联系起来是谬误的；而且，他进一步指出，"认为只有当普通人积极地对事物加以控制时，民主才能够存在，这也是错误的"。② 然而，佩蒂特拒绝（像马基雅维利那样）承认，人民被正式授权在大会上决策时可能做出的举动，与他所谓的"不受约束的多数统治"（或简单地说，"暴民统治"）之间，存在着明显区别。这并没有澄清问题，反而让它变得更加混乱。③ 如果一个人认定，人民所进行的集体行动（除了简单地选举官员）必然导致他们自己的轻率或贪婪行为；那么，他能够据此建立起一套名副其实的民主理论吗？即使马基雅维利没有使用民主一词，但下面[164]由佩蒂特给出的民主概念也与这位佛罗伦萨人在《李维史论》中对作为一个充分的开放政体的罗马共和国的重构截然对立：

　　　　民主并不必然是一项集体性的事务……；它并不必然是一项积极控制的事务；而且它并不必然是一种让决策必须受

---

① 　Pettit 1999b, 167.

② 　Pettit 2000, 139-140.

③ 　Pettit 2000, 139.

到公众监督和影响的体系。民主并不意味着公众或其代表
的集体的、积极的意志所进行的统治。它更应该是这样一种
组织体系：在这种体系下，人民集体地拥有足够的选举权力
去防范错误的消极不作为，同时又非集体地享有足够的论辩
权力去防范错误的积极作为。[①]

与此相反，马基雅维利认为，人民应该自己运用立法裁决，以
便集体地防范错误的消极不作为（也就是确保政府政策准确反映
公众认可的利益），同时通过直接行使司法权或者通过保民官的
否决权来近乎直接地进行论辩，以防范错误的积极作为（也就是
反对有害于公共利益的政府政策）。

尽管有一些相反的说法，但从根本上看，佩蒂特似乎并不同
意马基雅维利对人民政治能力的判断，尤其是他们从事主动型活
动（相对于纯粹消极被动或回应型的工作）的能力，以及为了公共
利益而进行这类活动的能力。当佩蒂特在解释为什么"民主的"
论辩不能交给集体的时候，他表现出明显的自相矛盾，因为他一
方面要由多数进行决策，另一方面要遵从"理性"（reason）：依照
他的理解，"民主的过程应该被设计为让理性的要求得以实现和
推行的过程，而不是给予意志以任何特定位置的过程"。[②]

但是，共和主义哲学家从分析的角度提出的二分法，从经验
的角度看却很可能是错误的："理性"很少能够不证自明地显现，
而且在政治争论中很少能够自动地占据主导；在这样的情形中，
必须有某个或某些人来判定什么是理性的。在一个要使支配最
小化而公共利益最大化的政体中，必须由人民自己设定"何为理
性"的终极标准。因此，在任何名副其实的民主政体中，人民都应

---

① Pettit 2000, 141.

② Pettit 1999a, 201.

该得到制度性的授权，以便自己进行审议并决定公共政策，哪怕这样做在空间距离上会存在很大的不方便。正如马基雅维利出色论证的，在直接参与的政治实践中（*D* I. 47、I. 58），以及在使其不仅能够讨论和决定官员的任命，而且（并且尤其是）能够进行立法和公诉的制度安排下（*D* I. 58、*D* I. 7-8），公民最终能够极为清晰地看到自己的利益，并给出极为明确的表达。

马基雅维利迫使民主主义者向多数至上主义的批评者，亦即像佩蒂特这样纠缠于大众裁决的过火或者不足的人提出这样的问题："所谓的过火和不足究竟是相对什么而言的?"①佩蒂特的设计似乎常常来自于一个很大程度上没有什么依据的信念，即[165]少数人的决定一般来说是正确的，也就是说，他们的决定更有可能有利于公共利益，而且能够实现完全的（在佩蒂特意义上的）"去政治化"。② 在这个意义上，佩蒂特似乎采取了一种新柏拉图或新西塞罗的立场，即认定理性最有可能居于极少数精英（比如说，共同体中最优秀的人、由人民选举产生的代表或由这些代表指定的专家）之中。只有这种柏拉图式的观点，即认定只有一些开明的、去政治化的少数精英有能力公正、有效地为其他人做出决定，才可能支持佩蒂特这种顽固的反对多数统治的主张。

前面的章节和本章早些时候已经提到，马基雅维利在批判"所有的作家"时，认为这样的看法受到了令人遗憾的误导。就此而言，如果佩蒂特和其他新共和主义者希望勾画出一个全面且实际有效的无支配自由理论，那么我建议他们在重新构思制度设计时，应该遵循马基雅维利的思路，而不是传统共和主义者的思路。固然，传统的共和主义者支持能够成功地将人民与精英联合起来以结束君主（比如说塔克文家族、波旁家族以及斯图亚特家族诸

---

①　Pettit 1999a, 81.

②　Pettit 2004, 59.

王)支配的宪政体制。然而,除此之外,马基雅维利支持另外一种模式,这种模式要求保证人民可以免受昔日盟友的类似支配,这些盟友包括掌控共和国民选官职的政治和社会经济精英们,和/或在这样的政体中事实上和名义上在元老院式机构中占有席位的精英们。

大众参与 VS 共和主义支配

根据佩蒂特狭义的民主概念,即使参与最小化的共和主义模式,我认为,针对他的制度规定能够在多大程度上实现其使支配最小化的规范性目标提出质疑,是完全合适的。毕竟,许多有民主倾向的"共和主义者"尽管也明确使用佩蒂特的"无支配自由"术语,但是也会专门批评类似于佩蒂特所支持的那些用来防范支配的制度,认为这些制度本身就是支配的工具。罗马平民、佛罗伦萨中低等行会的成员,当然还有马基雅维利本人所要求的制度和程序,需要能够为普通公民提供参与政策制定的直接渠道,以及对社会政治精英的权力进行论辩的实质性手段,包括由公民对立法和司法事务进行直接裁决,分配给特定阶级的官职或者会议,以及通过抽签的方式来调和选举。

因此,当佩蒂特断言把自由和民主参与等同起来的"民粹主义"是一个相对晚近的现象、一个"新的"发展时,他的言论完全站在了贵族派哲人-政治家和忠诚于贵族利益的文人的立场上。①这样的言论是对大众政权中普通公民——人民、平民和低等行会成员——的愿望的忽视,在马基雅维利之前[166]只有很少的或者说根本就没有知识分子为他们说话。总之,佩蒂特追随他所依靠的剑桥学派历史学家概括了哲人-政治家们的"共和主义",然

---

① Pettit 1999a, 30.

而从很多方面来看,这种共和主义只不过是那种号称能够护卫公共利益的"最优秀的人"的意识形态话语。与此相反,马基雅维利的著作却道出了那些在政治与社会问题上持有异议的普通公民的想法,这些公民对压制他们、抑制其政治参与的贵族式共和主义的做法提出了挑战。就此而论,斯金纳和佩蒂特的工作迫使每一位真正对大众政体原则和实践感兴趣的人提出疑问:谁的自由? 什么样的共和主义?

本书的前言已经提到,剑桥学派普遍犯下的错误在于忽视了他们所主张的"共和主义"会促成一种状态,而他们自己又认定这种状态与一种稳固的、非自由主义的自由概念是不相容的;也就是说,他们忽视了这样的事实:在实践和理论层面,共和主义者都赋予了社会经济精英对普通公民生活进行大量专断干预的合法性。事实上,斯金纳和佩蒂特从未停下来去想一想如下事实:以意大利的共和主义(包括古代的、中世纪的和文艺复兴早期的)最为典型的主要政权与杰出代言人,都赋予了富人和显赫公民对较为贫穷之公民的生活施加影响的权力,而没有理会后者的利益诉求。这种环境下的共和主义政治与社会关系,不仅意味着显贵或贵族对普通公民生活的"干涉",而且根本就是对他们的完全"支配"。

下面这个意大利共和国的著名案例尤其符合佩蒂特的支配概念:在罗马,对于那些被放债和收债的平民债务人,债权人会威胁把他们变为债务奴隶;①而在佛罗伦萨,羊毛生产者阻止羊毛工人组成自己的行会以改善其悲惨的生产环境,最终导致了梳毛工起义的爆发。② 此外,李维和马基雅维利记述的许多政治支配的例子,都与佩蒂特的统治权定义很贴切;尤其是,罗马元老院拒绝

---

① See Livy 1919–1926, VIII. II. 28.1.

② Cohn 1980; Najemy 2006, 124–176.

把公共土地分发给平民,而且还不断征召平民参与不必要的战争,导致贵族更加富足而平民更加贫困。贵族支配的重要例子还有(但绝不只限于):贵族规定着出身较低和较为贫穷的公民是否可以担任公职,能否选择行政长官,以及能否与其他阶级通婚;他们还规定在什么条件下这样的统治规则可以改变;等等。①

很难说这些例子反映的仅仅是一个未能满足其自身理想标准的共和主义的现实案例。毕竟,在学术层面,西塞罗、布鲁尼和圭恰尔迪尼的共和主义在很大程度上分别论证了罗马贵族对平民的支配权、佛罗伦萨上等行会对中下层行会的支配权[167]以及 1494 年后佛罗伦萨共和国的权贵对民众的支配权。而且前面也提到过,意大利哲人–政治家与“共和主义”直接关联的那些著作,都可以看作是近乎支持对大众政权的颠覆或彻底推翻,以及对大众参与的明显削弱,这些显然都不能促进大多数公民的共同认可之利益。

在佩蒂特的理论框架内工作的学者们仍然会反驳说,上述批判并没有击中新共和主义计划的要害;也就是说,经验性/历史性的批判并没有对被主要理解为哲学原则的“无支配自由”构成重大打击。但这种观点误解了佩蒂特的目标。正如其最有影响力的著作的副标题所表明的,佩蒂特把共和主义理解为“一种关于自由和政府的理论”;进而,他在阐述其自由理论的哲学要素之外,还花费了同样多的精力去建构他认为能够确保无支配的制度。因此,如果佩蒂特自己的制度设计与许多经典共和主义者(比如西塞罗、布鲁尼和圭恰尔迪尼)以及他们的现代继承者有太多的相同之处,那么,这对于他的自由理论来说不是无关紧要的。那些制度设计一旦实施,很可能会增加而非减少经济和政治精英对普通公民的支配。如果一种理论–实践模式(例如佩蒂特的共

---

① See Garnsey 1970.

和主义）所建议的实际操作常常会甚至总是破坏该模式的规范性目标，那么就必须对这一模式的可行性提出质疑。更具体地说，作为一种佩蒂特想要构建的具有历史支撑、经验基础以及制度规范的自由理论，不能为了优先处理新罗马自由或无支配自由的哲学理据，就忽视了实现这种自由的重要手段，即马基雅维利和普通公民认为是绝对必要的手段——广泛而实质性的政治参与。

我已经提醒过读者，广义上的共和主义传统主要致力于建立一种受到限制的寡头政体，在其中，根据佩蒂特自己的定义，社会经济精英和政治精英会对普通公民进行支配：共和主义理论的创立者如西塞罗、布鲁尼和圭恰尔迪尼都主张最小化或压缩大众参与，英国、荷兰、美国和法国杰出的共和主义支持者也都持有同样的观点。① 对大众参与的这种处理所产生的政治结果，并不能（用佩蒂特的话来说）"遵循"被绝大多数公民所感知或表达的公共利益。明确这一点之后，我将在结论中强调佩蒂特、西塞罗、布鲁尼和圭恰尔迪尼的共和主义的三个共同的重要因素：第一，在共和国的政治生活中边缘化或限制大众参与的地位；第二，单独将普选作为任命行政长官的主要途径（也就是说，他们拒绝或者避免采用抽签、选举与抽签的混合、按照阶级或者职业设定名额等方式产生官员）；第三，在关涉公共利益的政治问题上赋予一部分极具元老色彩的精英以广泛的［168］审议和决策特权，而对精英裁决之恰当限制又没有设立明确的标准。

在此基础上我已经证明，佩蒂特对传统共和主义的原则以及（尤其是）实践的支持，表现在他随后拥护那种阻碍民主的、赋予精英以权力的"选举式和论辩式民主"；在这种民主形式中，人民

---

① Farrand 1966, I.146-147; Madison, Hamilton, and Jay［1788］1998, especially nos. 10 and 51; and Meyers 1981, 395. 关于英国共和主义者反民众和反参与的偏见，参见 Skinner 1998, 31-32；关于荷兰共和主义的贵族偏见，参见 van Gelderen 2002, especially 35, 207 和 van Gelderen 2005, especially 204, 213。

通过代表和其他由精英加以过滤的渠道,间接地实行政治创制以及超越选举的论辩。通过马基雅维利的政治方案(与波考克、斯金纳和佩蒂特等学者对他的解释不同,我认为马基雅维利是一位共和主义传统的自觉反对者①),我提出了如下主张:如果佩蒂特和倾向于进步论的共和主义者希望更详细地阐述一种更为实质性的民主理论,那么他们就必须与传统的共和主义明确拉开距离(传统的共和主义在反对专横的君主权力时,成功地倡导了无支配自由,但它在遏制共和国的社会经济和政治精英实行的支配时,却明显地软弱无力);并且还要对如下这种政治创制和论辩的制度加以理论化和公开支持:这种制度直接赋权人民决定公共政策方面的事务,例如政治审判和立法。

归根到底,被佩蒂特和其他新共和主义者理解为追求无支配自由之同道者的马基雅维利主张,社会经济和政治精英(而非普通公民)对共和国的自由构成了最大的威胁,而且人民远比少数人更能做出有益于公共利益的决定。说到底,我恳求佩蒂特和新共和主义者按照以下标准在民主和共和主义之间做出选择:以历史的角度观之,民主能够从政治上弥补普通民众相较于社会经济精英的物质匮乏,并正式地赋权他们自行审议和决定政策;而共和主义则普遍保护精英的权利和特权,防范来自平民的挑战,并且赋予代表们和据称是中立的或"去政治化的"专家以权力,让他们替人民做出决策(或者只是在口头上这么说)。马基雅维利不像从西塞罗到麦迪逊以及其他共和主义者那样,主张授权给民众选举出的代表,让他们作为过滤装置来"提炼和放大"人民的意见,而是坚持通过制度安排让人民自己来提炼和放大自己的主张。

关键不在于我们把马基雅维利的政治学看作是共和主义的

---

① See McCormick 2003.

还是民主的。毫无疑问,深究这个问题将会陷入无益的语义学争论。更为重要的一点是:尽管马基雅维利对自由的思考与佩蒂特对无支配自由令人信服的概念化工作在重要的方面存在一致性,但他否定了那种将民众边缘化的制度安排,而这种制度安排是从柏拉图到佩蒂特的哲学共和主义的典型特征。马基雅维利提醒我们说,从历史的角度看,[169]共和国里的绝大多数公民都曾明确谴责过选举的和元老院式的制度,认为这些制度是社会经济和政治精英用来支配他们的工具。如果我们想在真实世界的共和国中找到一些似乎立场客观且热爱公共利益的人,他们是不会出现在哲学家们所提倡的少数开明者组成的群体当中的,亦即不会出现在柏拉图的哲人王、西塞罗的元老院中的最优秀者或者佩蒂特的去政治化的专家当中;相反,这样的人可能会(像马基雅维利断言的)在经制度化授权以自行审议与决策的公民群体当中找到。

第7章　后选举式的共和政体与保民官制的复兴

[170] 对平民来说，大人物的野心是如此大，如果在一个城邦里不通过各种手段和方法摧毁之，它很快就会使那个城邦毁灭……如果平民不是一直抑制着贵族们的野心，那么罗马陷入奴役可能会快得多。

马基雅维利，*D* I. 37

在像是罗马和雅典这样的政治体当中，人民就是君主……

马基雅维利，*D* I. 58

詹姆斯·麦迪逊全新定义的共和政体概念相当有名，他将其概括为具有以下特征的政体：选举代表制以及"将集体身份的人民完全排除"出政府的运作过程。① 于是，在"民主"即将重新回到西方政治视野时，麦迪逊与大多数 18 世纪的共和主义者一道，将早期的大众政体或开放政体的显著特征排除出了民主议程。这些特征包括：限定阶级的行政长官和会议，不带有社会经济歧

---

① Madison, Hamilton, and Jay [1788] 1998, no. 10 and no. 63, respectively. 想要了解在这些问题上一些不同于我对美国制宪者看法的著名论断，可以参见 Shea 2006。

视色彩的公职人员选任方法,以及将公民对公共事务的直接审议和决定纳入正式的程序。① 麦迪逊给出的理由不是定量的,而是定性的:与其说是现代政治体的规模使得代表制成为必要,毋宁说是基于如下假设,即领土巨大的国家采用选举制一般能够选拔出“最好的”政治家。或许可以说,在民主政治取得胜利之前,选举制具有的贵族特征以及对限定阶级和直接参与式实践的舍弃,就已经预示了现代民主政治的调和性。②

固然,麦迪逊的精英主义色彩相较于同时代大多数美国人而言要少。③ 美国宪法得到批准后不久,麦迪逊就帮助建立了历史上第一个以“民主”命名的政党,此时他在政治上变得更加倾向于平等主义。④ 尽管如此,主要得益于麦迪逊的推动,民主或者说选举民主摒弃了任何限定阶级的特征和普通民众的直接表达,从而有可能使精英拥有与传统共和主义相比同样甚至更多的自由支配权,而传统[171]共和主义本来就常常会事先为显赫的公民保留一些专属的官职或任务。麦迪逊用这种方式实现了事实上的精英政治,这一结果是与马基雅维利同时代的贵族共和主义者圭恰尔迪尼渴望实现的;但他并没有像后者有时所考虑的,对普通民众的政治参与施加过于精英主义的、正式的限制。⑤

在美国之外,20 世纪早期“民主的精英主义理论家们”有时似乎想要在普选的时代继续延续政治不平等。⑥ 更为晚近且更加公开宣称进步的选举民主理论家似乎对此已经默然接受。⑦ 然而,这两派民主理论家都赞成的、从共和主义那里继承下来的大

① 关于民主的制度和理论演变,分别参见 Dunn 1993 和 Held 1997。
② Manin 1997.
③ See, e.g., Pocock 1975, 520.
④ Dahl 2003, 24.
⑤ Guicciardini [1512] 1998, 122–123.
⑥ See Michels [1911] 1990; Mosca [1896] 1980; Pareto 1987; and Schumpeter 1942.
⑦ See, e.g., Dahl 1990 and Przeworski 1999.

众政体的最低标准——具有普选权的成年公民定期选举产生任期有限的政府——似乎越来越难以保证当代民主国家中公民的自由。① 正如前文所指出的，越来越多的批评者认为，主要依靠选举的大众政体不能保证政治精英对公众负责和具有回应性，而且忽视了消解富裕公民对政府运行的不合比例的影响力的努力。② 本章将介入当代一场影响广泛、旨在缓解这一状况的政治改革争论。与开头对麦迪逊的援引相一致的是，本章在很大程度上立足于美国的视角：我建构的改革方案针对的是美国的宪政框架；然而，它也可以被看作是很容易适用于其他类型政体的制度设计的。

　　本书的前几章主要是历史性和诠释性的；特别是，在本书第二部分的各章里，在马基雅维利著作的启发下，我集中关注了从古代、中世纪和现代早期的大众政体中汲取的资源，以便为大众参与和精英问责的现代的、沉溺于选举的模式寻求制度上的替代方案。我对马基雅维利——在某种情形下，也可以说是圭恰尔迪尼——的如下观点进行了阐释：某些公职和会议应该专属于平民而不是富裕公民；可以用抽签与选举相结合的方式任命行政长官；以及在指控和审判有政治犯罪嫌疑的公职人员或有权势的公民时，官员与普通公民各自应该承担怎样的角色。

　　在本章中，我将提出一种抽象的政体分类方法，该分类方法

---

① 达尔甚至干脆将精英支配下的选举政体称作"多头政体"（polyarchies），而不是给它安上个"民主"的名称，以防败坏了后者的名头（Dahl，1971）。此外，随着时间的推移，达尔自己的大众政体理论加入了用来评估选举及其社会状况的更高标准（分别参见 Dahl 1990，71-76、84-89 和 1989，220-224）。普沃斯基曾经为民主下过一个很低程度的定义：民主是这样一种情景，其中的政治失败者愿意接受用来筛选政治精英的任何程序（不论是否是选举）所产生的结果（e.g.，Przeworski 1991，10-12）。现在，由于选举已经被坚实地确定为他所要求的底线（Przeworski 1999），普沃斯基一直在寻找选举之外的大众对精英进行控制的可行的制度设计：参见 Manin，Przeworski，and Stokes 1999。

② See Bartels 2008；Goodin 2008，164-165；Levi，Johnson，Knight，and Stokes 2008；and Przeworski，Stokes，and Manin 1999.

基于在官员候选人提名与任命中分别采取的不同方式,即抽签和选举;我还设想了一个让精英问责的制度以修正美国宪法。后者是对保民官制度的再造,结合了随机性、拒斥财富和平民直接裁决等要素,而正如我们之前所见,无论是在某些18世纪以前的共和国中,还是在一些想要使这些政体对平民更加包容并赋权人民的改革建议中,这些要素都具有突出的地位。换句话说,通过我阐释的这些制度或制度设计,我想要分别建构出准佛罗伦萨的和新罗马的制度,[172]以回应当代共和国(特别是美国)中选举体制所具有的霸权地位。第一种制度设计是政体类型的分类,目的在于用行政长官任命中结合抽签和选举的新制度取代按照严格选举方式任命行政长官的旧制度;第二种是设计一个专属于普通公民的保民官式的公职,与以选举为主的奖惩方法相配合,这会促使政治精英和经济社会精英更加负责。

与斯金纳和佩蒂特等人不同,在本书前面的章节里,我论证说,马基雅维利关于大众参与和精英控制的民主的建议,很大程度上避开了新共和主义者对他思想的曲解。然而,尽管马基雅维利的民主观很有活力,但是,在公民共和主义范式之外工作的民主理论家常常倾向于忽视他,并且一般会从其他地方寻找思想资源,以求解决当代民主政治中参与和问责的不足。他们尤其关注现代政治思想中的契约论和同意理论传统。① 忽视马基雅维利的原因之一可能是,乍看之下,他对这些议题的探索在分析的意义上不够精确:他将规范性建议、历史描述和文本评论结合在一起的方式,常常使得他的结论模棱两可。此外,马基雅维利的具体方案,与许多地中海沿岸的民主政体和开放政体的制度一样,似

---

① 参见 Herzog 1989;Pateman 1989, 65, 83;以及沃尔德伦关于契约论与同意理论之局限的作品(Waldron 1987)。更为晚近的关于这些问题更实用性的作品,参见 O'Leary, 2006,他主要关注地理因素和人口规模对于公民与代表之间关系的影响(e.g., 3, 7, 9, 19–22)。

乎难以移植到当代的情境中来。

　　举例来说，马基雅维利提议建立一种公开指控的机制，每位公民都可以借此自由、频繁地公开指控显贵和大人物；但这一机制实施起来十分困难。同样，更为普遍地，当代民主政体想要照原样模仿民主雅典抽签任命行政长官的体制，同样是不切实际的。或许，这类马基雅维利式和雅典式的约束和任命行政长官的方式，并不能直接应用到当下的环境中。当代商业社会的规模和复杂程度，以及治理所需要的专业知识，常常会在这类思考中被夸大。① 不过，为方便讨论起见，我姑且先退一步，承认这类考虑排除了某些前现代大众政体的原初特征，使其无法成为当今进行政治改革反思的有用资源。

　　虽然如此，马基雅维利和圭恰尔迪尼对前现代大众政体其他方面的分析，也许能激发我们更深入的思考，并提供更具可行性的范例，以使我们今天能够利用宪制促进公民参与并控制政治经济精英。例如，马基雅维利还主张让限定阶级的、代表普通公民的行政长官——保民官——依照特定的程序控告精英的犯罪行为。此外，圭恰尔迪尼的思考提醒我们，任命共和国行政长官时可以结合抽签和选举，而并非必须二选一。总之，我们不必把受指控的精英的公共命运完全放在其同僚和政敌的手中；或许更重要的是，我们并非注定要被符合一系列值得怀疑的"参选"资格条件的人所统治。[173]伯纳德·曼宁对"选举取代抽签"之过程的精彩记述（本书大量汲取他的研究）虽然富有力量，但并没有穷尽西方政治史上所有关于行政长官任命和约束方式的经验教训。②

---

① 乌尔比纳蒂(Urbinati, 2004, 53–75)等人的论述对这类夸大的说法有所批判。参见她对一种完全现代且完全可行的、在民族国家的规模下对"直接"民主和"代议"民主的折中分析（那种折中方案是由孔多塞提出的，但从未付诸实践）。
② 曼宁讨论了古罗马和文艺复兴时期意大利背景下抽签和选举的结合。其用处是设计议程或者缓解精英内部的派系竞争，但他从未讨论过将其用于控制精英或者扩大官职的选任范围，参见 Manin 1997。

在本章中,我试图在更广阔的历史视野基础上,为当代民主中的参与和问责制度提供替代性的方案。

抽签、选举与一种政体分类法

显然,与大多数现代共和主义政治理论家和实践者相比,马基雅维利、圭恰尔迪尼以及他们所分析的共和国更加关注不对称的权力关系,它一方面存在于行政长官和富裕公民之间,另一方面存在于普通公民之间。特别是,在本书第4章中讨论过的马基雅维利提出的佛罗伦萨制度改革建议,对罗马保民官进行了改造,这一改造后的制度比传统的或现代的增加共和国公职人员包容性和代表性的做法走得更远。当然,相比于赢者通吃的选举制度,采用比例代表制或者法团主义/协和主义(corporatist or consociationalist)制度的现代民主国家,可以为更广泛的社会团体——尤其是劳工以及更为晚近的环保主义者——提供发声渠道,因此要好得多。[1] 然而,这些制度安排仍然会被批评为促进了"自己人实施的支配",也就是说,在这些体系中,政党和工会精英比政治组织的普通成员享有远为更多的信息和权力优势。[2] 相反,马基雅维利的保民官和监察官设计,恰恰就是为了将"普普通通的"民众常规性地置于拥有政治权威的职位之上。

让我们回过头来看看抽签与选举这两种选拔行政长官的具体手段,它们各自展现了"消极的"和"积极的"属性。我之前一直在强调它们的"消极性":抽签可以阻止社会经济精英垄断公

---

[1] 关于最近在以色列、意大利、日本、新西兰和委内瑞拉等国将多数制和比例制混合的趋势,参见 Shugart and Wattenberg 2001。关于协和主义制度,参见 Grofman and Lijphart 2003; Lijphart 1992。

[2] 米歇尔斯(Michels [1911] 1990)对此有经典的表述。

职,选举则被认为以回溯的方式对政治精英起到了惩戒作用。就其积极性而言,古典民主的抽签落实了"公民平等参与政治"的原则。对于任何想投身公职的公民来说,抽签使"轮流统治与被统治"的平等主义准则得到了实现。[①] 对于大众政体的现代倡导者来说,选举的积极性在于使代表制的规范性原则具有了可操作性:人民不直接进行统治,但是他们可以同意通过精英来进行统治,那些精英是由人民选择出来的,并且假定他们比人民自己更善于为人民的利益着想,即便在非选举时刻制定违背人民意愿的政策时也是如此。[②] 选民据说能够依据公职人员的表现,在下一次选举中做出相应的投票,从而遏制代表们滥用其自由裁量权。[③] 在极端情况下,可能会有人威胁去启动罢免程序(但在这个过程中,公众很大程度上是被排斥在外的),其目的是为了惩罚和抑制代议体制惯有的滥用职权的可能性。[174]这当然会凸显出古代民主与现代民主的差异:古代民主显然更重视专业技能,经常会通过选举来分配一些重要的军事和财务职位;现代共和国则除了重视专业技能以及使这类技能合法化的"同意"规范之外,还会重视平等的参与(哪怕重视程度可能不及前者)。

在理想状况下,每种任命手段都可以在大众政体中发挥如下优势:随机性的抽签能够保证在全体公民中吸纳意见和人才,防止富人和显贵垄断法律和政策的制定;选举据称可以为政府提供英杰和贤能之人担任行政长官,并为那些本身不能或不愿担任官职的公民提供一种政治授权机制。必须注意的是,抽签的优势比选举更容易验证:抽签必定会在所有愿意担任公职的公民中随机分配职位——事实上,考虑到人口分布,抽签更有可能将大多数

---

① Aristotle 1997, VI. 2, 1317b: 1–5.

② See Pitkin1990.

③ See Fiorina 1981 and Powell 2000。关于"政策转换"(policy switching)为这一概念带来问题的方式,参见 Stokes 1999 and 2001。

行政长官交给不那么富裕的公民。[①] 与之相对,现有的经验证据无法表明,赢得选举的人就是特别擅长提供优良治理的人,或者就会因顾忌将来的选举而严格约束自身的行为。我们唯一能够确定的是,那些选举获胜者善于赢得选举。当然,两种方法的劣势也很明显:通过抽签任命的行政长官指挥下的政治具有内在的业余性,而选举政体则带有贵族政治的偏见。

意大利半岛上共和国的历史和圭恰尔迪尼对1479年佛罗伦萨选举改革的论述(也可以说是背书)表明,这两种任命方式在实践中常常会结合起来。抽签与选举的各种组合方式也会起到规避彼此劣势、放大各自优势的作用,还可能会使分别青睐这些方法的两大社会群体都感到满意。在此认识的指导下,我将引入下述政体分类方法,以系统表述作为行政长官选任手段的抽签制、选举制以及混合制。

在本书第4章中我们已经看到,圭恰尔迪尼所考虑的选任公职人员的过程分为两个阶段:确定官员候选人以及进行任命。在以抽签或选举这两种主要方式进行任命之前,要先产生候选人。候选人的产生也是通过两种方式之一,即要么在全体公民中随机抽签产生,要么由提名人选择产生,而提名者则是通过抽签、选举或者少数精英团体推举产生。

提名候选人

| | | 1. 抽签 | 2. 提名人 | |
			a. 抽签	b. 选举	c. 上层人士的会议
任命行政长官	A 抽签	民主政体	大众共和政体	大众共和政体	寡头政体
	B 选举	共和政体	大众共和政体	寡头共和政体	寡头政体

民主政体:(1, A)　　　　　　　　　寡头共和政体:(2, b, B)
大众共和政体:(2, a, A)(2, b, B)(2, a, B)　寡头政体:(2, c, B)(2, c, A)
共和政体:(1, B)

图表 1:共和国的分类

---

① 关于当代公共政策制定中对随机选择的各种运用,参见 Bennett 1999；Duxbury 1999；Harcourt 2007；Samaha 2009 和 Stone 2007, 2009。

图表 1 展现的是在非君主制的政制中抽签、选举及其互动的各种组合。

民主政体:(1, A)。与(1, A)相对应的那种理论上的结合方式是:从公民中以抽签的方式确定一小组人选(比如:6 – 12个),然后进行第二次抽签决定由谁来担任行政长官。事实上,对于职位在全体有候选资格的公民中的分配,第一步关于提名的抽签没有什么实际影响。这一步骤可以用来将公众的注意力集中到少数几个潜在的行政长官的人上,或者促使废弃从全体公民集合中一次性抽签决定行政长官的做法。因此,(1, A)原则上与古代的模式很接近,即用随机性确保公民的平等参与。基于前面提到的理由,我们很容易就能把这种政体归类为民主政体。

[175]**大众共和政体**:(2, a, A)(2, b, A)(2, a, B)。在这些案例中,随着抽签和选举的混合,情况开始变得有些含糊不清。如果说选举是一种使精英获得权力的、"贵族制"手段,那么我们如何能够把一种在某种程度上使用了选举的政体归类为"大众"共和国、"民主"共和国(开放政体)呢?这取决于如何采用抽签来抵消选举造成的贵族偏好。(2, a, A)模式的政体和我们上一段讨论的民主政体几乎相同,只不过是在两次抽签之间增加了提名者斟酌并选择候选人这一环节。然而,由于提名者本身也是通过抽签决定的,他们的偏好就无法被预先决定或预知。因此,我们无法事前断定他们的偏好是寡头式的还是民主式的。有时会对前者的偏好较多,有时会对后者的偏好较多,有时会是两者的混合。由于他们的提名具有充分的不确定性,最终的抽签所产生的结果也可以被视为是充分随机的。[176]因此,这种制度就具备了民主的特征,因为所有类型的公民都有可能担任行政职务。另一方面,这种制度带入了某些公民的同意和斟酌,从而使得对品质因素(知名度、技能、德性等)的认知性考虑也进入选择候选人的过程之中。

在(2，b，A)中，提名者的当选这一事实本身可能已经决定了他们的偏好，因此，影响行政长官选举的各种区分因素就可能会发挥作用。由于提名者是由全体公民选举产生的，他们就可能会不成比例地代表富人或其他显要的公民群体。根据圭恰尔迪尼或马基雅维利提供的证据或他们对共和国的分析，我们没有理由相信选民选择提名人与选择候选人的标准存在差异。提名者又应该会选择与自己非常相似的公民担任候选人，而这会使对行政长官的最终选择过度地带有寡头倾向。毕竟，接下来的抽签主要会在富有的候选人或者为富人服务的候选人中进行。不过，根据圭恰尔迪尼 1479 年对选举改革的论述，在最后通过抽签进行任命之前，候选人的名单是通过选举产生的；如果用这种方法来产生全体提名人，而不是单单一个人或少数几个人，那么选举带有的贵族性质事实上就有可能在此被降到最低。如果通过选举产生的是一个人数较多的名单(比如 6 个或更多)，而不是为出任某个明确职位而提出的一位特定候选人，这样就可以减缓选举所产生的贵族倾向，那么，这种情况下的提名者或许也能反映更大范围的政治偏好。这种多样性可以通过他们对候选人的提名表现出来，从而可能改变最终抽签产生的行政长官都是富裕公民的情况。①

(2，a，B)的结果则与此不尽相同，因而可以说它是最不民主的大众共和政体：虽然提名者是通过抽签产生的，因此没有植入富人与显贵的偏好，但提名者选择候选人的程序(如前文所述)则

---

① 因此，我不认为佛罗伦萨共和国在抽签之前的"审查"是通常所认为的"选举"，因为决定谁有资格进入行政长官名单的程序，往往在五千多人的名单被放入名签袋时就已经结束了，参见 Brucker 1962, 67; Najemy 1982, 177。正如圭恰尔迪尼和早期人文主义者莱昂纳多·布鲁尼所直觉感受到的那样，对如此多的人担任官职的适当性的判断，绝不会与如下行为带有同等的歧视性：选择一两个人去充任一个具体的、当前就有空缺的特定职位。参见 Bruni [1442] 2004, 73。

有可能会掺入贵族倾向。更为重要的是,行政长官最终是由选举产生的,而选举会偏向于有突出特征的候选人,无论显贵和富人在这类人中所占的比例是多少。不过,这种类型的政体仍然属于民主共和政体的范围。这一方面是由于整个过程开始时的随机性,另一方面是由于贵族制因素在提名阶段的介入程度是不确定的。

　　共和政体:(1,B)。从某种意义上说,(1,B)可以被视为一种典型的公民政体(*politeia* 或 *republic*)。它在民主政体与贵族政体、大众政体与寡头政体之间模棱两端。由于候选人完全是由抽签决定的,富裕的公民无法事先设置议程或者把他们的偏好强加于人;所有愿意担任公职的公民,无论贫富,都拥有实质性(而非仅仅形式上)的任职机会。另一方面,由于一个或少数几个行政长官职位的归属最后是通过选举来决定的,[177]候选人中的富人和显贵可以有充分的信心认为,这些职位更有可能落到他们手里。在这里提到的分类法中,这种政体或许最为接近亚里士多德所认定的那种最为正义或最有可能实现的政体,也最为接近曼宁所描述的那种内部最稳定的政体。亚里士多德认为,这种政体之所以是正义的,是因为其中的各个部分都贡献了自身的不同优点(少数人的美德与能力,以及多数人良好的判断力和对自由的渴望)。① 曼宁认为,这种政体之所以稳定,是因为寡头和人民都不能确定改变现状能使自己获得多少好处。② 虽然选举很可能会导致少数人的统治,但由于候选人是从更大范围的公民中抽签产生的,所以如果人民希望的话,他们也可以选择不把票投给那些少数人。在这个方面,这种政体与当代的共和国也存在不同,因为当代的共和国并不依赖于任何的随机性,因而结构性地确保了当

---

① See Aristotle 1997, III. II. 11, 1281b, 34–38(see also III. II. 13, 15; VI.8; and VIII. II. 2).

② Manin 1997, 128.

选者几乎总是少数人。因此,曼宁可能过于自信地把当前这种完全选举的代表制政府看作最为正义的那种公民政体。[①] 像$(1, B)$这种结合了抽签与选举的共和国或许同样是稳定的,但显然是可以实现的,并且很可能是更加正义的。

寡头共和政体:$(2, b, B)$。这种政体的提名者由选举产生,然后由他们再选出一批候选人,最后由全体公民普选产生行政长官。普选或许可以表明,这个政体冠以"大众政体"名头是正当的,但它并不能因此就被合法地认定为是"民主的"。这种政体无论在哪个层面都没有对贵族的影响施加控制。即便在提名阶段通过对候选人的广泛涵括而可能产生的弱化贵族制效应,也被该政体框架中彻底全面的选举特征所抵消。可以预计的是,在获取公职方面,相对于普通人来说,富人或者其代理人会享有不成比例的优势。普通人除了"选择"他们以及保留在适当时候不让他们连任的选择之外,实际上并不拥有对这些行政长官的支配权。一种"初选/名流大会/大选"的流程完全符合这种抽象模式。

寡头政体:$(2, c, B)(2, c, A)$。寡头政体(*oligarchy*)这个术语通常指的是由几个人或几个家族进行统治的封闭性体系。然而,这种类型的政体会借助特定的宪制安排,甚至借助更大范围的普通民众,来解决可能会在精英内部的对立派系之间引发争执的职位任命问题。除了排除下层民众对政府权力的分享之外,寡头们还努力将官职候选人限制在他们内部,这样无论具体结果如何,他们都可以接受。为了实现这一点,他们会用两种方式来使"上议院"、"名流会议"或"选举委员会"指定候选人:一是将自己组织成具有正式提名候选人功能的"元老院",二是通过谈判挑出一组提名者来选择候选人(如果他们自己能就候选人[178]名单达成一致,就根本没有必要借助制度性手段了)。在由一个小

---

① Manin 1997, 238.

型的会议或圈子任命提名者的情况下,那些提名者们大概就能知道哪些人是能或者不能为所有的富裕家族和重要公民所接受的。在方案(2, *c*, *B*)中,提名者们提出的名单会呈递给人民进行投票,但这种选举的目的却不是为了获得人民的同意或鼓励更广泛的参与。相反,投票的主要功能是在相互竞争的精英之中做出抉择。① 在(2, *c*, *A*)中,抽签这一典型的民主设置,发挥的是寡头政治的功能,因为"名签袋中"的候选人已经被严格限定在富人所偏好的范围之内,而富人的偏好则是通过他们对提名机构成员的挑选而满足的。这近似于威尼斯(一个自称为共和国的寡头政体)对抽签的利用方式,在一定程度上也近似于阿尔比齐和美第奇家族统治下的佛罗伦萨。②

　　这种受圭恰尔迪尼启发的政体分类法,把现代大众政体的宪制置于某种制度-历史的视角之下,并且,如今对于这种政体在行政长官分配方式的规范性与实践价值,应该能够启发更多的批评性分析。马基雅维利式民主的观点认为,最令人着迷的政体类型是那些结合抽签方式和选举方式向民众赋权的政体。如果说,在当今的时代,从经验层面(地域规模)和规范层面(代表性)出发,抽签还不能或不应该完全取代选举,但是,抽签的随机性仍然可能会被有效地纳入更宽泛的选举机制当中。抽签可以被用来扩大最终投票阶段的候选人的范围(1, *B*),也可以在由大众选出的

---

① See Wantchekon 2004, 17-34.

② See Lane 1973, 110, 259. 审查候选人的机构(the *arroti*)和从放名单的袋子中抽取任命的机构(the *accoppiatori*)逐渐扩大的自由裁量权,使得阿尔比齐家族的寡头统治和美第奇家族的君主统治在形式上维持了共和制,参见 Rubinstein 1966, 1-135。帕吉特和安斯尔认为,美第奇家族之所以能够在佛罗伦萨保持权力,不单单是靠(甚至主要不是靠)对任命机制的控制(Padgett and Ansell, 1993, 1259-1319)。科西莫·德·美第奇建立的庇护关系的深度和广度,以超越政治的手段确保了其家族的支配地位。关于选举政体中庇护关系的持存,参见 Kitschelt and Wilkinson 2007 和 Medina and Stokes 2007。

提名者确定了候选人之后，被用来产生最终人选(2，b，B)，而无论在哪种情况下，其结果都会削弱当今大多数"代表制民主"中特权阶层对行政长官职位的垄断。

我提倡制度创新的意图，并不是想确保每个公民都会轮流担任公职，事实上这种情况也不会随之出现。不过，那些有意愿且有能力为公众服务但缺乏(像富人及其代理人所拥有的)使自己看上去具备"可当选性"的资源的公民，将通过这种改革获得更好的取得职位的实际机会。虽然这些情境下的随机化不可能将古代民主中公民轮流统治的积极性热望成为现实，但是它很可能有助于实现其消极性的一面，即遏制富人和权贵阶层，避免其完全垄断大众政体的官职，从而防止其在政府政策制定过程中拥有不成比例的影响力。

复兴平民保民官

相比于马基雅维利的新罗马大众政体模式，以及他对佛罗伦萨再造共和的建议，当代的代表制民主至少存在两大缺陷：(1)公民群体缺乏选举之外的方法使政治精英负责，尤其是缺乏由保民官和监察官实施的手段[179](否决、指控和/或公民裁决)；(2)缺乏对经济–政治精英与平民的准正式区分(同样也缺少能够实现这种区分的制度，比如为显贵、权贵、大人物而设的元老院或委员会，以及保民官或者由人民、平民、群众等组成的平民会议)。我在前文中有过如下表述：现代共和国中贵族政治的影响，以及行政长官在资源和信息方面享有的特权，使得选举不再是确保精英负责和回应的充分机制；此外，对"人民"的社会政治定义包含了富裕公民，而没有将其排除在人民之外甚或与人民相对立，这就导致富人可以通过准匿名的和几乎不受抵抗的方式支配普通公民。① 需要再次指出的是,西塞罗式的和佛罗伦萨式的"公民共和主义"或"公民人文主义"概念,强调在社会性方面浑然同一的公民观,而不是建立在阶级或行会间竞争之上的公民观,大大地促进了寡头政体的合法化。②

从亚里士多德到马基雅维利的政治哲学家们都认定,而他们对众多共和国的分析也都证明了,共和国内部的冲突主要发生在富裕公民和不富裕公民之间。那么,从 18 世纪晚期开始,共和主义者在起草宪法时,为什么在概念上和制度上都放弃了阶级属性呢? 前文曾提到的恐惧暴民的情感(ochlophobic state of mind)没有出现的时候,许多人或许都受到了刚刚开启的"多元主义"商业时代的鼓舞,认为大量的社会群体在权力和影响力方面会变得相对平等,可以淡化之前共和国中富裕公民与贫穷公民之间突出的阶级分化。③ 比如,在《联邦党人文集》第 10 篇著名的开头中,麦迪逊对由阶级和财产不平等界定的"派别"(faction)概念进行了社会学的讨论,但随着文章的推进,这一概念越来越具有利益多样性的内涵。④ 显然,几乎所有现代的共和主义者都完全赞同绝对的、不可分割的和单一的"主权"这一新近形成的政治的理念,在他们所处的革命时代,这种主权从君主身上转移到了人民身上。⑤ 这种"人民主权"观念,以及相关的形式上的司法平等,弱化了加诸公民身上的法定地位的差别,尤其是那些与社会经济地位相对应的差别。但是,无论出于何种原因——无论是对所谓"暴民统治"的偏见(mobophobic prejudices),还是新出现的多元

---

① 对社会政治中的整体主义和同质性概念的另一种病理学分析,参见 Connolly 1995。

② See Asmis 2004 and 2005; Hankins 2000a, 75–178; and Jurdjevic 1999.

③ See Wooton 1994.

④ See Hamilton, Madison, and Jay [1788] 1998, no. 10. See Dawood 2007; Elkin 2006; Levinson 2006; and Nedelsky 1991.

⑤ Morgan 1989.

主义的社会学假设，或是各种应对日益均质化的公民群体的政治方案，等等——现代宪政框架的设计者们显然都明确反对那些承认、应对和反映经济社会地位差别的制度设计。[①]

　　美国的建国者们之所以未能提出一个正式的类似于保民官的制度设计，其原因之一可能是：在18世纪末19世纪初时，随着公众识字率不断提高，他们对新闻自由这一广泛扩展的权力充满信心，而这使得几乎所有的现代制度设计者都未能认真考虑，如何去建立一个专属于普通公民并维护其利益的监督部门。建国者们相信，人民不需要正式的政府保护，因为在开明的社会里，来自不同利益群体的信息充分涌现，表达了不同的社会视角，而且可以在积极参与公共生活的公民中自由流动。[②]［180］按照这种理解，政府官员甚至显要公民滥用权力后，都会被曝光给公众，并最终受到法律权威的惩罚。无疑，这种信念已经在一些著名的案例中得到了证明，在这些案例中，经媒体曝光、公共舆论认定，政府官员惩戒了精英的严重腐败或叛逆行为。[③]但正如马基雅维利在几个世纪之前就指出的，在允许公民之间发展出资源不平等的"自由"环境中，行政长官和富人能够获取掌控信息的优势。借助这种优势，他们可以引导公共舆论议程，传播有利信息，压制负面

---

① 尤其是那些精通古典理论和实践的美国建国者们（参见 Richard 1994；Sellers 1994）。他们曾考虑过但最终还是拒绝了那种制度设计。约翰·亚当斯倡导罗马风格的元老院的理念，认为为最富裕的公民保留一个机构将使得他们的影响最小化（John Adams［1790］1805，280）。麦迪逊曾经半开玩笑地提出过一个想法，即分别建立一个由富人选举和一个由穷人选举的立法机构（Meyers 1981，398-399）。此外，他还讨论（但拒绝）了宾夕法尼亚州版本的罗马监察官，让其负责审查立法和行政行为的合宪性（罗马监察官原本负责监督人口调查、税收、投票、元老院任职以及禁止奢靡的规定，参见 Lintott 1999，94-103）（Madison，Hamilton，and Jay［1788］1998，nos. 48 and 50）。

② 对于出版业对美国民主影响的讨论，参见 Levy 2004 和 Martin 2001。对其在欧洲背景下的影响，可以参见 Habermas 1989 和 van der Zande and Laursen 2003；关于其更为普遍的影响，参见 Keane 1991。

③ See, e.g., Bernstein and Woodward, 1987; Rudenstine, 1998.

消息;而且最有效的是,抹黑那些试图揭示显贵支配行为的平民主义信徒(*D* I. 5)。当然,马基雅维利并不认为,单凭平民监察专员的制度化,就能够彻底杜绝精英对保民官式行政长官的诽谤、拉拢和恫吓(*D* III. 3)。这种制度化也不能保证贵族不会通过宗教教义或利用发动不必要的战争的方式来成功地操纵人民(*D* I. 13)。但是,特别是在(但并不限于)媒体日益集中到少数人手中的情况下,单单是信息的"自由"流动本身,还无法充分担当起向民众负责的监督人角色。①

如果说对于限定阶级的机构的需求在 18 世纪被低估,那么,我们可能会期望这种需求在工业革命到来之际凸显出来。制宪者们或许依然沉浸在启蒙运动的自满之中,认为共和国内的贫富阶级冲突最终会烟消云散,而正在形成中的、以多元利益为基础的冲突则会持久存在下去。目睹了工业革命及其至今仍令人警醒的相关社会政治后果的改革者们,则不能以这种时代局限性为借口。启蒙时代的政治哲学在理论上构建的"商业共和国",变成了历史现实中的"资本主义民主",而传统共和国中萦绕不去的那种财富集中和不平等的加剧,又一次出现了。在这种情况下,对现代大众政体中的民主赤字进行批评的人,应该更好地利用传统上以阶级划分为基础的共和国的制度经验。② 以美国为例,为何没有人提出应该在众议员和参议员的任职资格上分别规定财富的上限和下限,从而使国会与传统大众政体中的议会更相似呢?

尽管这种制度安排表面上保证了富人的特权,但它可能——按照一种马基雅维利式的精神——激起充分的怨气和阶级意识,

---

① Goodin 2008, 155-185; Janeway 1999; McChesney 1999.
② 拉坦夸大了古代共和国与工业时代民主政治中阶级冲突在程度上的不同。他认为,工人阶级在 19 世纪对公民权的获取,致使利益冲突显著增强,单凭语言论辩已经无法克服。然而实际上,他的表述可以很容易被应用于(比如说)罗马关于土地法的争议,参见 Rattan, 2001。

可以确保下议院和全体人民对上议院及其选民进行更有效的监督。马基雅维利建议,对于共和国中显贵与平民之间不可避免的权力差异,应该进行相应的制度安排,以使平民更多地(而非更少地)意识到这种差异,并且或许能够激发他们努力将这种差异最小化。为富裕公民和不富裕公民设立不同的机构,可以使权贵欣欣然而人民愤愤然,从而培植出自由与稳定的共和国所必需的那种社会脾性:相对忠诚的[181]精英与焦躁不安的、反精英的公民大众。与之相对,"拥有主权的人民"(sovereign people)这种一体化的观念,以及与其对应的严格的选举/代议制度安排,则会导致精英的偏狭和大众的麻木。①

马基雅维利对传统共和国的分析,激发我们对当代共和国中不同的社会政治安排产生许多疑问:比如,为什么没人考虑过收买富人,将他们完全排除出政治过程之外? 不同于不经其同意就剥夺权贵的公民权的做法(早期佛罗伦萨的行会共和国就曾这样做过,并酿成了很坏的结果),当代的共和国也许应当向富人提供经济特权,以换取他们放弃公民权。随着"金钱政治"(money in politics)日益成为令人烦恼的议题,或许我们可以免除当前收入超过 150000 美元的个人或净资产(包括收入、不动产和财产)超过 350000 美元的家庭的税收,②而要求他们放弃投票、担任公职以及提供竞选资金的权利。如果这种手段在财政上是可行的,它可能会减少资本的政治影响,同时不会危及资本在市场民主中也许是不可替代的生产效能。③ 当然,虽然马基雅维利强调显贵重

---

① Arnold 1993;Mansbridge 2003.

② 依据 2001 年的统计数字,前百分之十最富有的家庭(资产大约超过 \$ 345,000)控制着美国大约百分之七十的财富;参见 Wolff 2001 and 2007。这种估计可能是保守的;最新的统计数字显示最富有的 20% 家庭掌握着国家 85% 的财富,也就是说剩下的 80% 人口仅拥有美国 15% 的资产;参见 Domhoff 2010 和 Wolff 2010。

③ Przeworski and Wallerstein 1988.

视财富甚于荣誉和公职,但是那种他归之于他们的、难以抑制的实施压迫的欲望——在这一点上我同意他——使他们很难抵制将经济特权转化为政治权力的诱惑,尤其是当政治权力能够助他们获得更多财富的时候。

在 2004 年加利福尼亚州的罢免州长案之后,民众对在任行政长官的指控的裁决(这种裁决最终会落实为实实在在的处罚)可能已经名声扫地,并且永远不会恢复。① 不仅如此,最近加州的投票倡议和投票结果,都使人们对人民直接裁定宪法和政策问题的智慧产生了疑问。② 但是,罢免和公投并没有实现富有建设性的改革。③ 为了避免加利福尼亚模式的两个突出缺陷,罢免程序或许可以按照以下要求进行修正:设法完全隔绝富裕公民或行政长官的影响,为了能让自己或代理人取代现任官员,他们会有钱出钱有力出力;罢免制度改革应当确保根除一种荒诞的情形,即罢免了一位行政长官,取而代之的却是一位民众支持率更低的人。

举例来说,支持罢免活动的公职人员或者其主要的竞选赞助者,不应该拥有拟罢免行政长官的任职资格。当然,同样的禁令也应当适用于那些花费大量个人资金搞宣传反对现任行政长官的人;试图将现任官员赶下台的人,一旦花费的金钱超过一定数额,其参选该职位的资格将被取消。有了这些纠正措施,大众的指控/制裁程序较之由行政长官控制的弹劾程序,可能更不容易走样或滋生腐败,[182]后者最具代表性的就是 1998 年对美国总

---

① 　关于这次罢免及相关分歧的讨论,参见 Symposium on the California Recall 2004。

② 　关于禁止同性婚姻的提案 8,在 2008 年 11 月 4 日通过;关于通过更高的税收增加必要的州财政收入的提案 1A 与 1B,在 2009 年 5 月 19 日被否决。

③ 　正如奥利里所说(可能太刻薄了),"直接民主的试验结果,例如公投倡议或弹劾,不啻于是对其最初目的的讽刺"(O'Leary, 2006, 4)。对公投全面的、规范性的考察,参见 Tierney 2009。

统克林顿的弹劾案。此外，马基雅维利关于罗马共和国政治惩罚的讨论，还引出了如下这个有趣的问题：当代民主国家是否应当提供制度化的渠道，使民众借此可以指控那些试图为一己之目的而绑架政治过程或是欺骗大众的企业工作人员或富有公民？

回到最近加州的公投与倡议上来，①它们已经复活了长久以来（并且一直被夸大的）对大众直接裁决公共政策问题的能力的质疑：我在上一章中提到的"小型公众会议"或许可以让普通民众拥有更多机会，既能在这类情况下完善自身意见，也能以新颖、健康的方式影响公共政策。正如许多当代民主理论家抽象考虑到和具体观察到的，各种公民会议、审议投票、公民陪审团、人民议事会等等，提供了随机抽取或按照人口类别选取普通公民组成的群体，来针对重要的宪制和政策问题进行讨论和议程设定。② 加拿大、巴西、丹麦甚至中国等国家，已经将权力下放给各种小型公众会议，使其直接参与宪制方面的政治，比如起草选举改革方案。而且，这些国家已经自发地采纳了一些这类公民会议上提出的政策建议，涉及的议题包括能源保护和辐射食品等。③

用马基雅维利式的术语来说，这种从广泛的大众中遴选出的小型普通公民组织在现代国家中发挥的作用，类似于早期正式的公民会议，在这种会议中，"受到法律约束"的人民会进行讨论、决定政治事务，以使他们的实质性判断（而非未经深思熟虑的意见）主导政策制定过程。强有力的证据显示，如果在这些情形中提供相关的（哪怕是相互冲突的）信息，并为这些普通公民提

---

① See Bowler and Glazer 2008；Ellis 2002；Matsusaka 2008.

② Dahl 1989；Fishkin 1991 and 1997；Goodin 2008；Neblo 2005 and n.d.；O'Leary 2006；Thompson 2008；andWarren and Pearse 2008.

③ See Baiocchi 2001 and 2005；Fung 2003；and Fung and Wright 2003；andWarren and Pearse 2008，xi-xii，1-16. 关于各种小型公众会议实际运作的扼要而犀利的分析，参见 Goodin 2008，11-37。

供彼此相互审议的机会,那么他们就能够提出有见识的、趋于共识的政策判断。① 因此,越来越多的学者现在建议让更多的政府——地方的、区域的、国家的甚至超国家的政府——将权力授予这种小型公众会议,使其经过审议发起或审查政策建议,然后提交给更广泛的公众——甚至是全体公民——进行裁决。②

这种民众裁决模式与圭恰尔迪尼偏爱的模式存在显著的差异。圭恰尔迪尼偏爱让元老院式的群体起草或修改法律,然后由正式会议上的人民进行取舍。(很明显,这种模式也是严格代表制体系中的人们望尘莫及的,代表制下的大众被完全排除出对法律和政策制定的直接参与。)与此相反,小型公众会议的倡导者指出,那些向获得授权的民众机构提供帮助的民主政体,能够更有效地遏制游说集团、既得利益者以及公职人员对政策公投的框架设定、发起和宣传施加不当影响。③ 事实上,如果一部分公民能够在公投前的政策规划阶段中扮演重要角色,[183]公投就应该能更好地反应公众的关切,更容易为大多数公众所理解,更有希望做出全体公民在"得到真实信息、有足够的时间思考和讨论的情况下"所能做出的决定。④ 当然,作为整体的选民保有终极权威,可以通过否决这种倡议来表明,一个特定的公民会议事实上并不一定就比全体公众做出更好的判断,或者说,它毕竟不能代表真实的人民。⑤

下面提出的思想实验的目的,在于以建设性的方式帮助推进

---

① See, especially, Cutler et al. 2008; Fishkin 1991 and 1997; Neblo 2005 and n.d., Ratner 2008; and Warren and Pearse 2008, 16.

② See Ferejohn 2008; and Warren and Pearse 2008, xii.

③ 不列颠哥伦比亚公民会议(BCCA)被赋予了为该省设计新选举制度的职责。对其进行的观察表明,不列颠哥伦比亚省小型公众会议所采用的选举模式,要比当选官员自己所可能设计的模式远为更加符合选民的选择。参见 Blais, Carty, and Founier 2008。

④ See Goodin 2008, 23-27, 266-267.

⑤ 实际上,不列颠哥伦比亚省的选民通过公投拒绝了改革公民会议(BCCA)提出的的选举制度。

制度改革在理论和实践上的发展。我的方案不同于上文提到的小型公众会议,因为它不仅是对当代选举民主缺陷的回应,而且源于马基雅维利的视角,他对前现代共和政体中的政治生活及宪政形式进行了极富洞察力的分析。在此我将提出一种制度改革方案,目的在于使美国宪制更接近于前现代大众政体中的公民参与和大众对精英的控制:我建议从不富有公民的群体中随机抽取51人,由他们组成人民保民院(People's Tribunate),行使类似于罗马保民官(任期一年且不得连任)的权力。这是一条探索性的建议,旨在提供批判,而非必然直接付诸实践;它是一种松散的指导,而非严格的规定。我当然希望当代的民主国家能够尝试这种保民官制度,正如我在本章第一部分中提出,民主国家在确立选任行政长官的程序时,可以尝试将抽签与选举相结合。但是保民官制度当然不一定非要采取我所说的这种形式。①

当代保民院可以按照以下方式组织。

构成与目的

(A) 从普通公民中以抽签方式选出51人,任期为一年,不可连任,不可重复任职。

(B) 供给他们一年足额的薪水,并保证他们可以恢复原来的工作,同时增加一些激励机制,比如子女可以享受免费的高等教育和/或免除一年期的税款,以及一些其他可能的津贴。

(C) 政治和经济精英要被排除在外。这些精英指的是:一生中连续担任过(选举或任命的)两届重要的大城市、州或联邦公职的人员,以及家庭净资产等于或超过345000美元的人(也就是最近统计数字中美国前百分之十的富裕公民)。②

---

① 换句话说,这并不像阿克曼、费什金和/或他们的追随者设计的进步主义改革方案那样,追求其直接的实现。例如,我没有像 Ackerman and Fishkin 2004 那样,花同样的力气去探索这种模式的可行性,计算它的成本,推敲其细节,等等。

② See http://tiger.berkeley.edu/sohrab/politics/wealthdist.html; see also Wolff 2001 and 2007.

（D）超过21岁的公民才有资格担任保民官。

[184]（E）除了排除社会经济和政治精英外,保民官的抽取范围还应该做如下调整:考虑到美国的特殊历史,以及其他与阶级不直接相关的、困扰国家的不平等因素,非洲裔美国人和美洲原住民应该有超过简单人口统计比例的机会担任保民官。①

（F）保民官的义务是研究和讨论联邦政府的各种事务,一周五天,每天六小时。保民官可以邀请学者和政策专家(但不能是在任的官员)介绍一些他们认为与自己的审议有关的信息。

宪法权力

（G）保民官被授权在多数票支持下,在其一年任期内否决一部国会法律、一条行政命令以及一起最高法院判决。保民官任期结束后一年内,被否决的机构不能再次尝试启动被否决的事项。保民官不能利用此项权力为自身谋利。

（H）保民官可以在多数票支持下,针对他们希望的任何事项发起一次全民公决。公投不允许政党和利益集团进行广告宣传。在公投之前,一位支持者和一位反对者会进行一场全国性电视辩论,发言人需要得到保民官的认可,其身份可以是政策专家、公职人员或者一般公民。如果公投获得了大多数选民的支持,那么就具有了联邦法律的效力。只有美国参众两院各自达到三分之二的票数,才能裁决该法案违宪。保民官不能利用此项权力为自身谋利。②

---

① 对于加拿大不列颠哥伦比亚省公民会议(BCCA)的成员与该省公民的比例,詹姆斯按照性别、年龄和地域因素进行了分析;他得出结论说,原住民应该获得超出比例的名额,以确保他们切实参与小组商讨,而不仅仅是起到象征性作用,参见James, 2008。

② 奥利里为其小型公众会议赋予了一项引人注目的立法功能;在其议会改革方案中,他赋予地方议会一种"开门"的功能。如果地方议会50%以上的成员投票赞成一项法案,该法案就应该突破众议院或参议院委员会的阻挠,进入大会进行讨论和表决,参见O'Leary, 2006, 8。利里认为这可以成功地克服"顽固的委员会成员以及过多的特殊利益的介入"(O'Leary, 2006, 125)。

（I）如果有超过四分之三的票数支持,保民官在其任内可以从联邦政府的三个分支中各选取一名官员发起弹劾。除了这类由保民院提出的弹劾案之外,其他的弹劾程序仍旧按照美国宪法的规定执行。被弹劾的行政长官在被判有罪后,可以提请由全民公决来进行裁决,公投程序依照（H）条款进行。保民官不能利用此项权力为自身谋利。

处罚与重组

（J）保民官任期结束后,在任的人民保民官在三分之二以上票数的支持下,可以对单个保民官或保民官集体的不当公务行为（比如叛国、腐败等）进行指控。在指控发起后,要从可以担任[185]保民官的公民（参见 C 和 D 条款）中随机选出五百人,来审讯被控告的保民官,并参照适用于其他公职人员的现行联邦法律处罚。

（K）在保民院和美国众议院的三分之二以上票数的支持下,（G）（H）（I）三项条款所列举的人民保民官权力可以扩展（但不得削减）;保民院进行或发起否决、公投和弹劾的数量,可以照此程序增加（但不能减少）;（G）（H）（I）条款规定保民院制定或发起决策所需要的得票比例,可以照此程序降低（但不能提高）。

（L）保民官的任职资格（C 与 D 条款）也可进行调整,但需经三分之二以上保民官的许可,并由（H）条款规定的全民公决通过。任职资格的调整可能包含以下情况:保民官的最小年龄可以比 21 岁更低（但不能提高）;可以将比前百分之十更多的富有公民排除出可以担任保民官的名单（但不能压缩到小于百分之十）;可以收紧（但不能放松）担任过官职的公民担任保民官的条件。

人民保民官的理念与当代民主理论的几条重要支流有着共鸣。与理论上和实践中的小型公众会议类似,该模式试图重建一个微缩的公民群体——不是仅仅"代表"公民,而是要让公民以微缩的方式实际出席。① 这种新保民官制度还与当代的论辩式民主理论有着密切关联,尤其是与如下学术著作有关联:这些著作主张,对于专属于特定群体的行政长官、机构以及某些情况下的否决权,要加以重新考虑。② 现在的许多人认为,有些在特定政策下遭受不成比例的伤害的特殊群体,应该有机会对那些政策的制定进行正式的论辩和/或参与。不过,秉持着与古代和中世纪限定阶级的官职和会议相关的古老身份政治精神,美国保民官制度主要授权的群体是普通公民,也就是处于社会经济精英和政治精英对立面的普通民众。

如前所述,考虑到特定的偏见和种族隔离政策给美国历史留下的不幸烙印,有很好的理由对非洲裔美国人和美洲原住民后裔中的非精英群体进行弥补。他们应该有比其所占人口比例更大的概率当选保民官(比如可以在抽签中适当提高他们的加权)。③ 当然,这必须通过民主的方式加以决定,而且一般来说,这种选拔方式上的调整应该非常谨慎,以免丧失随机选取程序的合法性。在把这种行政长官分配给不同类型的非精英群体时,雅典民主实践中的随机选拔方式必须起主导作用。当然,性别的不平等[186]可以直接用人口统计加随机抽取的方式来处理:人民保民院不会重复政治与社会经济精英的性别比例与总人口性别比例不匹配的情况。

对"现实世界"中的审议团体(比如市镇会议和陪审团)的严厉批评,仍然适用于本章讨论的各种版本的小型公众会议:有证据表明,职业白人男性在这些会议讨论中往往占据支配地

---

① Dahl 1989 and Fishkin 1991.

② See Guinier 1995; Williams 2000; and Young 1990, 184–185.

③ 关于美国民主中持久的种族不平等,参见 Dawson n.d.。关于更一般的少数民族文化问题,参见 Kymlicka 1996 和 Parekh 2002。

位。①复兴的人民保民院应该使审议式互动变得更为公平。受历史启发的、将富裕公民排除在保民院外的做法,以及社会经济方面的弱势公民担任保民官机会的增加,或许会降低职业白人男性垄断会议议程的程度:白人男性保民官很可能与其他肤色、性别的保民官来自相似的社会经济背景。人民保民院的阶级限定特征还可以回应关于否决权会不可避免地产生某种不平等之结果的批评,这是某些形式的论辩式民主受到的许多批评之一。② 否决权(正如本书第 6 章所讨论的)使多数派成为少数派的人质,尤其是在后者能够从当前现状中不公平地获利的时候。这种否决权可以有效地保护被结构性授权的少数派,使其能够抵制没有特权的多数派所要求的补偿行为。然而,如果否决权被美国保民院(一个将社会经济精英排除在外或者尽量不受其影响的机构,罗马的保民官和马基雅维利设想的监察官就是这样)所掌握,那么保民院所实施的否决就应该被用来抵制那些寡头青睐但背离大众的政策倡议。

基于小型公众会议模式的制度(包括人民保民院)所引发的另一个担忧,即专家的影响:这类机构到底能够在多大程度上将专家排除在外(因而也就将精英的操控排除在外)呢? 从"中立的"或"无党派的"专家那里,这类审议团体能够可靠地获得客观的信息吗?③ 我们或许会认为,专家会不可避免地提供有所偏袒的信息,或者根据自己的(或是他们为之负责的那些更有权势的社会行为者的)利益和偏好来利用自己的影响去设定议程。事实

---

① 参见 Sanders 1997。然而,BCCA 的证据却表明,受过良好教育以及拥有丰富信息的成员,在会议议程中并不会产生比例过大的影响力;参见 Blais, Carty, and Founier 2008。

② 除了参见第 6 章中讨论过的 Pettit 2000, 105–146,还可以参见 Shapiro 2003, 16–19, 48。

③ See Shapiro 2003, 33.

上,那些近距离观察了不列颠哥伦比亚省公民会议的学者们,至少部分地证明了这种疑虑的正当性:他们指出,在不列颠哥伦比亚省的小型公众会议上,工作人员对参与审议的公民具有实实在在的(尽管绝非决定性的)影响。[1] 鉴于在这个案例中尚不能得到完全确凿的证据,对于专家影响力的问题,还是不要草率采纳过分悲观的观点为好。[2] 为审慎起见,这类机构一般来说需要达到不列颠哥伦比亚省公民会议中那种虽不完美但还算准客观的公民-专家互动水平,以及像美国总审计局(GAO))这种相对无党派的政府机关那样的信息提供水平。[3]

　　最为重要的是,类似于人民保民院这样的机构,可以让美国的普通公民——"普通的"含义一开始由[187](A)(C)(E)条款规定,但最终还是由公民自己来决定(见 L 条款)——对公共事务的三个关键方面做出实质性的贡献。被这样定义的人民(此前一直被以麦迪逊式的方式"正式排除"在国家政策制定的直接参与之外)将有权抵制有害于公共福利的政策(G);提出治理共和国的法案(H);惩处威胁人民福利的公职人员(I)。本着马基雅维利对罗马保民官的赞美以及他对佛罗伦萨监察官的期待,美国的保民官将作为以人民为后盾的"自由卫士"而服务于美利坚共和国。

　　圭恰尔迪尼满怀怨恨地抱怨说,保民官不断增长的权威逐步扩大了罗马平民的权力。马基雅维利则温和地暗示说,随着时间的推移,他的监察官将使佛罗伦萨普通公民手中的权力与日俱

---

[1]　See Lang 2008, and Pearse 2008.

[2]　例如,夏皮罗在这个方面可能就过于悲观了,特别是由于他并未提供某种能用来评估任何种类的准客观知识的标准:他既怀疑在竞争性选举的宣传背景下浮现的信息,也怀疑在理应是非政治的背景下专家所提供的信息。参见 Shapiro 2003, 30。

[3]　关于利益集团对公投的影响的一般性研究,参见 Gerber 1999。

增。① 同样,根据(K)和(L)条款,美国的保民官最终可能会发觉自身的权力在逐渐扩大,以致能够为公民大众提供不断增加的机会来设置其共同自由的边界并决定其内容,同时来约束那些寻求限制和威胁这种自由的那些人的行动。

指出现代民主的制度在保证精英负责并具有回应性方面做得不完美,并不是要证明早期大众政体实际上能够更好地完成这些任务。这属于经验层面的问题,我对此一点也不知道应该如何回答。尽管如此,早期共和国的参与者和分析家,尤其是平民、"低级行会成员"以及马基雅维利本人,肯定能够预测到,当代这种仅仅依靠普选的大众政体将无法在那些方面良好运转。需要再次强调的是,参与行政长官竞选的人(通常是有钱人,或者得到他们有力资助的人)将在事前就去试图影响那些选择他们的人,他们能够也确实会调动大量资源来施加这种影响。此外,令人绝望的是,对于一个背叛了民众的当选行政长官,最为重要的惩处方式几乎必定是事后才能进行的:"不让一位不令人满意的官员连任"这种威胁,要在拖延很长时间之后(具体地说,要到这位行政长官任期结束后)才能执行。当然,就像弗朗切斯科·圭恰尔迪尼的直观看法一样,现代制宪者主张并且也相信,新的经济、社会和/或政治条件会使从狭隘的选举政治中产生的寡头制成为"自然贵族制"(natural aristocracy)。有人应该提醒他们一下:没有哪一种寡头体制认为自己是"不自然的"。② 如果一个大众政体或者民主共和国不想变成一种危险的、不负责任的寡头制(不管是不是自然的),那么,"以不同的方式和模式"为普通公民提供制度上的积极援助(affirmative action),就是最为迫切的事情。

就此而论,当代民主国家不妨重新考虑一下那些选举之外的

---

① Guicciardini [1524] 1994, 151; [1530] 2002, 392; Machiavelli, *DF* 743-744.

② See Morgan 1989, 286.

实践方式。在更早期的民主共和国、它们的倡导者[188]以及它们最伟大的拥护者马基雅维利看来,对于确保公民自由和那种政体的持久长存来说,那些实践方式乃是至关重要的。当今的民主国家在任命行政长官时,应当用随机性的因素来缓和选举制的贵族制倾向,应当为普通民众保留专门的公共行政长官或者拥有立法权的会议,将富裕的公民排除在外;并且,在对政治犯罪的惩罚中,必须允许全体公民有权参与到控告/申诉的程序中。这种制度创新的影响并非纯粹程序性的。马基雅维利(他认为显贵而非平民才是共和国最大的政治问题)暗示说,这些制度可以使精英在破坏共和政制时不那么胆大妄为。他还主张说,与这一点同样重要的是,那些制度还可以激发普通公民更激烈的阶级意识和政治争论。这些就是如今似乎已经被遗忘的、在大众政体下保持自由的先决条件。

致　　谢

[221]当一位学者花费过长时间写作一本书时，往往会欠下很多人情。我在芝加哥大学就读研究生期间，就萌生了关于这项研究的最初想法。霍尔姆斯（Stephen Holmes）和曼宁（Bernard Manin）关于宪政主义和代议政体的课程和研究最早启发了我，帕斯奎诺（Pasquale Pasquino）和塔科夫（Nathan Tarcov）致力于研读马基雅维利《李维史论》的研讨班也有同样的作用。这些前辈老师们始终作为对话者和朋友——奈森还是我可贵的同事——影响着我的生活和工作。这些年里，我还从卡彭特（Dan Carpenter）那珍贵的智识和友谊中获益良多。我在耶鲁大学担任助理教授期间，"马基雅维利式民主"这个概念最终成形。在耶鲁大学，现实主义传统的民主理论仍然在激发充满活力的讨论：阿克曼（Bruce Ackerman）、本哈比（Seyla Benhabib）、达尔（Bob Dahl）、夏皮罗（Ian Shapiro）、斯科夫罗内克（Stephen Skowronek）、罗格斯·史密斯（Rogers Smith）、斯蒂芬·史密斯（Steven Smith）、斯塔姆（Allan Stam）和万特切肯（Leonard Wantchekon）始终肯定我这项研究的原创性，并强调了它对当代民主研究的重要性。

这些年来，很多人全部或部分地阅读了本书文稿，并且善意地提出了严肃的评论或尖锐的批评。我无法对他们一一致谢，但我想特意感谢下面这些人：贝拉米（Richard Bellamy）、布雷特施奈德（Corey Brettschneider）、巴金克斯（Barbara Buckinx）、卡斯蒂戈隆（Dario Castiglione）、科恩（Josh Cohen）、康奈尔（Bill Connell）、达乌德（Yasmin Dawood）、迪茨（Mary Dietz）、邓恩（John Dunn）、戴岑豪斯（David Dyzenhaus）、艾斯特朗德（David Estlund）、丰塔纳（Benedetto Fontana）、弗斯特（Rainer Forst）、加尔斯滕（Bryan Garsten）、杰纳（Marco Geuna）、亨斯克（Jacqueline Hunsicker）、雅各布森（Arthur Jacobson）、杰德维克（Mark Jurdjevic）、卡恩（Vicky Kahn）、卡帕斯特（Daniel Kapust）、克劳斯（Sharon Krause）、库姆（Matthias Kumm）、兰德摩尔（Hélène Landemore）、拉扎尔（Nomi Lazar）、列文森（Sandy Levinson）、马洛（Jason Maloy）、马拉斯科（Robyn Marasco）、麦克卢尔（Kirstie McClure）、纳杰米（John Najemy.）、内布罗（Michael Neblo）、奥伯（Josh Ober）、帕滕（Alan Patten）、里希（Rob Reich）、罗格斯（Melvin Rogers）、罗森菲尔德（Michel Rosenfeld）、施瓦茨伯格（Melissa Schwartzberg）、司奇隆（Giorgio Scichilone）、索尔（Jake Soll）、斯佩克特（Celine Spector）、乌尔比纳蒂（Nadia Urbinati）、瓦特尔（Miguel Vatter）、沃尔什（Leo Walsh）、威勒（Joseph Weiler）、雅克（Bernie Yack）和泽尔巴（Michelle Zerba）。此外，佩蒂特和斯金纳善意而慷慨地回应了我对他们作品的批判。

[222]我尤其感谢我在芝加哥大学的同事们，无论他们是否在政治科学系任教，依然健在还是已经去世。这些年来，他们热心而诚挚地参与到了这项研究中：艾伦（Danielle Allen）、安多（Cliff Ando）、鲍什（Carles Boix）、科恩（Cathy Cohen）、库柏（Julie Cooper）、古丁－威廉姆斯（Bob Gooding-Williams）、哈考特（Bernard Harcourt）、卡里瓦斯（Stathis Kalyvas）、拉莫（Charles Larmore）、莱特（Brian Leiter）、列维（Jacob Levy）、米歇尔·劳里（Michele Lowrie）、马克尔（Patchen Markell）、迈尔（Emanuel Maye）、穆素

（Sankar Muthu）、尼伦伯格（David Nirenberg）、帕吉特（John Padgett）、皮平（Robert Pippin）、辛普塞（Alberto Simpser）、斯莱特（Dan Slater）、斯托克斯（Susan Stokes）、韦登（Lisa Wedeen）、爱丽丝·杨（Iris Young）、泽赖里（Linda Zerilli）以及皮茨（Jennifer Pitts）。康迪（Gregory Conti）是一位优秀的研究助理（校对、完善引文、编纂索引等），我甚至想把他列为合著者。我从我在芝加哥大学的学生——比如格雷格（Greg）——那里学到的东西，远比他们能从我身上学到的东西要多得多。我要感谢他们无与伦比的求知欲和专注力，特别是阿伦（Gordon Arlen）、布朗（Emily Brown）、查理（Anita Chari）、戴维斯（Teresa Davis）、费伊（Bridget Fahey）、格洛维（Sam Galloway）、高曼（Loren Goldman）、哈蒙德（Andrew Hammond）、奈特（Lindsay Knight）、柯耿赞（Rita Koganzan）、兰道尔（Matt Landauer）、梅钦（Amanda Machin）、马赫（Amanda Maher）、马宁（Mara Marin）、麦克法登（J. J. McFadden）、梅克斯特罗斯（Chris Meckstroth）、潘廷（Travis Pantin）、皮亚诺（Natasha Piano）、席夫（Jacob Schiff）、塞林格（Will Selinger）、斯托里（Ian Storey）以及沃顿（Stephane Wolton）。

本书某些章节的早期版本曾经发表在《美国政治科学评论》（*American Political Science Review*, 2001, 2006）、《政治理论》（*Political Theory*, 2003, 2007）、《国际宪法期刊》（the *International Journal of Constitutional Law*, 2010）以及《政治与激情：1500-1850》（*Politics and the Passions, 1500-1850*, V. Kahn 等编, 2006）。我诚挚地感谢这些期刊的出版方（分别是剑桥大学出版社、赛奇出版集团和牛津大学出版社）和这本文集的出版方（普林斯顿大学出版社）。剑桥大学出版社的贝特曼（Lew Bateman）始终支持这项研究，在截稿日期屡次过后依然耐心等待，直到收到终稿。我还要感谢剑桥的克拉汗（Eric Crahan）、福克斯（Mark Fox）以及安妮·拉芙林·朗茨（Anne Lovering Rounds）。萨弗（Andy Saff）

认真而熟练地完成了文字编辑和校对的工作。

　　哈佛大学拉德克里夫高级研究所那令人振奋又趣味相投的工作氛围促使本书得以在 2008-2009 年期间完成。我无法用言语表达对格罗什（Barbara Grosz）、维克尼亚克（Judy Vichniac）以及拉德克利夫全体同事的感激之情。2009 年 10 月，哈佛大学美国政治研究中心针对本书倒数第二版文稿举办了一个研讨会。很多与会来宾积极参与了讨论，阿米蒂奇（David Armitage）、卡彭特、曼斯菲尔德（Harvey Mansfield）、纳尔逊（Eric Nelson）、罗森布鲁姆（Nancy Rosenblum）和塔克（Richard Tuck）逐章认真研读了我的文稿，并进行了热情的讨论和严肃的批评。我对他们的努力表示深深的感谢，他们帮助我把一份手稿变成了一本更完善的书。当然，文责自负。

　　十五年来，韦斯顿（Bruce Western）针对当代世界的自由和平等的危险状与我进行了多次交谈，没有这些谈话，本书将不会成形。[223]他的学识、智慧、激情和鼓励使我的工作变得充实。我的父母约翰（John）和柏妮丝（Benice）为我的恒心和信心提供了一个不可动摇的基础。珍妮（Jane）和奎尔斯（Brandon Qualls）好比我的"养父母"，他们的慷慨和热情，使本书完稿成为了可能。马内（Mae Mahinay）专业而细致的儿童看护起到了同样的作用。在这项研究的初期，帕斯卡利（Gia Pascarelli）无私地支持和鼓励了我，尤其是她与我共享了她对托斯卡纳的熟悉和热情。在本书写作的大多数时间，尼可莱塔·马基雅维利（Nicoletta Machiavelli）都静坐在我身畔；她是那么的欢快，令人懊恼和喜悦，她独一无二的的存在令人怀念。

　　我尤其感谢下面这些人，在某些困难关头，他们给予了我爱、支持和可靠的判断。我的妹妹卡拉·麦考米克·莱昂斯（Kara McCormick Lyons），她的丈夫米歇尔·莱昂斯（Michael Lyons），以及我最亲密的朋友麦肯德里（Jo McKendry）和韦斯顿。无限慷慨而慈爱的阿丽莎·安妮·奎尔斯(Alyssa Anne Qualls)作出了很多牺牲,使我得以修改并最终完成了这本书。我对她的感激之情无法用言辞表达。多年来,我作为一位学生,始终受到诸多优秀老师的庇佑——他们分布在学院内外,包括导师、同事、学生以及朋友。在很短的时间内,安娜贝拉·德克兰·麦考米克(Annabelle Declan McCormick)就被证明是最好的老师。我带着无尽的爱意,把这本书献给她,希望能从她那里学到更多。

2010 年 11 月于芝加哥

参考文献

[225] Abramson, Jeffrey. 1993. "The Jury and Democratic Theory." *Journal of Political Philosophy* 1, no. 1: 45-68.

Acemoglu, Daron, and James A Robinson. 2005. *Economic Origins of Dictatorship and Democracy.* Cambridge: Cambridge University Press.

Ackerman, Bruce. 1991. *We the People 1: Foundations.* Cambridge, MA: Harvard University Press.

Ackerman, Bruce, and James Fishkin. 2004. *Deliberation Day.* New Haven: Yale University Press.

Adams, John. [1790] 1805. *Discourses on Davila.* Boston: Russell and Cutler.

Adcock, F. E. 1964. *Roman Political Ideas and Practice.* Ann Arbor: University of Michigan Press.

Allen, Danielle. 2000. *The World of Prometheus: The Politics of Punishing in Democratic Athens.* Princeton, NJ: Princeton University Press.

Althusser, Louis. 2001. *Machiavelli and Us,* ed. Francois Matherson; trans. Gregory Elliott. London: Verso.

Anderson, Lisa, ed. 1999. *Transitions to Democracy.* New York: Columbia University Press.

Ando, Clifford. 2010. "'A Dwelling Beyond Violence': On the Uses and Disadvantages of History for Contemporary Republicans." *History of Political Thought* 31, no. 3: 1-38.

Ardito, Alissa. 2004. *Machiavelli's Madisonian Moment: The Tuscan Territorial State as an Extended Republic.* Ph.D. Dissertation, Political Science, Yale University.

Arendt, Hannah. 2006. *On Revolution*. New York: Penguin.

Aristotle. 1985. *Nicomachean Ethics*, trans. Terence Irwin. Indianapolis, IN: Hackett. 1997. *The Politics*, trans. and ed. Peter Simpson. Chapel Hill: University of North Carolina Press.

Armitage, David. 2000. *The Ideological Origins of the British Empire*. Cambridge: Cambridge University Press.

Arnold, Douglas A. 1993. "Can Inattentive Citizens Control Their Elected Representatives?" In *Congress Reconsidered*, fifth edition, ed. Lawrence C. Dodd and Bruce Ian Oppenheimer. Washington, DC: CQ Press, 401–416.

[226] Asmis, Elizabeth. 2004. "The State as a Partnership: Cicero's Definition of *res publica* in His Work *On the State*." *History of Political Thought* 25: 569–598.

——. 2005. "A New Kind of Model: Cicero's Roman Constitution in *De republica*." *American Journal of Philology* 126: 377–416.

Atkinson James B., and David Sices, ed. and trans. 2002. *The Sweetness of Power: Machiavelli's Discourses and Guicciardini's Considerations*. DeKalb, IL: Northern Illinois University Press.

Bachrach, Peter. 1967. *The Theory of Democratic Elitism: A Critique*. Boston: Little, Brown.

Bachrach, Peter, and Aryeh Botwinick. 1992. *Power and Empowerment: A Radical Theory of Participatory Democracy*. Philadelphia: Temple University Press.

Baehr, Peter. 1998. *Caesar and the Fading of the Roman World: A Study in Republicanism and Caesarism*. London: Transaction.

Baehr, Peter, and Melvin Richter, eds. 2004. *Dictatorship in History and Theory: Bonapartism, Caesarism, and Totalitarianism*. Cambridge: Cambridge University Press.

Bagehot, Walter. [1867] 2001. *The English Constitution*, ed. Paul Smith. Cambridge: Cambridge University Press.

Baiocchi, Gianpaolo. 2001. "Participation, Activism, and Politics: The Porto Alegre Experiment and Deliberative Democratic Theory." *Politics & Society* 29, no. 1: 43–72.

——. 2005. *Militants and Citizens: The Politics of Participatory Democracy in Porto Alegre*. Stanford: Stanford University Press.

Barber, Benjamin R. 1984. *Strong Democracy: Participatory Politics for a New*

Age. Berkeley: University of California Press.

——. 2000. "The Crack in the Picture Window: Review of Putnam, Bowling Alone." *The Nation* 271, no. 5: 29-34.

Baron, Hans. 1961. "Machiavelli: The Republican Citizen and Author of *The Prince*." In *In Search of Florentine Civic Humanism*, vol. II. 1988. Princeton, NJ: Princeton University Press, 101-154.

——. 1966. *The Crisis of the Early Italian Renaissance*. Princeton, NJ: Princeton University Press.

Bartels, Larry. 2008. *Unequal Democracy: The Political Economy of the New Gilded Age*. Princeton, NJ: Princeton University Press.

Becker, Ernest. 1973. *The Denial of Death*. New York: Free Press.

Behn, Robert D. 2000. *Rethinking Democratic Accountability*. Washington, DC: Brookings Institution Press.

Beitz, Charles R. 1989. *Political Equality: An Essay in Democratic Theory*. Princeton, NJ: Princeton University Press.

Bellamy, Richard, and Dario Castiglione, eds. 1996. *Constitutionalism in Transformation: European and Theoretical Perspectives*. Oxford: Blackwell.

Benhabib, Seyla, ed. 1996. *Democracy and Difference*. Princeton, NJ: Princeton University Press.

Bennett, Deborah J. 1999. *Randomness*. Cambridge, MA: Harvard University Press.

Beramendi, Pablo, and Christopher J. Anderson, eds. 2008. *Democracy, Inequality and Representation: A Comparative Perspective*. New York: Russell Sage.

Bernstein, Carl, and Bob Woodward. 1987. *All the President's Men*. New York: Simon & Schuster.

[227] Black, Robert. 1990. "Machiavelli, Servant of the Florentine Republic." In *Machiavelli and Republicanism*, ed. Gisela Bock, Quentin Skinner, and Maurizio Viroli. Cambridge: Cambridge University Press, 71-99.

Blais, Andre, R. Kenneth Carty, and Patrick Founier. 2008. "Do Citizens' Assemblies Make Reasoned Choices?" In *Designing Deliberative Democracy: The British Columbia Citizens' Assembly*, ed. Mark E. Warren and Hillary Pearse. Cambridge: Cambridge University Press, 127-144.

Bleicken, Jochen. 1955. *Das Volkstribunat der Klassischen Republik*. Munich: Beck.

Bock, Gisela. 1990. "Civil Discord in Machiavelli's Istorie Fiorentine." In *Machiavelli and Republicanism*, ed. Gisela Bock, Quentin Skinner, and Maurizio Viroli. Cambridge: Cambridge University Press, 181–201.

Bock, Gisela, Quentin Skinner, and Maurizio Viroli, eds. 1990. *Machiavelli and Republicanism*. Cambridge: Cambridge University Press.

Boix, Carles. 2003. *Democracy and Redistribution*. Cambridge: Cambridge University Press.

Bonadeo, Alfredo. 1969. "The Role of the 'Grandi' in the Political World of Machiavelli." *Studies in the Renaissance* 16: 9–30.

——. 1970. "The Role of the People in the Works and Times of Machiavelli." *Bibliotheque d'Humanisme et Renaissance'* 32: 351–378.

Botsford, George Willis. [1909] 2005. *The Roman Assemblies from Their Origin to the End of the Republic*. Boston: Adamant.

Bouwsma, William J. 1968. *Venice and the Defense of Republican Liberty: Renaissance Values in the Age of the Counter Reformation*. Berkeley: University of California Press.

Bowler, Sean, and Amihai Glazer. 2008. *Direct Democracy's Impact on American Political Institutions*. New York: Palgrave Macmillan.

Bowles, Samuel, Herbert Gintis, and Bo Gustafsson, eds. 2008. *Markets and Democracy: Participation, Accountability and Efficiency*. Cambridge: Cambridge University Press.

Brennan, Geoffrey, and Loren E. Lomasky, eds. 1993. *Democracy and Decision: The Pure Theory of Electoral Preference*. Cambridge: Cambridge University Press.

Brennan, T. Corey. 2006. "Power and Process under the Republican 'Constitution'." In *The Cambridge Companion to the Roman Republic*, ed. Harriet Flower. Cambridge: Cambridge University Press, 31–64.

Brucker, Gene. 1962. *Florentine Politics and Society, 1343–1378*. Princeton, NJ: Princeton University Press.

——. 1968. "The Revolt of the Ciompi." In *Florentine Studies: Politics and Society in Renaissance Florence*, ed. Nicolai Rubinstein. Evanston, IL: Northwestern University Press, 314–356.

——. 1969. *Renaissance Florence*. Berkeley: University of California Press.

——. 1977. *The Civic World of Early Renaissance Florence*. Princeton, NJ: Princeton University Press.

Bruni, Leonardo. [1442] 2004. *The History of the Florentine People, vol. II*, ed. And trans. James Hankins. Cambridge, MA: Harvard University Press.

———. 1987. *The Humanism of Leonardo Bruni: Selected Texts*, trans. and ed. Gordon Griffiths, James Hankins, and David Thompson. Binghampton, NY: Medieval & Renaissance Texts & Studies.

Butters, H. C. 1985. *Governors and Government in Early Sixteenth Century Florence, 1502–1512*. Oxford: Oxford University Press.

[228] Buttle, Nicholas. 2001. "Republican Constitutionalism: A Roman Ideal." *Journal of Political Philosophy* 9, no. 3: 331–349.

Canovan, Margaret. 2005. *The People*. Cambridge: Polity.

Caplan, Bryan. 2007. *The Myth of the Rational Voter: Why Democracies Choose Bad Policies*. Princeton, NJ: Princeton University Press.

Cheibub, Jose Antonio, and Adam Przeworski. 1999. "Democracy, Elections, and Accountability for Economic Outcomes." In *Democracy, Accountability, and Representation*, ed. Adam Przeworski, Susan C. Stokes, and Bernard Manin. Cambridge: Cambridge University Press, 222–250.

Chrissanthos, Stefan G. 2004. "Freedom of Speech and the Roman Republican Army." In *Free Speech in Classical Antiquity*, ed. Ineke Sluiter and Ralph M. Rosen. Leiden: Brill.

Cicero, Marcus T. 1991. *On Duties*, ed. E. M. Adkins. Cambridge: Cambridge University Press.

———. 1993. "For Murena: When to Sacrifice a Principle." In *On Government*, trans. Michael Grant. London: Penguin: 106–159.

———. 1999. *On the Commonwealth and on the Laws*, ed. James Zetzel. Cambridge: Cambridge University Press.

Coby, Patrick J. 1999. *Machiavelli's Romans: Liberty and Greatness in the Discourses on Livy*. Lanham, MD: Lexington.

Cohen, Josh. 1986. "An Epistemic Conception of Democracy." *Ethics* 97, no. 1: 26–38.

———. 2006. "Reflections on Rousseau: Autonomy and Democracy." *Philosophy and Public Affairs* 15, no. 3: 275–297.

Cohn, Samuel Kline, Jr. 1980. *The Laboring Classes in Renaissance Florence*. New York: Academic Press.

Colbourn, Trevor, ed. 1998. *Fame and the Founding Fathers: Essays by Douglass Adair*. Indianapolis, IN: Liberty Fund.

Colish, Marcia L. 1971. "The Idea of Liberty in Machiavelli." *Journal of the History of Ideas* 32: 323–350.

——. 1978. "Cicero's De officiis and Machiavelli's Prince." *Sixteenth Century Journal* 9: 81–93.

Condorcet, Jean-Antoine-Nicolas de Caritat, Marquis de. 1994. *Foundations of Social Choice and Political Theory*, trans. and ed. I. McLean and F. Hewitt. Aldershot: Elgar.

Connell, William, ed. and trans. 2005. *Machiavelli's The Prince*. Boston: Bedford.

Connolly, Joy. 2007. *The State of Speech: Rhetoric and Political Thought in Ancient Rome*. Princeton, NJ: Princeton University Press.

Connolly, William E. 1995. *The Ethos of Pluralization*. Minneapolis: University of Minnesota Press.

Cox, Virginia. 1997. "Machiavelli and the Rhetorica ad Herennium: Deliberative Rhetoric in *The Prince*." *Sixteenth Century Journal* 28, no. 4: 1109–1141.

Crook, Malcolm. 1996. *Elections in the French Revolution: An Apprenticeship in Democracy, 1789–1799*. Cambridge: Cambridge University Press.

Cutler, Fred, Richard Johnston, R. Kenneth Carty, Andre Blais, and Patrick Founier. 2008. "Deliberation, Information and Trust: The British Columbia Citizens' Assembly as Agenda Setter." In *Designing Deliberative Democracy: The British Columbia Citizens' Assembly*, ed. Mark E. Warren and Hillary Pearse. Cambridge: Cambridge University Press, 166–192.

[229] Dagger, Richard, Alan Ryan, and David Miller, eds. 1997. *Civic Virtues: Rights, Citizenship, and Republican Liberalism*. Oxford: Oxford University Press.

Dahl, Robert Alan. 1957. "Decision-Making in a Democracy: The Supreme Court as a National Policy-Maker." *Journal of Public Law* 6: 279–295.

——. 1971. *Polyarchy: Participation and Opposition*. New Haven: Yale University Press.

——. 1989. *Democracy and its Critics*. New Haven: Yale University Press.

——. 1990. *A Preface to Democratic Theory*. Chicago: University of Chicago Press.

——. 2003. *How Democratic is the American Constitution?* New Haven: Yale University Press.

Dawood, Yasmin. 2007. "The New Inequality: Constitutional Democracy and the

Problem of Wealth." *Maryland Law Review* 67: 123-149.

Dawson, Michael C. n.d. *From Katrina to Obama and the Future of Black Politics*. New York: Perseus Press.

de Grazia, Sebastian. 1989. *Machiavelli in Hell*. Princeton, NJ: Princeton University Press.

Dietz, Mary G. 1986. "Trapping *The Prince*: Machiavelli and the Politics of Deception." *American Political Science Review* 80, no. 3: 777-799.

Domhoff, G. William. 1998. *Who Rules America?: Power and Politics in the Year 2000*. Portland, OR: Mayfield.

——. 2010. "Wealth, Income, and Power in America." http://sociology.ucsc.edu/whorulesamerica/power/wealth.html.

Donaldson, Peter S. 1988. *Machiavelli and Mystery of State*. Cambridge: Cambridge University Press.

Dowdle, Michael W., ed. 2006. *Public Accountability: Designs, Dilemmas and Experiences*. Cambridge: Cambridge University Press.

Dunn, John, ed. 1993. *Democracy: The Unfinished Journey, 508 BC to AD 1993*. Oxford: Oxford University Press.

——. 2005. *Setting the People Free: The Story of Democracy*. London: Atlantic.

Duxbury, Neil. 1999. *Random Justice: On Lotteries and Legal Decision-Making*. Oxford: Oxford University Press.

Eley, Geoff. 2002. *Forging Democracy: The History of the Left in Europe, 1850-2000*. New York: Oxford University Press.

Elkin, Stephen L. 2006. *Reconstructing the Commercial Republic: Constitutional Design after Madison*. Chicago: University of Chicago Press.

Ellis, Richard J. 2002. *Democratic Delusions: The Initiative Process in America*. Lawrence: University Press of Kansas.

Elster, Jon. 1986. "The Market and the Forum: Three Varieties of Political Theory." In *Foundations of Social Choice Theory*, ed. Jon Elster and Aanund Hylland. Cambridge: Cambridge University Press, 103-132.

——. 1999. "Accountability in Athenian Politics." In *Democracy, Accountability, and Representation*, ed. Adam Przeworski, Susan C. Stokes, and Bernard Manin. Cambridge: Cambridge University Press, 253-278.

Estlund, David. 2007. *Democratic Authority: A Philosophical Framework*. Princeton, NJ: Princeton University Press.

Farrand, Max, ed. 1966. *The Records of the Federal Convention of 1787, vols.*

I–III. New Haven: Yale University Press.

[230] Farrar, Cynthia. 1993. "Ancient Greek Political Theory as a Response to Democracy." In *Democracy: The Unfinished Journey, 508 BC to AD 1993*, ed. John Dunn. Oxford: Oxford University Press, 17–39.

Fearon, James. 1999. "Electoral Accountability and the Control of Politicians: Selecting Good Types versus Sanctioning Poor Performance." In *Democracy, Accountability, and Representation*, ed. Adam Przeworski, Susan C. Stokes, and Bernard Manin. Cambridge: Cambridge University Press, 55–98.

Ferejohn, John. 2008. "The Citizens' Assembly Model." In *Designing Deliberative Democracy: The British Columbia Citizens' Assembly*, ed. Mark E. Warren and Hillary Pearse. Cambridge: Cambridge University Press, 192–213.

Finley, Moses I. 1985. *Democracy Ancient and Modern*, revised edition. New Brunswick, NJ: Rutgers University Press.

Fiorina, Morris P. 1981. *Retrospective Voting in American National Elections*. New Haven: Yale University Press.

Fischer, Markus. 2000. *Well-Ordered License: On the Unity of Machiavelli's Thought*. Lanham, MD: Lexington.

Fishkin, James. 1991. *Democracy and Deliberation: New Directions for Democratic Reform*. New Haven: Yale University Press.

———. 1997. *The Voice of the People: Public Opinion and Democracy*. New Haven: Yale University Press.

Fitzsimmons, Michael P. 1994. *The Remaking of France: The National Assembly and the Constitution of 1791*. Cambridge: Cambridge University Press.

Flaig, Egon. 2003. *Ritualisierte Politik: Zeichen, Gesten und Herrschaft im Alten Rom*. Gottingen: Vandenhoeck & Ruprecht.

Fontana, Benedetto. 2001. "Republican Liberty in the Language and Rhetoric of Machiavelli." Manuscript: Baruch College, CUNY.

———. 2003. "Sallust and the Politics of Machiavelli," *History of Political Thought* 24, no. 1: 86–108.

Forsdyke, Sara. 2005. *Exile, Ostracism, and Democracy: The Politics of Expulsion in Ancient Greece*. Princeton, NJ: Princeton University Press.

Fraenkel, Ernst. 1969. *The Dual State: A Contribution to the Theory of Dictatorship*, trans. E. A. Shils. New York: Octagon.

Frank, Thomas. 2005. *What's the Matter with Kansas? How Conservatives Won the Heart of America*. New York: Holt.

Fraser, Nancy. 1997. *Justice Interruptus: Critical Reflections on the "Postsocialist" Condition*. London: Routledge.

Fraser, Steve, and Gary Gerstle, eds. 2005. *Ruling America: A History of Wealth and Power in a Democracy*. Cambridge, MA: Harvard University Press.

Fung, Archon. 2003. "Recipes for Public Spheres: Eight Institutional Choices and Their Consequences." *Journal of Political Philosophy* 11: 338–367.

Fung, Archon, and Eric Olin Wright, eds. 2003. *Deepening Democracy: Institutional Innovations in Empowered Participatory Governance*. London: Verso.

Garnsey, Peter. 1970. *Social Status and Legal Privilege in the Roman Empire*. Oxford: Clarendon.

Garsten, Bryan. 2006. *Saving Persuasion: A Defense of Rhetoric and Judgment*. Cambridge, MA: Harvard University Press.

Gerber, Elizabeth R. 1999. *The Populist Paradox: Interest Group Influence and the Promise of Direct Legislation*. Princeton, NJ: Princeton University Press.

[231] Geuss, Raymond. 2008. *Philosophy and Real Politics*. Princeton, NJ: Princeton University Press.

Gilbert, Felix. 1957. "Florentine Political Assumptions in the Period of Savonarola and Soderini." *Journal of the Warburg and Courtauld Institutes* 20: 187–214.

——. 1965. *Machiavelli and Guicciardini: Politics and History in Sixteenth-Century Florence*. Princeton, NJ: Princeton University Press.

——. 1968. "The Venetian Constitution in Florentine Political Thought." In *Florentine Studies: Politics and Society in Renaissance Florence*, ed. Nicolai Rubinstein.

Evanston, IL: Northwestern University Press, 442–462.

——. 1977. "Bernardo Rucellai and the Orti Oricellari: A Study on the Origin of Modern Political Thought." In *History: Choice and Commitment*, ed. Felix Gilbert. Cambridge, MA: Harvard University Press, 215–246.

Goodin, Robert. 2008. *Innovating Democracy: Democratic Theory and Practice after the Deliberative Turn*. Oxford: Oxford University Press.

Gramsci, Antonio. [1929] 1959. "The Modern Prince: Essays on the Science of Politics in the Modern Age." In *The Modern Prince and Other Writings*, trans. Louis Marks. London: International, 135–188.

Gregory, Roy, and Philip James Giddings, eds. 2000. *Righting Wrongs: The Ombudsman in Six Continents*. Amsterdam: I.O.S. Press.

Grofman, Bernard, and Arend Lijphart, eds. 2003. *Electoral Laws and Their Political Consequences*. New York: Agathon Press.

Guarini, Elena Fasano. 1990. "Machiavelli and the Crisis of the Italian Republics." In *Machiavelli and Republicanism*, ed. Gisela Bock, Quentin Skinner, and Maurizio Viroli. Cambridge: Cambridge University Press, 17-40.

Guicciardini, Francesco. [c. 1508] 1970. *The History of Florence*, trans. M. Domandi. New York: Harper Torchbooks.

——. [1512] 1998. *"Discorso di Logrogno": On Bringing Order to Popular Government*, trans. Athanasios Moulakis. Lanham, MD: Rowman & Littlefield.

——. [1524] 1994. *Dialogue on the Government of Florence*, trans. Alison Brown. Cambridge: Cambridge University Press.

——. [1527] 1993. *Autodifesa di un Politico*. Roma-Bari: Laterza.

——. [1530] 1965. *Maxims and Reflections*, trans. M. Domandi. Philadelphia: University of Pennsylvania Press.

——. [1530] 2002. "Considerations of the Discourses of Niccolo Machiavelli." In *The Sweetness of Power: Machiavelli's Discourses and Guicciardini's Considerations*, ed. and trans. James B. Atkinson and David Sices. DeKalb, IL: Northern Illinois University Press, 381-438.

Guinier, Lani. 1995. *Tyranny of the Majority: Fundamental Fairness in Representative Democracy*. New York: Simon & Schuster.

Gutmann, Amy. 1999. *Democratic Education*. Princeton, NJ: Princeton University Press.

Gutmann, Amy, and Dennis Thompson. 1996. *Democracy and Disagreement*. Cambridge, MA: Harvard Belknap Press.

——. 2004. *Why Deliberative Democracy?* Princeton, NJ: Princeton University Press.

Habermas, Jurgen. ¨ 1989. *The Structural Transformation of the Public Sphere: An Inquiry into a Category of Bourgeois Society*, trans. Thomas Burger with Frederick Lawrence. Cambridge, MA: MIT Press.

——. 1996. *Between Facts and Norms: Contributions to a Discourse Theory of Law and Democracy*, trans. William Rehg. Cambridge, MA: MIT Press.

[232]——. 2001. "Constitutional Democracy: A Paradoxical Union of Contradictory Principles?" *Political Theory* 29, no. 6: 766-781.

Haitsma Mulier, Eco O. G. 1980. *The Myth of Venice and Dutch Republican Thought in the Seventeenth Century*, trans. Gerard T. Moran. Assen, Netherlands: Van Gorcum.

Hale, J. R. 1963. *Machiavelli and Renaissance Italy.* New York: Collier.

Hankins, James, ed. 2000a. *Renaissance Civic Humanism: Reappraisals and Reflections.* Cambridge: Cambridge University Press: 143–79.

——. 2000b. "Rhetoric, History, and Ideology: The Civic Panegyrics of Leonardo Bruni." In *Renaissance Civic Humanism: Reappraisals and Reflections,* ed. James Hankins. Cambridge: Cambridge University Press, 143–178.

Hansen, Mogens H. 1991. *The Athenian Democracy in the Age of Demosthenes.* Oxford: Blackwell.

Harcourt, Bernard. 2007. "Post-Modern Meditations on Punishment: On the Limits of Reason and the Virtues of Randomization." *Journal of Social Research* 74, no. 2: 307–46.

Headlem, James Wycliffe. 1933. *Election by Lot at Athens.* Cambridge: Cambridge University Press.

Held, David. 1997. *Models of Democracy.* Stanford: Stanford University Press.

Herzog, Don. 1989. *Happy Slaves: A Critique of Consent Theory.* Chicago: University of Chicago Press.

Hirschl, Ran. 2005. "Constitutionalism, Judicial Review, and Progressive Change." *Texas Law Review* 84: 471–507.

——. 2007. *Towards Juristocracy: The Origins and Consequences of the New Constitutionalism.* Cambridge, MA: Harvard University Press.

Hohenstein, Kurt. 2007. *Coining Corruption: The Making of the American Campaign Finance System.* DeKalb, IL: Northern Illinois University Press.

Holmes, Stephen. 1995. *Passions and Constraint: On the Theory of Liberal Democracy.* Chicago: University of Chicago Press.

——. 2003. "Lineages of the Rule of Law." In *Democracy and the Rule of Law,* ed. Adam Przeworski and José María Maravall. Cambridge: Cambridge University Press, 19–61.

Honig, Bonnie. 2007. "Between Decision and Deliberation: Political Paradox in Democratic Theory." *American Political Science Review* 101, no. 1: 1–17.

Hörnqvist, Mikael. ¨ 2000. "The Two Myths of Civic Humanism." In *Renaissance Civic Humanism: Reappraisals and Reflections,* ed. James Hankins. Cambridge: Cambridge University Press, 105–142.

——. 2004. *Machiavelli and Empire.* Cambridge: Cambridge University Press.

Hulliung, Mark. 1984. *Citizen Machiavelli.* Princeton, NJ: Princeton University

Press.

Hunt, Lynn. 1984. *Politics, Culture, and Class in the French Revolution*. Berkeley: University of California Press.

Huntington, Samuel. 1993. *The Third Wave: Democratization in the Late Twentieth Century*. Norman: University of Oklahoma Press.

Isaac, Jeffrey C. 1988. "Republicanism vs. Liberalism?: A Reconsideration." *History of Political Thought* 9, no. 2: 349–77.

Jacobs, Lawrence R., and Theda Skocpol, eds. 2007. *Inequality and American Democracy: What We Know and What We Need to Learn*. New York: Russell Sage Foundation.

James, Michael Rabinder. 2008. "Descriptive Representation in the British Columbia Citizens' Assembly." In *Designing Deliberative Democracy: The British Columbia [233] Citizens' Assembly*, ed. Mark E. Warren and Hillary Pearse. Cambridge: Cambridge University Press, 106–26.

Janeway, Michael. 1999. *Republic of Denial: Press, Politics and Public Life*. New Haven: Yale University Press.

Jolowicz, Herbert F. 1967. *Historical Introduction to the Study of Roman Law*. Cambridge: Cambridge University Press.

Jurdjevic, Mark. 1999. "Civic Humanism and the Rise of the Medici." *Renaissance Quarterly* 52, no. 4: 994–1020.

———. 2002. "Machiavelli's Sketches of Francesco Valori and the Reconstruction of Florentine History." *Journal of the History of Ideas* 63, no. 2: 185–206.

Kahn, Victoria. 1994. *Machiavellian Rhetoric: From the Counter-Reformation to Milton*. Princeton, NJ: Princeton University Press.

Kaplan, Arthur. 1977. *Dictatorships and 'Ultimate' Decrees in the Early Roman Republic, 501–202 BC*. New York: Revisionist Press.

Kapust, Daniel. 2004. "Skinner, Pettit, and Livy: The Conflict of the Orders and the Ambiguity of Republican Liberty." *History of Political Thought* 25, no. 3: 377–401.

———. 2009. *Contesting the Republic: Republicanism, Rhetoric and Roman Historiography*. Book manuscript, Political Science Department, University of Georgia.

Keane, John. 1991. *The Media and Democracy*. Cambridge: Polity Press.

Keaveney, Arthur. 2005. *Sulla, The Last Republican*. London: Routledge.

Kelly, Gordon. 2006. *A History of Exile in the Roman Republic*. Cambridge: Cambridge University Press.

Kent, Dale. 2009. *Friendship, Love, and Trust in Renaissance Florence*. Cambridge, MA: Harvard University Press.

Kersh, Rogan. 2003. "Influencing the State: U.S. Campaign Finance and Its Discontents." *Critical Review* 15, nos. 1-2: 203-20.

Kirchheimer, Otto. 1969. *Politics, Law and Social Change: Selected Essays of Otto Kirchheimer*, ed. F. S. Burin and K. L. Shell. New York: Columbia University Press.

Kitschelt, Herbert, and Steven I. Wilkinson. 2007. "Citizen-Politician Linkages: An Introduction." In *Patrons, Clients and Policies: Patterns of Democratic Accountability and Political Competition*, ed. Herbert Kitschelt and Steven I. Wilkinson. Cambridge: Cambridge University Press, 1-49.

Kramer, Larry D. 2004. *The People Themselves: Popular Constitutionalism and Judicial Review*. New York: Oxford University Press.

Krause, Sharon R. 2008. *Civil Passions: Moral Sentiment and Democratic Deliberation*. Princeton, NJ: Princeton University Press.

Krugman, Paul. 2003. *The Great Unraveling: Losing Our Way in the New Century*. New York: W.W. Norton.

Kymlicka, Will. 1996. *Multicultural Citizenship: A Liberal Theory of Minority Rights*. Oxford: Oxford University Press.

La Raja, Raymond J. 2008. *Small Change: Money, Political Parties, and Campaign Finance Reform*. Ann Arbor: University of Michigan Press.

Laclau, Ernesto, and Chantal Mouffe. 1984. *Hegemony and Socialist Strategy: Towards a Radical Democratic Politics*. London: Verso.

Larmore, Charles. 2001. "A Critique of Philip Pettit's Republicanism." In *Social, Political, and Legal Philosophy: Philosophical Issues* 11, ed. Ernest Sosa and Enrique Villanueva. Oxford: Blackwell, 229-243.

———. 2008. *The Autonomy of Morality*. Cambridge: Cambridge University Press.

[234] Landemore, Hélène. 2007. *Democratic Reason: Politics, Collective Intelligence, and the Rule of the Many*. Dissertation: Government Department, Harvard University.

Lane, Frederic. 1973. *Venice: A Maritime Republic*. Baltimore: Johns Hopkins University Press.

Lang, Amy. 2008. "Agenda Setting in Deliberative Forums." In *Designing Deliberative Democracy: The British Columbia Citizens' Assembly*, ed. Mark E.

Warren and Hillary Pearse. Cambridge: Cambridge University Press, 85 – 105.

Langton, John. 1987. "Machiavelli's Paradox: Trapping or Teaching the Prince." *American Political Science Review* 81, no. 4: 1277–1288.

Lazar, Nomi Claire. 2009. *States of Emergency in Liberal Democracies*. Cambridge: Cambridge University Press.

Lefort, Claude. 2000. "Machiavelli and the Verita Effetuale." In *Writing: The Political Test*, trans. David Ames Curtis. Durham, NC: Duke University Press, 109–141.

Levi, Margaret, James Johnson, Jack Knight, and Susan Stokes, eds. 2008. *Designing Democratic Government: Making Institutions Work*. New York: Russell Sage Foundation Press.

Levinson, Sanford. 2006. *Our Undemocratic Constitution: Where the Constitution Goes Wrong (and How We the People Can Correct It)*. New York: Oxford University Press.

Levy, Jacob. 2000. *The Multiculturalism of Fear*. Oxford: Oxford University Press.

Levy, Leonard W. 2004. *Emergence of a Free Press*. Chicago: Ivan R. Dee.

Lewin, Lief. 2007. *Democratic Accountability: Why Choice in Politics Is Both Possible and Necessary*. Cambridge, MA: Harvard University Press.

Lijphart, Arend. 1992. *Democracy in Plural Societies: A Comparative Exploration*. New Haven: Yale University Press.

Lintott, Andrew. 1968. *Violence in Republican Rome*. Oxford: Clarendon.

——. 1982. *Violence, Civil Strife, and Revolution in the Classical City, 750–330 B.C.*, London: Croom Helm.

——. 1999. *The Constitution of the Roman Republic*. Oxford: Oxford University Press.

Livy, Titus. 1919–1926. *History of Rome (Ab Urbe Condita), Books 1–10* (vols. I–IV), trans. B. O. Foster. Cambridge, MA: Harvard University Press (Loeb).

Locke, John. 1989. *Two Treatises of Government*. Cambridge: Cambridge University Press.

Loewenstein, Karl. 1973. *The Governance of Rome*. Amsterdam: Kluwer Academic.

Macedo, Stephen. 1994. *Liberal Virtues: Citizenship, Virtue, and Community in Liberal Constitutionalism*. Oxford: Oxford University Press.

Machiavelli, Niccolò. [1513] 1997. *Il Principe*. In *Opere I: I Primi Scritti Politici*, ed. Corrado Vivanti. Torino: Einaudi-Gallimard, 114-192.

——. [c. 1513-1517] 1950. *The Discourses of Niccolò Machiavelli*, ed. and trans. Leslie J. Walker. 2 vols. London: Routledge and Kegan Paul.

——. [c. 1513-1519] 1997. *Discorsi sopra la prima deca di Tito Livio*. In *Opere I: I Primi Scritti Politici*, ed. Corrado Vivanti. Torino: Einaudi-Gallimard, 193-525.

——. [1519-1520] 1997. "Discursus Florentinarum rerum post mortem iunioris Laurentii Medicis." In *Opere I: I Primi Scritti Politici*, ed. Corrado Vivanti. Turin: EinaudiGallimard, 733-745.

——. 1521 [1997]. *Dell'Arte Della Guerra*. In *Opere I: I Primi Scritti Politici*, ed. Corrado Vivanti. Turin: Einaudi-Gallimard, 529-705.

[235]——. [1525] 1988. *Florentine Histories*, trans. Laura F. Banfield and Harvey C. Mansfield. Princeton, NJ: Princeton University Press.

——. [1532] 1962. *Istorie Fiorentine*, ed. Franco Gaeta. Milan: Feltrinelli.

Mackie, Gerry. 2004. *Democracy Defended*. Cambridge: Cambridge University Press.

Maddox, Graham. 2002. "The Limits of Neo-Roman Liberty." *History of Political Thought* 23, no. 3: 418-431.

Madison, James, Alexander Hamilton, and John Jay (as Publius). [1788] 1998. *The Federalist Papers*. New York: Mentor.

Maloy, Jason Stuart. 2008. *The Colonial American Origins of Modern Democratic Thought*. Cambridge: Cambridge University Press.

Manin, Bernard. 1994. "Checks, Balances and Boundaries: The Separation of Powers in the Constitutional Debate of 1787." In *The Invention of the Modern Republic*, ed. Biancamaria Fontana. Cambridge: Cambridge University Press, 172-94.

——. 1997. *The Principles of Representative Government*. Cambridge: Cambridge University Press.

Manin, Bernard, Adam Przeworski, and Susan C. Stokes. 1999. "Elections and Representation." In *Democracy, Accountability, and Representation*, ed. Adam Przeworski,

Susan C. Stokes, and Bernard Manin. Cambridge: Cambridge University Press, 29-54.

Mansbridge, Jane. 2003. "Rethinking Representation." *American Political Science*

Review 97, no. 4: 515-528.

Mansfield, Harvey C. 1979. *Machiavelli's New Modes and Orders: A Study of the Discourses on Livy*. Ithaca, NY: Cornell University Press.

——. 1996. *Machiavelli's Virtue*. Chicago: University of Chicago Press.

——, ed. and trans. 1998. *Machiavelli's The Prince*. Chicago: University of Chicago Press.

Mansfield, Harvey C., and Nathan Tarcov, ed. and trans. 1997. *Machiavelli's Discourses on Livy*. Chicago: University of Chicago Press.

Maravall, José María, and Ignacio Sánchez-Cuenca, eds. 2007. *Controlling Governments: Voters, Institutions, and Accountability*. Cambridge: Cambridge University Press.

Markell, Patchen. 2006. "The Rule of the People: Arendt, Arche, and Democracy." *American Political Science Review* 100, no. 1: 1-14.

——. 2008. "The Insufficiency of Non-Domination." *Political Theory: An International Journal of Political Philosophy* 36, no. 1: 9-36.

Marshall, Bruce. 1997. "*Libertas Populi*: The Introduction of Secret Ballot at Rome and Its Depiction on Coinage." *Antichthon* 31: 54-73.

Martin, Robert W. 2001. *The Free and Open Press: The Founding of American Democratic Press Liberty*. New York: New York University Press.

Martines, Lauro. 1979. *Power and Imagination: City-States in Renaissance Italy*. New York: Knopf.

Matsusaka, John G. 2008. *For the Many or the Few: The Initiative, Public Policy, and American Democracy*. Chicago: University of Chicago Press.

McChesney, Robert W. 1999. *Rich Media, Poor Democracy: Communication Politics in Dubious Times*. Champaigne-Urbana: University of Illinois Press.

McCormick, John P. 1998. "The Dilemmas of Dictatorship: Toward a Theory of Constitutional Emergency Powers." In *Law as Politics*, ed. David Dyzenhaus. Durham, NC: Duke University Press, 163-187.

[236]——. 2003. "Machiavelli against Republicanism: On the Cambridge School's ' Guicciardinian Moments.' " *Political Theory: An International Journal of Political Philosophy* 31, no. 5: 615-643.

——. 2007a. "Rousseau's Rome and the Repudiation of Republican Populism." *Critical Review of International Social and Political Philosophy (CRISPP)* 10, no. 1: 3-27.

——. 2007b. "Machiavelli's Political Trials and the ' Free Way of Life.' " *Politi-*

cal Theory: An International Journal of Political Philosophy 35, no. 4: 385–411.

——. 2008a. "Prophetic Statebuilding: Machiavelli and the Passion of the Duke." Paper presented at a Symposium on "Reason of State," at the University of California, Los Angeles, sponsored by the Conference for the Study of Political Thought (April 25).

——. 2008b. "Subdue the Senate: Machiavelli's 'Way of Freedom' or Path to Tyranny?" Paper presented at the conference "Machiavelli: Philosophy, Rhetoric, and History," at the Beinecke Rare Books Library, Yale University (October 17–18).

——. 2009a. "Machiavelli, Weber and Cesare Borgia: The Science of Politics and Exemplary Statebuilding." *Storia e Politica* I, no. 1: 7–34.

——. 2009b. "Machiavelli and the Gracchi: Prudence, Violence and Redistribution." *Global Crime* 10, no. 4: 298–305.

——, ed. n.d. *Civic Liberty and Republican Government. Selected Political Writings of Francesco Guicciardini.* Princeton, NJ: Princeton University Press.

McLean, Paul Douglas. 2007. *The Art of the Network: Strategic Interaction and Patronage in Renaissance Florence.* Durham, NC: Duke University Press.

Meckstroth, Christopher. 2009. "The Struggle for Democracy: Paradox and History in Democratic Progress." *Constellations* 16, no. 3: 410–428

——. n.d. *Democratic Progress: Paradox, Struggle, and Constitutional Change.* Ph.D. Dissertation, Political Science, University of Chicago.

Medina, Luis Fernando, and Susan C. Stokes. 2007. "Monopoly and Monitoring: An Approach to Political Clientelism." In *Patrons, Clients and Policies: Patterns of Democratic Accountability and Political Competition*, ed. Herbert Kitschelt and Steven I. Wilkinson. Cambridge: Cambridge University Press, 68–83.

Merleau-Ponty, Maurice. 1990. "A Note on Machiavelli." In *Signs*, trans. Richard C. McCleary. Evanston, IL: Northwestern University Press, 211–223.

Meyers, Marvin, ed. 1981. *The Mind of the Founder: Sources of the Political Thought of James Madison.* Hanover, NH: University Press of New England.

Meyers, Peter Alexander. 2008. *Civic War and the Corruption of the Citizen.* Chicago: University of Chicago Press.

Michelman, Frank. 1997. "How Can the People Ever Make the Laws? A Critique of Deliberative Democracy." In *Deliberative Democracy: Essays on Reason and Politics*, ed. James Bohman and William Rehg. Cambridge, MA: MIT Press, 145–72.

——. 1998. "Constitutional Authorship." In *Constitutionalism: Philosophical Foundations*, ed. Larry Alexander. Cambridge: Cambridge University Press, 64–98.

Michels, Robert. [1911] 1990. *Political Parties: A Sociological Study of the Oligarchical Tendencies of Modern Democracy*. New Brunswick: Free Press.

Millar, Fergus. 1998. *The Crowd in Rome in the Late Republic*. Ann Arbor: University of Michigan Press.

——. 2001. "The Roman Republic." In *The Roman Republic and the Augustan Revolution*, ed. Fergus Millar, Hannah M. Cotton, and Guy M. Rogers. Chapel Hill: University of North Carolina Press, 85–161.

[237]——. 2002. *The Roman Republic in Political Thought*. Boston: Brandeis University Press.

Miller, James. 1984. *Rousseau: Dreamer of Democracy*. New Haven: Yale University Press.

Mills, C. Wright. 1999. *The Power Elite*. Oxford: Oxford University Press.

Molho, Anthony, Kurt Raaflaub, and Julia Emlen, eds. 1991. *City-States in Classical Antiquity and Medieval Italy*. Ann Arbor: University of Michigan Press.

Monoson, Susan Sara. 2000. *Plato's Democratic Entanglements: Athenian Politics and the Practice of Philosophy*. Princeton, NJ: Princeton University Press.

Montesquieu, C. B. S., baron de [1734] 1999. *Considerations on the Causes of the Greatness of the Romans and Their Decline*, trans. D. Lowenthal. Indianapolis, IN: Hackett.

——. [1748] 1989. *The Spirit of the Laws*, trans. and ed. Anne M. Cohler, Basia Carolyn Miller, and Harold Samuel Stone. Cambridge: Cambridge University Press.

Morgan, Edmund S. 1989. *Inventing the People: The Rise of Popular Sovereignty in England and America*. New York: W.W. Norton.

Mosca, Gaetano. [1896] 1980. *Ruling Class*, ed. Arthur Livingston; trans. H. D. Kahn. Westport, CT: Greenwood.

Mouffe, Chantal. 2000. *The Democratic Paradox*. London: Verso.

Mouritsen, Henrik. 2001. *Plebs and Politics in the Late Roman Republic*. Cambridge: Cambridge University Press.

Murakawa, Naomi. 2007. "The Political Causes and Consequences of Mass Incarceration." *Perspectives on Politics* 5, no. 3: 629–632.

———. 2009. *Electing to Punish: Congress, Race, and the American Criminal Justice State*. Book manuscript, Department of Political Science, University of Washington.

Murray, Robert J. 1966. "Cicero and the Gracchi." *Transactions and Proceedings of the American Philological Association* 97: 291–298.

Najemy, John M. 1982. *Corporatism and Consensus in Florentine Electoral Politics, 1280–1400*. Chapel Hill: University of North Carolina Press.

———. 1990. "The Controversy Surrounding Machiavelli's Service to the Republic." In *Machiavelli and Republicanism*, ed. Gisela Bock, Quentin Skinner, and Maurizio

Viroli. Cambridge: Cambridge University Press, 102–117.

———. 1993. *Between Friends: Discourses of Power and Desire in the Machiavelli-Vettori Letters of* 1513–1515. Princeton, NJ: Princeton University Press.

———. 1997. "'Occupare La Tirannide': Machiavelli, the Militia and Guicciardini's Accusation of Tyranny." In *Della Tirannia: Machiavelli con Bartolo*, ed. Jérémie Barthas. Firenze: Leo S. Olschki, 75–107.

———. 2000. "Civic Humanism and Florentine Politics." In *Renaissance Civic Humanism: Reappraisals and Reflections*, ed. James Hankins. Cambridge: Cambridge University Press, 75–104.

———. 2006. *A History of Florence: 1200–1575*. Oxford: Blackwell.

Neblo, Michael. 2005. "Thinking Through Democracy: Between the Theory and Practice of Deliberative Politics." *Acta Politica* 40, no. 2: 1–13.

———. n.d. *Common Voices: The Problems and Promise of a Deliberative Democracy*. Book manuscript.

Nedelsky, Jennifer. 1991. *Private Property and the Limits of American Constitutionalism: The Madisonian Framework and Its Legacy*. Chicago: University of Chicago Press.

[238] Nederman, Cary J. 2000. "Rhetoric, Reason and Republic: Republicanisms-Ancient, Medieval and Modern." In *Renaissance Civic Humanism: Reappraisals and Reflections*, ed. James Hankins. Cambridge: Cambridge University Press, 247–269.

Nelson, Eric. 2004. *The Greek Tradition in Republican Thought*. Cambridge: Cambridge University Press.

Nicolet, Claude. 1980. *The World of the Citizen in Republican Rome*, trans. P. S. Falla. London: Batsford Academic.

Nippel, Wilfried. 1980. *Mischverfassungstheorie und Verfassungsrealitat in Antike and fruher Neuzeit*. Stuttgart: Klett-Cotta.

——. 1994. "Ancient and Modern Republicanism." In *The Invention of the Modern Republic*, ed. Biancamaria Fontana. Cambridge: Cambridge University Press, 6–26.

North, John A. 2006. "The Constitution of the Roman Republic." In *A Companion to the Roman Republic*, ed. Nathan Stewart Rosenstein and Robert Morstein-Marx. Oxford: Blackwell, 256–77.

Ober, Josiah. 1993. *Mass and Elite Democratic Athens: Rhetoric, Ideology and the Power of the People*. Princeton, NJ: Princeton University Press.

——. 1998. *Political Dissent in Democratic Athens: Intellectual Critics of Popular Rule*. Princeton, NJ: Princeton University Press.

——. 2009. *Democracy and Knowledge*. Princeton, NJ: Princeton University Press.

O'Donnell, Guillermo, and Phillipe C. Schmitter. 1986. *Transitions from Authoritarian Rule: Prospects for Democracy*. Baltimore: Johns Hopkins University Press.

O'Leary, Kevin. 2006. *Saving Democracy: A Plan for Real Representation in America*. Stanford, CA: Stanford University Press.

Olmsted, Wendy. 2006. *Rhetoric: An Historical Introduction*. Oxford: Blackwell.

Olson, Kevin. 2006. *Reflexive Democracy: Political Equality and the Welfare State*.

Cambridge, MA: MIT Press.

Padgett, John F. 2010. "Open Elite?: Social Mobility, Marriage, and Family in Florence, 1282–1494." *Renaissance Quarterly* 63: 1–55.

Padgett, John F., and Chris K. Ansell. 1993. "Robust Action and the Rise of the Medici, 1400–1434." *American Journal of Sociology* 98, no. 6: 1259–1319.

Page, Scott. 2006. *The Difference: How the Power of Diversity Creates Better Groups, Firms, Schools, and Societies*. Princeton, NJ: Princeton University Press.

Palonen, Kari. 1998. *Das 'Webersche Moment'. Zur Kontingenz des Politischen*. Wiesbaden: Westdeutscher.

Parekh, Bhikhu C. 2002. *Rethinking Multiculturalism: Cultural Diversity and Political Theory*. Cambridge, MA: Harvard University Press.

Parel, Anthony J. 1992. *The Machiavellian Cosmos*. New Haven: Yale University Press.

———. 2000. "Review of Coby, Machiavelli's Romans." *American Political Science Review* 94, no. 1: 165–6.

Pareto, Vilfredo. 1987. *Political and Historical Theory of the Elites*. London: Classical Reprints.

Pateman, Carol. 1989. *The Disorder of Women: Democracy, Feminism and Political Theory*. New York: Blackwell.

Patten, Alan. 1996. "The Republican Critique of Liberalism." *British Journal of Political Science* 26: 25–44.

Pearse, Hillary. 2008. "Institutional Design and Citizen Deliberation." In *Designing Deliberative Democracy: The British Columbia Citizens' Assembly*, ed. Mark E. Warren and Hillary Pearse. Cambridge: Cambridge University Press, 70–84.

[239] Pettit, Philip. 1999a. *Republicanism: A Theory of Freedom and Government*. Oxford: Oxford University Press.

———. 1999b. "Republican Freedom and Contestatory Democratization." In *Democracy's Value*, ed. Ian Shapiro and Casiano Hacker-Cordon. Cambridge: Cambridge University Press, 163–189.

———. 2000. "Democracy: Electoral and Contestatory." In *Nomos XLII: Designing Democratic Institutions*, ed. Ian Shapiro and Stephen Macedo. New York: New York University Press, 105–146.

———. 2001. *A Theory of Freedom: From the Psychology to the Politics of Agency*. Oxford: Oxford University Press.

———. 2002. "Keeping Republican Freedom Simple: On a Difference with Quentin Skinner." *Political Theory: An International Journal of Political Philosophy 30*, no. 3: 339–356.

———. 2004. "Depoliticizing Democracy." *Ratio Juris* 17, no. 1: 52–65.

Phillips, Anne. 1995. *The Politics of Presence*. Oxford: Oxford University Press.

Phillips, Kevin. 2002. *Wealth and Democracy: A Political History of the American Rich*. New York: Random House.

Pitkin, Hanna F. 1988. "Are Freedom and Liberty Twins?" *Political Theory: An International Journal of Political Philosophy* 16, no. 4: 523–552.

——. 1990. *The Concept of Representation*. Berkeley: University of California Press.

——. 1999. *Fortune Is a Woman: Gender and Politics in the Thought of Niccolò Machiavelli: With a New Afterword*. Chicago: University of Chicago Press.

Pitts, Jennifer. 2005. *A Turn to Empire: The Rise of Imperial Liberalism in Britain and France*. Princeton, NJ: Princeton University Press.

Plamenatz, John. 2006. *Man and Society: Political and Social Theories from Machiavelli to Marx*. London: Longman Press.

Plutarch. 1921. *Lives*, vol. X. New York: Macmillan.

——. 2005. "Cicero." *The Fall of the Roman Republic: Six Lives*. New York: Penguin, 323–373.

Pocock, J. G. A. 1975. *The Machiavellian Moment: Florentine Political Thought and the Atlantic Political Tradition*. Princeton, NJ: Princeton University Press.

——. 2003. "Afterword." In *The Machiavellian Moment*, second edition. Princeton, NJ: Princeton University Press, 553–584.

Polybius. 1979. *The Histories*. New York: Penguin.

Posner, Richard. 2004. *Law, Pragmatism and Democracy*. Cambridge, MA: Harvard University Press.

Powell, G. Bingham. 2000. *Elections as Instruments of Democracy*. New Haven: Yale University Press.

Przeworski, Adam. 1991. *Democracy and the Market*. Cambridge: Cambridge University Press.

——. 1999. "Minimalist Conception of Democracy: A Defense." In *Democracy's Value*, ed. Ian Shapiro and Casiano Hacker-Cordon. Cambridge: Cambridge University Press, 23–55.

Przeworski, Adam, Susan C. Stokes, and Bernard Manin, eds. 1999. *Democracy, Accountability, and Representation*. Cambridge: Cambridge University Press.

Przeworski, Adam, and Michael Wallerstein. 1988. "Structural Dependence of the State on Capital." *American Political Science Review 82*, no. 1: 11–29.

Putnam, Robert. 2000. *Bowling Alone: The Collapse and Revival of American Community*. New York: Simon & Schuster.

[240] Raaflaub, Kurt A., ed. 2005. *Social Struggles in Archaic Rome*. Malden, MA: WileyBlackwell.

Rahe, Paul A., ed. 2005. *Machiavelli's Liberal Republican Legacy.* Cambridge: Cambridge University Press.

Ranciere, Jacques. 2007. *Hatred of Democracy*, trans. Steve Corcoran. London: Verso.

Ratner, R. S. 2008. "Communicative Rationality in the Citizens' Assembly and Referendum Processes." In *Designing Deliberative Democracy: The British Columbia Citizens' Assembly*, ed. Mark E. Warren and Hillary Pearse. Cambridge: Cambridge University Press, 145–66.

Rattan, Gurpreet. 2001. "Prospects for a Contemporary Republicanism." *The Monist* 84, no. 1: 113–30.

Rehfeld, Andrew. 2005. *The Concept of Constituency: Political Representation, Democratic Legitimacy, and Institutional Design.* New York: Cambridge University Press.

Richard, Carl J. 1994. *The Founders and the Classics: Greece, Rome, and the American Enlightenment.* Cambridge, MA: Harvard University Press.

Ridolfi, Roberto. 1963. *The Life of Niccolo Machiavelli*, trans. C. Grayson. Chicago: University of Chicago Press.

———. 1968. *The Life of Francesco Guicciardini*, trans. C. Grayson. New York: Knopf.

Robinson, Eric W., ed. 2004. *Ancient Greek Democracy: Readings and Sources.* Malden, MA: Wiley-Blackwell.

Rogers, Melvin L. 2008. "Republican Confusion and Liberal Clarification." *Philosophy & Social Criticism* 34, no. 7: 799–824.

Rose-Ackerman, Susan. 1999. *Corruption and Government: Causes, Consequences, and Reform.* Cambridge: Cambridge University Press.

Rosenberg, Gerald N. 1991. *The Hollow Hope: Can Courts Bring about Social Change?* Chicago: University of Chicago Press.

Rosenblum, Nancy. 1998. *Membership and Morals: The Personal Uses of Pluralism in America.* Princeton, NJ: Princeton University Press.

———. 2008. *On the Side of Angels: An Appreciation of Parties and Partisanship.* Princeton, NJ: Princeton University Press.

Rossiter, Clinton. 1948. *Constitutional Dictatorship: Crisis Government in Modern Democracies.* Princeton, NJ: Princeton University Press.

Rousseau, Jean-Jacques. 1997. *The Social Contract and Other Later Political Writings*, ed. Victor Gourevitch. Cambridge: Cambridge University Press.

Rubinstein, Nicolai. 1954. "I primi anni del Consiglio Maggiore di Firenze, 1494-99." *Archivio Storico Italiano* 112: 151-194.

———. 1966. *The Government of Florence under the Medici, 1434 to 1494*. Oxford: Clarendon.

Rudenstine, David. 1998. *The Day the Presses Stopped: A History of the Pentagon Papers Case*. Berkeley: University of California Press.

Rustow, Dankwart. 1970. "Transitions to Democracy: Toward a Dynamic Model." *Comparative Politics 2*, no. 3: 337-363.

Salvemini, Gaetano. 1899. *Magnati e Popolani in Firenze dal 1280 al 1295*. Florence: Carnesecchi.

Samaha, Adam M. 2009. "Randomization in Adjudication." *William and Mary Law Review* 51, no. 1: 1-86.

Samples, John Curtis. 2006. *The Fallacy of Campaign Finance Reform*. Chicago: University of Chicago Press.

[241] Sandel, Michael J. 1996. *Democracy's Discontent: America in Search of a Public Philosophy*. Cambridge, MA: Harvard University Press.

Sanders, Lynn M. 1997. "Against Deliberation." *Political Theory: An International Journal of Political Philosophy* 25, no. 3: 347-377.

Saxonhouse, Arlene W. 1996. *Athenian Democracy: Modern Mythmakers and Ancient Theorists*. Notre Dame, IN: Notre Dame University Press.

Schmitt, Carl. 2007. *Constitutional Theory*, trans. Jeffrey Seitzer. Durham, NC: Duke University Press.

Schofield, Malcolm. 1999. "Cicero's Definition of Res Publica." In *Cicero the Philosopher: Twelve Papers*, ed. J. G. F. Powell. Oxford: Oxford University Press, 63-84.

Schumpeter, Joseph A. 1942. *Capitalism, Socialism, Democracy*. New York: Harper.

Schwartzberg, Melissa. 2007. *Democracy and Legal Change*. Cambridge: Cambridge University Press.

Seager, Robin. 1972. "Cicero and the Word Popularis." *Classical Quarterly* 22, no. 2: 328-38.

Sealey, Raphael. 1976. *A History of the Greek City-States, 700-338 B.C.* Berkeley: University of California Press.

Sellers, M. N. S. 1994. *American Republicanism: Roman Ideology in the United States Constitution*. New York: New York University Press.

Shapiro, Ian. 2002. "Why the Poor Don't Soak the Rich: Notes on Democracy and Distribution." *Daedalus* 130, no. 4: 118–28.

——. 2003. *The State of Democratic Theory*. Princeton, NJ: Princeton University Press.

Shea, Christopher. 2006. "51 Angry Plebes: What Machiavelli Could Have Taught the Founding Fathers about Democracy." *Boston Globe*, July 9.

Shklar, Judith N. 1989. "The Liberalism of Fear." In *Liberalism and the Moral Life*, ed. Nancy L. Rosenblum. Cambridge, MA: Harvard University Press, 21–38.

Shugart, Matthew Soberg, and Martin P. Wattenberg, eds. 2001. *Mixed-Member Electoral Systems: The Best of Both Worlds*. Oxford: Oxford University Press, 2001.

Silvano, Giovanni. 1990. "Florentine Republicanism in the Early Sixteenth Century." In *Machiavelli and Republicanism*, ed. Gisela Bock, Quentin Skinner, and Maurizio Viroli. Cambridge: Cambridge University Press, 40–70.

Skinner, Quentin. 1973. "The Empirical Theorists of Democracy and Their Critics: A Plague on Both Their Houses." *Political Theory: An International Journal of Political Philosophy* 1, no. 3: 287–305.

——. 1981. *Past Masters: Machiavelli*. New York: Hill and Wang.

——. 1983. "Machiavelli and the Maintenance of Liberty." *Politics* 18, no. 2: 3–15.

——. 1990a. "Machiavelli's Discorsi and the Pre-Humanist Origins of Republican Ideas." In *Machiavelli and Republicanism*, ed. Gisela Bock, Quentin Skinner, and Maurizio Viroli. Cambridge: Cambridge University Press, 121–141.

——. 1990b. "The Republican Ideal of Political Liberty." In *Machiavelli and Republicanism*, ed. Gisela Bock, Quentin Skinner, and Maurizio Viroli. Cambridge: Cambridge University Press, 293–309.

——. 1998. *Liberty before Liberalism*. Cambridge: Cambridge University Press.

——. 2002. *Visions of Politics, Vol. II: Renaissance Virtues*. Cambridge: Cambridge University Press.

[242] Skocpol, Theda. 2004. *Diminished Democracy: From Membership to Management in American Civic Life*. Norman: University of Oklahoma Press.

Smith, Rodney A. 2006. *Money, Power & Elections: How Campaign Finance Reform Subverts American Democracy*. Baton Rouge: Louisiana State University

Press.

Smith, Rogers M. 1997. *Civic Ideals: Conflicting Visions of Citizenship in U. S. History*. New Haven: Yale University Press.

Springborg, Patricia. 2001. "Republicanism, Freedom from Domination, and the Cambridge Contextual Historians." *Political Studies* 49: 851-76.

Steel, C. E. W. 2001. *Cicero, Rhetoric, and Empire*. Oxford: Oxford University Press.

Stephens, J. N. 1983. *The Fall of the Florentine Republic, 1512-1530*. Oxford: Oxford University Press.

Stokes, Susan. 1999. "What Do Policy Switches Tell Us about Democracy?" In *Democracy, Accountability, and Representation*, ed. Adam Przeworski, Susan Stokes, and Bernard Manin. Cambridge: Cambridge University Press, 98-130.

———. 2001. *Mandates and Democracy: Neoliberalism by Surprise in Latin America*. Cambridge: Cambridge University Press.

Stone, I. F. 1989. *The Trial of Socrates*. New York: Anchor.

Stone, Peter C. 2007. "Why Lotteries Are Just." *Journal of Political Philosophy* 15, no. 3: 276-95.

———. 2009. "The Logic of Random Selection." *Political Theory* 37, no. 3: 375-397.

Strauss, Leo. 1958. *Thoughts on Machiavelli*. Glencoe, IL: Free Press.

———. 1972. "Niccolo Machiavelli, 1469-1527." In *History of Political Thought*, ed. Leo Strauss and Joseph Cropsey. Chicago: Rand McNally, 271-292.

Strong, Tracy B. 2002. *Jean-Jacques Rousseau and the Politics of the Ordinary*. Lanham, MD: Rowman & Littlefield.

Sunstein, Cass R. 1988. "Beyond the Republican Revival." *Yale Law Journal* 97: 1539-1590.

———. 2006. *Infotopia: How Many Minds Produce Knowledge*. Oxford: Oxford University Press.

Surowiecki, James. 2004. *The Wisdom of Crowds*. New York: Doubleday.

Symposium on the California Recall. 2004. *PS: Political Science and Politics* 37, no. 1: 7-32.

Tan, James. 2008. "Contiones in the Age of Cicero." *Classical Antiquity* 27, no 1: 163-201.

Tarcov, Nathan. 2003. "Arms and Politics in Machiavelli's *Prince*." In *Entre*

Kant et Kosovo: Etudes offertes a Pierre Hassner, ed. Anne-Marie Le Gloannec and Aleksander Smolar. Paris: Presses de Sciences Po, 109-121.

———. 2007. "Freedom, Republics, and Peoples in Machiavelli's *Prince.*" In *Freedom and the Human Person*, ed. Richard Velkley. Washington, DC: Catholic University of America Press, 122-142.

Taylor, Lily Ross. 1962. "Forerunners of the Gracchi." *Journal of Roman Studies* 52, no. 1 & 2: 19-27

———. 1990. *Roman Voting Assemblies*. Ann Arbor: University of Michigan Press.

Thompson, Dennis F. 2002. *Just Elections: Creating a Fair Electoral Process in the United States*. Chicago: University of Chicago Press.

———. 2008. "Who Should Govern Who Governs?: The Role of Citizens in Reforming the Electoral System." In *Designing Deliberative Democracy: The British Columbia Citizens' Assembly*, ed. Mark E. Warren and Hillary Pearse. Cambridge: Cambridge University Press, 20-49.

[243] Thucydides. 2009. *The Peloponnesian War*, trans. Martin Hammond. Oxford: Oxford University Press.

Tierney, Stephen. 2009. "Constitutional Referendums: A Theoretical Enquiry." *Modern Law Review* 72, no. 3: 360-383.

Tilly, Charles. 2007. *Democracy*. Cambridge: Cambridge University Press.

Tocqueville, Alexis de. [1840] 2000. *Democracy in America*, ed. and trans. Harvey

Mansfield and Delba Winthrop. Chicago: University of Chicago Press.

Tuck, Richard. 1993. *Philosophy and Government, 1572 - 1651*. Cambridge: Cambridge University Press.

———. 2008. *Free Riding*. Cambridge, MA: Harvard University Press.

Urbinati, Nadia. 2002. *Mill on Democracy: From the Athenian Polis to Representative Government*. Chicago: University of Chicago Press.

———. 2004. "Condorcet's Democratic Theory of Representative Government." *European Journal of Political Theory: An International Journal of Political Philosophy* 3, no. 1: 53-75.

———. 2006. *Representative Democracy: Principles and Genealogy*. Chicago: University of Chicago Press.

Urofsky, Melvin I. 2005. *Money and Free Speech: Campaign Finance Reform and the Courts*. Lawrence: University Press of Kansas.

van der Zande, Johan, and John Christian Laursen, eds. 2003. *Early French and*

German Defenses of Freedom of the Press. Boston: Brill Academic.

van Gelderen, Martin. 2002. *The Political Thought of the Dutch Revolt, 1555－1590.* Cambridge: Cambridge University Press.

——. 2005. "Aristotelians, Monarchomachs and Republicans: Sovereignty and respublica mixta in Dutch and German Political Thought, 1580－1650." In *Republicanism, A Shared European Heritage: Volume 1, Republicanism and Constitutionalism in Early Modern Europe,* ed. Martin van Gelderen and Quentin Skinner. Cambridge: Cambridge University Press, 195－219.

Vatter, Miguel E. 2000. *Between Form and Event: Machiavelli's Theory of Political Freedom.* Amsterdam: Kluwer Academic.

Viroli, Maurizio. 1988. *Jean-Jacques Rousseau and the "Well-Ordered Society,"* trans. Derek Hanson. Cambridge: Cambridge University Press.

——. 1990. "Machiavelli and the Republican Idea of Politics." In *Machiavelli and Republicanism,* ed. Gisela Bock, Quentin Skinner, and Maurizio Viroli. Cambridge: Cambridge University Press, 143－171.

——. 1997. *For Love of Country: An Essay on Patriotism and Nationalism.* Oxford: Oxford University Press.

——. 1998. *Founders: Machiavelli.* Oxford: Oxford University Press.

——. 2000. *Niccolo's Smile: A Biography of Machiavelli.* New York: Farrar, Strauss and Giroux.

Waldron, Jeremy. 1987. "Theoretical Foundations of Liberalism." *Philosophical Quarterly* 37, vol. 147: 127－150.

——. 1995. "The Wisdom of the Multitude: Some Reflections on Book 3, Chapter 11 of Aristotle's *Politics.*" *Political Theory: An International Journal of Political Philosophy* 23, no. 4: 563－584.

Waley, Daniel Philip. 1969. *The Italian City-Republics.* London: Longman Press.

Wantchekon, Leonard. 2004. "The Paradox of 'Warlord' Democracy." *American Political Science Review* 98, no. 1: 17－34.

[244]Wantchekon, Leonard, and David Nickerson. 2000. "*Multilateral Intervention Facilitates Post Civil War Democratization.*" Manuscript: Yale University.

Wantchekon, Leonard, and Mario Simon. 1999. "*Democracy as an Arbitration Mechanism.*" Manuscript: Yale University.

Ward, Allen M. 2004. "How Democratic Was the Roman Republic?" *New England Classical Journal* 31, no. 2: 101－119.

Warren, Mark E. 2000. *Democracy and Association*. Princeton, NJ: Princeton University Press.

Warren, Mark E., and Hillary Pearse. 2008. *Designing Deliberative Democracy: The British Columbia Citizens' Assembly*. Cambridge: Cambridge University Press.

Whelan, Frederick G. 1983. "Democratic Theory and the Boundary Problem." In *Liberal Democracy: Nomos XXV*, ed. J. R. Pennock and J. W. Chapman. New York: New York University Press, 13–47.

Williams, Melissa S. 2000. *Voice, Trust, and Memory: Marginalized Groups and the Failings of Liberal Representation*. Princeton, NJ: Princeton University Press.

Wiseman, T. P. 2009. *Remembering the Roman People: Essays on Late-Republican Politics and Literature*, Oxford: Oxford University Press.

Wolff, Edward N. 2001. *Top Heavy: The Increasing Inequality of Wealth in America and What Can Be Done about It*. New York: New Press.

———. 2007. *Recent Trends in Household Wealth in the United States: Rising Debt and the Middle-Class Squeeze*. Annandale-on-Hudson, NY: Levy Economics Institute of Bard College.

———. 2010. "Recent Trends in Household Wealth in the United States-An Update to 2007." *Working Paper No. 589*. Annandale-on-Hudson, NY: Levy Economics Institute of Bard College.

Wolin, Sheldon S. 1994. "Norm and Form: The Constitutionalizing of Democracy." In *Athenian Political Thought and the Reconstruction of American Democracy*, ed. J. Peter Euben, John Wallach, and Josiah Ober. Ithaca, NY: Cornell University Press, 29–58.

———. 1996. "Fugitive Democracy." In *Democracy and Difference: Contesting Boundaries of the Political*, ed. Seyla Benhabib. Princeton, NJ: Princeton University Press, 31–45.

Wood, Gordon S. 1998. *The Creation of the American Republic, 1776–1787*. Chapel Hill: University of North Carolina Press.

Wood, Neal. 1988. *Cicero's Social and Political Thought*. Berkeley: University of California Press.

Wooten, David, ed. 1994. *Republicanism, Liberty, and Commercial Society, 1649–1776*. Stanford, CA: Stanford University Press.

Yack, Bernard. 1993. *Problems of a Political Animal: Community, Justice and*

Conflict in Aristotelian Political Thought. Berkeley: University of California Press.

Yakobson, Alexander. 2006. "Popular Power in the Roman Republic." In *A Companion to the Roman Republic*, ed. Nathan Stewart Rosenstein and Robert Morstein-Marx. Oxford: Blackwell, 383–400.

Young, Iris Marion. 1990. *Justice and the Politics of Difference*. Princeton, NJ: Princeton University Press.

——. 2006. *Inclusion and Democracy*. Oxford: Oxford University Press.

Zerba, Michelle Louise. 2004. "The Frauds of Humanism: Cicero, Machiavelli, and the Rhetoric of Imposture." *Rhetorica* 22, no. 3: 215–240.

[245]Zerilli, Linda M. G. 1994. *Signifying Woman: Culture and Chaos in Rousseau, Burke, and Mill*. Ithaca, NY: Cornell University Press.

——. 2005. "'We Feel Our Freedom': Imagination and Judgment in the Thought of Hannah Arendt." *Political Theory* 33, no. 2: 158–188.

Ziblatt, Daniel. 2006. "How Did Europe Democratize?" *World Politics* 58, no. 2: 311–338.

——. 2008. "Does Landholding Inequality Block Democratization?" *World Politics* 60, no. 4: 610–641.

索　引

页码为原书页码，即本书中括号里的页码；但原书注释为尾注，中译本已转
　　化为脚注，页码（pp. 189-219）未保留。

翻译分工

康向宇(清华大学法学院 2014 级法学理论专业硕士研究生)翻译本书的前言、导论、第 1-3 章、致谢;

韩广召(天津师范大学政治与行政学院 2015 级政治学理论专业博士研究生),翻译本书的第 4-7 章、索引;

曹钦(南开大学哲学院副教授)校订第 6-7 章;

刘训练(天津师范大学政治与行政学院教授)校订全书其余部分,并通读全书。

图书在版编目（CIP）数据

马基雅维利式民主/(美)麦考米克著;康向宇,韩广召译.
--上海: 华东师范大学出版社, 2018
（经典与解释·马基雅维利集）

ISBN 978-7-5675-8385-6

I. ①马… II. ①麦… ①康…③韩… III. ①马基雅维利(Machiavelli，Niccol 1469-1527)
政治思想-研究 IV. ①D095.463

中国版本图书馆 CIP 数据核字（2018）第 230002 号

华东师范大学出版社六点分社

企划人　倪为国

本书著作权、版式和装帧设计受世界版权公约和中华人民共和国著作权法保护

马基雅维利集

马基雅维利式民主

著　　者	[美]麦考米克
译　　者	康向宇　韩广召
校　　者	刘训练　曹　钦
审读编辑	李晟炜
责任编辑	彭文曼
封面设计	吴元瑛

出版发行	华东师范大学出版社
社　　址	上海市中山北路 3663 号　　邮编　200062
网　　址	www.ecnupress.com.cn
电　　话	021-60821666　　行政传真　021-62572105
客服电话	021-62865537　门市(邮购)电话　021-62869887
地　　址	上海市中山北路 3663 号华东师范大学校内先锋路口
网　　店	http://hdsdcbs.tmall.com

印 刷 者	上海景条印刷有限公司
开　　本	890×1240　1/32
插　　页	2
印　　张	11
字　　数	241 千字
版　　次	2019 年 1 月第 1 版
印　　次	2019 年 1 月第 1 次
书　　号	ISBN 978-7-5675-8385-6/D.227
定　　价	68.00 元

| 出 版 人 | 王　焰 |

（如发现本版图书有印订质量问题,请寄回本社客服中心调换或者电话 021-62865537 联系）